111 Gründe, Galatasaray zu lieben

Cihan Acar

111 GRÜNDE, GALATASARAY ZU LIEBEN

Eine Liebeserklärung an den großartigsten Verein der Welt

WIR SIND DER ZWÖLFTE MANN, FUSSBALL IST UNSERE LIEBE!

INHALT

VORWORT

Eine Faszination, die nicht mehr loslässt

Je größer die Leidenschaft ist, die man für eine Sache, ein Hobby oder eben einen Fußballverein verspürt, umso genauer erinnert man sich an ihren Anfang. Bei mir war es am Mittwoch, den 23. Oktober 1993. Auf den ersten Blick ein historisch nicht sehr bedeutender Tag: Andorra wurde offiziell Mitglied der UNESCO, in den USA stellten die zwei Baseballteams Toronto Blue Jays und Philadelphia Phillies den Rekord für das höchste Finalergebnis der MLB auf, Brasiliens Fußballgott Pelé feierte seinen 53. Geburtstag.

Es war also vergleichsweise wenig los in der Welt, und so blieb genug Zeit, um am Abend mit meiner Familie gemeinsam die Champions-League-Partie zwischen Manchester United und Galatasaray vor dem Fernseher zu verfolgen. Ich war damals sieben Jahre alt und konnte deshalb noch nicht ganz einordnen, welche Sensation es war, dass der türkische Meister den englischen Giganten nach frühem 0:2-Rückstand an den Rand der Niederlage brachte. Trotzdem war ich fasziniert davon, wie sich die Mannschaft vom schlechten Auftakt und der Außenseiterrolle nicht einschüchtern ließ und nach den Gegentoren einen Angriff nach dem anderen startete. Davon, wie der türkische TV-Kommentator nach den drei aufeinanderfolgenden Toren mit Freudentränen zu kämpfen hatte, wie ausgelassen sich meine Eltern freuten, als aus dem 0:2 ein 3:2 für Gala wurde.

So lernte ich Galatasaray als einen Verein kennen, der mit Spektakel auf dem Platz für Freude und Euphorie sorgt, und meine Faszination für »die Löwen« nahm ihren Lauf. Mit den Jahren ist aus der kindlichen Begeisterung eine ausgeprägte Liebe zum Verein geworden, den ich wie einen guten Freund mit den Jahren immer besser kennen und schätzen lernte. Wie seine Heimat Istanbul ist Galatasaray ein Verein, der Welten verbindet, ein Klub mit aristokratischem Hintergrund, der es mit den Jahrzehnten von der Schulmannschaft zum Aushängeschild der Türkei brachte und heute mehr Fans hat als so mancher Staat Einwohner zählt. Der als bloße Idee im Klassenzimmer begann, es bis zur Spitze Europas schaffte und seitdem in aller Welt bekannt und beliebt ist.

Während der Arbeit an diesem Buch, während der Recherche und der zahlreichen Gespräche, konnte ich mehr denn je feststellen, was für jeden Weggefährten von Galatasaray gilt, egal ob Spieler, Verantwortlicher oder Fan: Ist man erst einmal von der Faszination Gala gepackt, dann lässt sie einen nicht mehr los.

So geht es Trainer-Legende Karl-Heinz Feldkamp, der die Mannschaft zusammenstellte, die mich zum Fan machte, und mir dankenswerterweise sehr ausführlich über seine Zeit am Bosporus berichtete.

So geht es einem Hardcore-Fan aus Istanbul, der seinen Sohn nach Didier Drogba benannte und mir stolz vom ersten Treffen zwischen seinem Neugeborenen und seinem Idol erzählte.

Oder Falko Götz, der seine Zeit bei Gala als die schönste seines Lebens bezeichnet und in unserem Gespräch immer noch von »Wir« sprach, wenn es um Gala ging.

So ging es der Vereinslegende Metin Oktay, für den Gala eine »grundlegende Lebenseinstellung« war, und seinem Trainer Gündüz Kılıç, der davon sprach, dass Galatasaray »ein Verein ist, den man fühlen muss«.

So geht es mir nun schon seit dem 23. Oktober 1993.

Ich hoffe, nach den folgenden 111 Gründen wird es dem Leser ganz genauso gehen.

Cihan Acar

KAPITEL 1

DIE GEGENWART (I)

ALTE STÄRKE, NEUE ZIELE

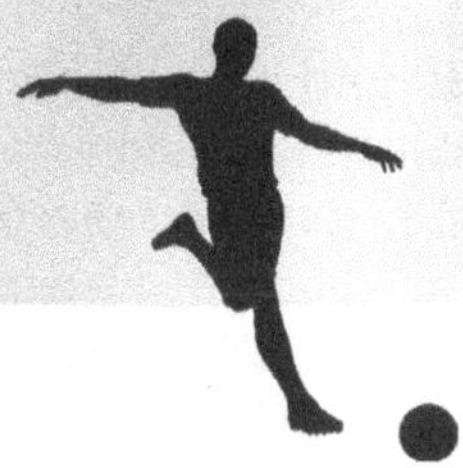

1. GRUND

Weil 15 Minuten den alten Glanz zurückbrachten

Am Ende hatte es nicht zum Weiterkommen gereicht: Galatasaray war nach dem Rückspiel im Champions-League-Viertelfinale 2013 gegen Real Madrid ausgeschieden, wurde nach dem Abpfiff von den Fans in der Türk Telekom Arena aber trotzdem ausgiebig gefeiert.

Trotz des Ausscheidens war es eine eindrucksvolle Rückkehr auf die große Fußballbühne Europas; dorthin, wo man zu Beginn des Jahrtausends schon einmal gestanden hatte. Die Mannschaft hatte ein Ausrufezeichen gesetzt, das endlich Galas Comeback im Konzert der Großen einläutete, und wenige Minuten hatten dazu gereicht.

Im Hinspiel hatte Real in Madrid mit 3:0 gewonnen, und nachdem Cristiano Ronaldo auch im zweiten Spiel gleich in der Anfangsphase zur Führung für die Königlichen traf, schien alles eigentlich schon entschieden. Nach dem frühen Gegentreffer waren die Löwen nämlich völlig aus dem Konzept und hatten Glück, dass der Rückstand in der ersten Hälfte nicht größer wurde.

In der zweiten Hälfte dann ein ganz anderes Bild, und Gala rannte unaufhörlich an, um das Unmögliche zu schaffen. Verein, Spieler, Fans, sie alle hatten zu lange darauf gewartet, sich endlich wieder mit den ganz Großen Europas messen zu dürfen, sie wollten sich gegen den großen Gegner beweisen und durften jetzt nicht zurückziehen – so einfach durften Ronaldo und Co. nicht davonkommen.

Das Feuerwerk, das Gala im zweiten Durchgang abfeuerte, beschrieb Real-Coach Mourinho nach dem Abpfiff so: »Das ist der Grund, warum Fußball so wunderbar ist und warum ihn so viele Menschen lieben. Sie haben fantastisch gespielt, mit Herz und Emotion. Sie haben alles reingeworfen und sind aufgetreten wie Champions.«[1]

Innerhalb von 15 Minuten stellte Gala die Partie völlig auf den Kopf, und die Verantwortung übernahmen jene Spieler, die eben genau dafür geholt worden waren, um in entscheidenden Momenten zur Stelle zu sein.

Die 57. Minute: Wesley Sneijder setzt sich auf links durch und legt den Ball flach nach innen, wo Emmanuel Eboué aus dem Rückraum herangerauscht kommt und den Ball aus 20 Metern in den Winkel jagt – Ausgleich zum 1:1. »Wie einen Nagel! Wie einen Nagel!«, habe Eboué den Ball ins Netz gehämmert, schreit der legendäre türkische TV-Kommentator Ercan Taner völlig außer sich ins Mikrofon.

13 Minuten später: Sneijder bekommt in der Mitte den Ball, legt ihn mit der Annahme durch die Beine seines Gegenspielers, ist frei vor dem Tor und schiebt flach ins Eck – 2:1.

Zwei Minuten nach Sneijders Treffer steht Didier Drogba im Strafraum, mit dem Rücken zum Tor und eng bewacht von Gegenspieler Raphaël Varane, und verlängert eine flache Flanke von Nordin Amrabat mit der Hacke ins lange Eck – 3:1.

Der Glaube ist wieder da! Die Arena dreht völlig durch, die Königlichen straucheln immer mehr. In der Türk Telekom Arena ist es grundsätzlich unglaublich laut, egal gegen wen und um was es geht, aber lauter als nach dem Drogba-Treffer war es nur selten. »Wir haben es mit der Angst zu tun bekommen«, sollte Mourinho später nach dem Spiel sagen.[2] Das Wunder von Istanbul ist zum Greifen nah, Sneijder und Drogba haben noch weitere sehr gute Chancen – bis dann wieder Ronaldo zur Stelle ist und mit dem Treffer zum 2:3 in der Schlussphase alle Hoffnungen beendet.

Für Gala war die Champions-League-Saison damit zu Ende, doch die 15 außergewöhnlichen Minuten sorgten dafür, dass trotz des Ausscheidens ein weiteres, unvergessliches Kapitel in der langen Europapokal-Geschichte des Vereins geschrieben wurde. Gleichzeitig waren sie der Beweis dafür, dass der zwei Jahre zuvor eingeschlagene Weg der richtige war.

2. GRUND

Weil am 14. Mai 2011 die Zukunft begann

Nach der Saison 2010/11 war allen Verantwortlichen und Fans klar, dass ein Neuanfang her musste. Nachdem Gala zwischenzeitlich bis auf den 14. Platz abgerutscht war, schloss man die Saison auf dem achten Tabellenplatz ab, der gemessen an den traditionell hohen Ansprüchen des Vereins katastrophal war.

Die sportliche Misere wurde Adnan Polat zum Verhängnis, der 2008 zum Präsidenten gewählt wurde und eigentlich keine schlechte Arbeit lieferte – beispielsweise war er es, der den Bau des neuen Stadions, welches in seiner Amtszeit noch gebaut und Anfang 2011 eröffnet wurde, über Jahre vorantrieb.

Auch dass er sich um den Schuldenabbau bemühte, brachte ihm aufgrund der schwachen Leistungen der Mannschaft wenig – anderswo muss nach sportlichen Krisen ja meistens zuerst der Trainer dran glauben, bei Gala steht seit jeher der Präsident, der oberste Vertreter des Vereins, mindestens genauso im Fokus. Und so musste Polat sein Amt nach einem Misstrauensvotum räumen.

Wer sein Nachfolger werden würde, war schnell klar, denn schon Wochen vor der Wahl war Ünal Aysal der absolute Favorit.

Warum Aysal? Weil er seit Jahrzehnten das hatte, was für Gala seit jeher das höchste Ziel ist, nämlich internationalen Erfolg. Aysal absolvierte 1960 das Galatasaray-Gymnasium, studierte anschließend Jura, ging nach dem Abschluss in die Wirtschaft und wurde erfolgreicher Geschäftsmann. Ein unschöner Zwischenfall im Jahre 1974 bewegte ihn dann aber dazu, die Türkei zu verlassen: Vor Aysals Wohnung in Istanbul machte ein Polizeikommando Krach und raubte seiner kleinen Tochter den Schlaf. Als Aysal nach draußen ging und sich darüber beschwerte, wurde er kurzerhand aufs Polizeirevier verfrachtet, von der Polizei festgehalten und sogar verprügelt. Nach dem Vorfall packte er seine Sachen und zog mit seiner Familie nach Belgien, wo er 1974 die Unit Group gründete, die heute 23 Energieunternehmen in der Türkei und im Ausland umfasst und Aysal zum Milliardär machte.

1998 kehrte er schließlich in die Türkei zurück, wo er ein Jahr später für seine unternehmerischen Tätigkeiten im Ausland von der Regierung eine Ehrenmedaille verliehen bekam. 2004 rettete er das hoffnungslos verschuldete Gala mit einem Sofortkredit über 23,5 Millionen Dollar vor dem Ruin und war seitdem im Verein hoch angesehen.

Aysal ist reich, erfolgreich, ein Experte in Sachen Geschäftsführung, Investitionen und Marketing, spricht mehrere Sprachen und galt deshalb schon jahrelang als möglicher Präsidentschaftskandidat; als der Mann, der die glorreichen Zeiten zurückbringen könnte.

Als er von mehreren Mitgliedern das erste Mal darauf angesprochen wurde, ob er sich zur Wahl stellen wolle, war er zunächst skeptisch, denn immerhin war er zum Zeitpunkt der Wahl bereits 71 Jahre alt. Doch am Ende überwog die Leidenschaft für den Verein und die Lust an der Herausforderung, sodass sich Aysal schließlich zur Verfügung stellte.

Aufgrund seines Vermögens kam es schon vor der Wahl zu ersten Vergleichen mit anderen reichen Vereinspräsidenten oder -eigentümern im europäischen Fußball wie Roman Abramowitsch vom FC Chelsea. Von Anfang an stellte Aysal jedoch klar, dass er nicht vorhabe, sein Privateigentum in den Verein zu stecken. »Wer mich wegen meines Geldes wählen will, soll es nicht tun«[3], sagte Aysal, und Ex-Gala-Präsident Faruk Süren, der Aysals Kandidatur unterstützte, pflichtete ihm bei: »Er ist ein sehr erfolgreicher Unternehmer mit internationalem Einfluss. Jeder vergleicht ihn mit Abramowitsch, doch seine Herangehensweise ist komplett anders. Außerdem kann man Galatasaray nicht kaufen.«[4]

Am 14. Mai 2011 konnte Aysal dann eine historische Mehrheit von 2.998 Stimmen erreichen und wurde mit diesem Rekord zum 34. Präsidenten seit der Gründung des Vereins gewählt. »Dass Galatasaray uns alle mehr denn je braucht, liegt auf der Hand«, sagte er kurz nach der Wahl zu den Mitgliedern, »wir müssen und werden es gemeinsam schaffen. Ich gebe ihnen ein einziges Versprechen ab: Erfolg, Erfolg, Erfolg.«[5]

3. GRUND

Weil die Wende geschafft ist

Ünal Aysals Auftrag war also klar, Gala sollte wieder zurück nach oben. Und das nicht nur national, wo die letzte Meisterschaft drei Jahre zurücklag, sondern vor allem international, denn dort hatten sich in den letzten Jahren die Fehler in der Kaderplanung und der Vereinsführung am meisten bemerkbar gemacht.

Nachdem das neue Jahrtausend noch mit großen Erfolgen begonnen und für große Hoffnungen gesorgt hatte, waren die folgenden knapp zehn Jahre für Gala in Europa eine einzige Enttäuschung. Von 1993 bis 2003 war Gala mit nur einem Jahr Unterbrechung neunmal in der Champions League vertreten, seitdem hatte man sich aber nur noch einmal qualifizieren können, 2006 war schon in der Vorrunde Schluss.

Was Aysal zum großen Hoffnungsträger machte, waren die Ziele, die er ganz offensiv formulierte, so auch bei seinem ersten öffentlichen Auftritt, zwei Tage nach der Wahl beim Sender Lig TV: »Zur Meisterschaft in der kommenden Saison gibt es keine Alternative, da wir schnellstmöglich zurück in die Champions League müssen. Ich kann garantieren, dass Galatasaray innerhalb der nächsten drei Jahre wieder zu einer erfolgreichen Mannschaft wird.«[6]

Also machte sich Aysal ans Werk und verpflichtete zunächst Vereinslegende Fatih Terim für eine dritte Amtszeit als Gala-Coach. Nach Terims Ankunft startete Gala eine selten gesehene Transferoffensive und verpflichtete vor der Saison 2011/12 gleich zwölf neue

Spieler. Obwohl Gala in der ersten Saison unter Terim nicht international spielte, konnten einige namhafte Spieler eingekauft werden, die Galas Gesicht verändern und das Gerüst der Mannschaft in den nächsten Jahren bilden sollten. Mit Fernando Muslera konnte endlich ein Top-Torwart verpflichtet werden, mit Felipe Melo der gesuchte Abräumer vor der Abwehr. Neben ihm sollte Selçuk İnan im Mittelfeld das Spiel gestalten, der aus Trabzon kam, ebenso wie Ceyhun Gülselam und Engin Baytar. Die Abwehr wurde mit den gestandenen Namen Tomáš Ujfaluši und Emmanuel Eboué verstärkt, während Johan Elmander vorne für die Tore sorgen sollte.

Das Konzept ging auf. Mit ansehnlichem Fußball unter Terim holte Gala auf überzeugende Art und Weise und mit neun Punkten Vorsprung vor dem großen Erzrivalen Fenerbahçe die Meisterschaft.

Danach wurde das Team weiter verstärkt, um den Titel zu verteidigen und vor allem bei der Rückkehr in die Champions League eine gute Rolle zu spielen. So wurden vor und während der Saison 2012/13 weitere Stars wie Hamit Altıntop von Real Madrid oder Stürmer Burak Yılmaz von Trabzonspor sowie die in der Winterpause dazukommenden Weltstars Wesley Sneijder und Didier Drogba geholt, was mit einer erneuten Meisterschaft und dem Viertelfinaleinzug in der Königsklasse endete.

In der Saison 2013/14 musste man unter Fatih Terims Nachfolger Roberto Mancini in Sachen Meisterschaft zwar Fener den Vortritt überlassen, mit der dritten Qualifikation für die Champions League wurde aber das Minimalziel erreicht, zudem gab es als schönes Extra den Pokalsieg.

Damit kann sich die Bilanz seit Aysals Amtsantritt wirklich sehen lassen: In den ersten drei Jahren konnte zweimal die Meisterschaft, einmal der Pokal und einmal der türkische Supercup geholt werden, in der Champions League wurde zweimal hintereinander die Gruppenphase überstanden. Die Kehrtwende wurde also erfolgreich vollzogen, der Grundstein für hoffentlich noch größere Erfolge wurde gesetzt.

2013 wurde Aysal wiedergewählt, bis 2016 bleibt er voraussichtlich im Amt und will sich dann zur Ruhe setzen, wie er bereits angekündigt hat: »In meiner Lebensplanung nimmt Galatasaray noch die nächsten zwei Jahre ein«, sagte er im April 2014. Er hoffe, dass sich bis dahin ein »junger und dynamischer Nachfolger« finde. »Wenn ich 40 Jahre alt wäre, würde ich es mir vielleicht anders überlegen, aber ich denke nicht, dass mir etwas anderes übrig bleibt.«[7]

4. GRUND

Weil Gala in Feners Stadion Meister wurde

Die erste Meisterschaft, die in der neuen Ära unter Ünal Aysal und Fatih Terim gewonnen wurde, ist schon allein aufgrund des Austragungsortes der letzten Partie denkwürdig.

Gala hatte die reguläre Saison mit neun Punkten Vorsprung auf Fenerbahçe auf Platz eins beendet, doch da der Verband seinerzeit einen neuartigen Play-off-Modus namens Süper Final eingeführt hatte, in dem die vier Bestplatzierten den Titel unter sich ausspielten, war das noch nicht gleichbedeutend mit der Meisterschaft. Vielmehr gelang es Fener in diesen Play-offs, den Rückstand auf einen Punkt zu verkürzen, sodass es am letzten Spieltag in Feners Şükrü-Saracoğlu-Stadion zum alles entscheidenden Duell kam.

Nach 90 heiß umkämpften Minuten stand es 0:0, und Gala stand als Meister fest. Zum ersten Mal in der Geschichte des Istanbul-Derbys holte eine der Mannschaften mit einem Spiel im Stadion des Rivalen den Titel!

Zu den Eigenheiten, der Intensität und der Geschichte hinter der Rivalität zwischen den zwei Vereinen werden wir später noch ausführlich kommen, deshalb halten wir an dieser Stelle zur Einordnung des Geschehnisses nur kurz fest, dass sich kein Fan, Spieler oder Verantwortlicher auf beiden Seiten irgendetwas Schlimmeres vorstellen könnte, als dem großen Feind im eigenen Stadion dabei zusehen zu müssen, wie er den Meisterschaftspokal in die Höhe reckt. Der türkische Fußball lebt nach wie vor hauptsächlich von den Emotionen aller Beteiligten, deshalb schlägt eine solche Konstellation entweder auf den Magen oder sorgt für höchste Glücksgefühle – je nachdem, auf welcher Seite man steht.

Dementsprechend groß war die Freude bei den Löwen, die sich in der Mitte des Rasens zusammenfanden, Arm in Arm im Kreis sprangen und die 18. Meisterschaft feierten, während Sicherheitskräfte einen Schutzwall um sie bildeten. Unbegrenzter Jubel auf begrenztem Raum!

Kapitän Ayhan Akman wurde von der Mannschaft auf Schultern getragen und küsste das Wappen auf seinem Trikot, Felipe Melo weinte vor Freude, der Spanier Albert Riera machte den Torero, und die Spieler schwangen im Fener-Stadion eine große Galatasaray-Fahne. »Die Meisterschaft hier einzufahren, macht sie nur noch bedeutender«, sagte Mittelfeldspieler Selçuk İnan.[8]

Die Euphorie wurde auch nicht durch die zahlreichen Versuche gedämpft, Gala die Freude an der Feier über den gerade gewonnenen Meistertitel zu vermiesen. Bereits nach wenigen Minuten musste die Mannschaft zurück in die Kabine, da die Stimmung im Stadion immer aufgeheizter wurde, bis aufgebrachte Fener-Fans schließlich sogar den Platz einnahmen und sich Gefechte mit den Sicherheitskräften lieferten. Von Funktionären des Verbands bekam man dann das Angebot, die Pokalübergabe in den Katakomben abzuhalten, was von Galas Verantwortlichen aber abgelehnt wurde – man wollte schließlich dort feiern, wo man den Pott geholt hatte.

Erst drei Stunden nach Abpfiff war das ganze Stadion geleert und es konnte zur Pokalübergabe kommen. Kapitän Ayhan bekam die Trophäe von Verbandspräsident Yıldırım Demirören überreicht, der nicht gerade als Gala-Freund bekannt ist und dabei ein Gesicht machte, als würde er eine zutiefst traurige Botschaft überbringen. Zudem fand die Pokalübergabe im Dunkeln statt, da die Gastgeber die Stadionbeleuchtung ausgeschaltet hatten. Alles egal – Hauptsache Meister.

Und bevor die Truppe den Ort des Triumphes verließ, hinterließ sie dem Rivalen noch einen Gruß, der längst legendär ist. In der Kabine unterschrieben alle Spieler auf der Wand und schrieben folgende Botschaft dazu: »Zu jeder Zeit und überall, Cimbom ist das Größte, Meister GALATASARAY«. Dieser Vorgang ist inzwischen bei Gala-Fans Kult und als *Kadıköy Hatırası* (»Kadıköy-Erinnerung«) bekannt – nach dem Stadtteil, in dem Fener zu Hause ist.

KAPITEL 2

DIE BASICS (I)

WAS MAN WISSEN MUSS

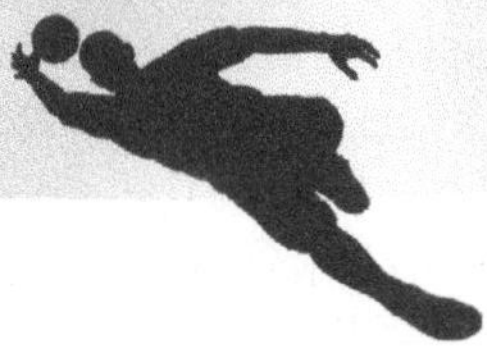

5. GRUND

Weil wohl kein Verein mehr Namen hat

Ein Vereinsname, der fünfmal den Buchstaben »A« beinhaltet, und das in sehr kurzen Abständen, geht keinem leicht über die Lippen. Deswegen haben sich auch für Galatasaray im Laufe der Jahre mehrere Alternativen gebildet. Wir wollen also zunächst einmal klarstellen, welche Gebilde benutzt werden sollten und welche nicht. Was komplett ausscheidet, ist »Galatasaray Istanbul«. Diese Bezeichnung schwirrt seit Jahren im deutschsprachigen Raum herum und ist der Gewohnheit deutscher Medien geschuldet, internationale Vereinsnamen einfach mit dem jeweiligen Ort des Klubs zu verbinden, auch wenn das sonst niemand tut. »Galatasaray Istanbul« gibt es also genau genommen nicht, genauso wenig wie »Arsenal London«. Streichen wir also.

Die offizielle türkische Bezeichnung des Vereins lautet »Galatasaray Spor Kulübü«. In der Türkei gibt es in der Umgangssprache die Abkürzung Galata, die früher recht häufig benutzt wurde, heute aber kaum mehr gebraucht wird. Ansonsten nennt man den Verein und die Mannschaft in der Türkei mitunter »Aslanlar« (Die Löwen), »Sarı-Kırmızılılar« (Die Gelb-Roten) oder ganz einfach »Cimbom« (Spitzname mit ungeklärter Herkunft, dazu gleich mehr). Die allermeisten Menschen in der Türkei sprechen aber den kompletten Namen einfach so schnell und einfach wie möglich aus, sodass im Alltag dann oft die Rede von einem »Gas'ray« ist.

Und dann hätten wir noch das international geprägte »Gala«. Diese Abkürzung wird in der Türkei zwar ebenfalls nicht benutzt, hat sich im deutsch- und auch englischsprachigen Raum in den letzten Jahren aber durchgesetzt. Einigen wir uns für den Rest des Buches auf diese Bezeichnung, wir wollen schließlich internationalen Standards genügen. Gala, das klingt schön, das klingt modern und es geht einem leicht über die Lippen.

Probieren Sie es einfach mal: Gala. Gala! Einfach schön. Die Sache mit den Namen ist also etwas verwirrend, die Lösung aber kurz und knackig: Gala. Alles klar?

6. GRUND

Weil »Cimbom« ein mysteriöser Spitzname ist

Bleiben wir kurz beim Thema Namen. Jetzt bitte festhalten, denn es wird abenteuerlich. Im Jahre 1957 begibt sich ein Gala-Fan namens Murtaza mit einem australischen Kumpel namens Jim nach Brasilien, um eine gemeinsame Flussfahrt auf dem Amazonas zu machen. Der arme Murtaza hat große Angst vor Krokodilen, doch kein Problem: Der tapfere Jim trägt eine Pistole bei sich.

Murtaza möchte, dass sein Kumpel Jim stets die Pistole für den Notfall bereithält. Da seine Englischkenntnisse recht brüchig sind, improvisiert Murtaza, beschreibt die Pistole anhand ihrer Soundeffekte und nennt sie einfach »Bom Bom«. Wann immer Murtaza also im Wasser ein gefährliches Krokodil entdeckt, dreht er sich ängstlich zu Jim und ruft: »Jim, Bom Bom!« Was so viel heißen soll wie: Hey Jim, knall den mal weg.

Wieder zurück in Istanbul, erzählt Gala-Fan Murtaza bei einem Stadionbesuch seinen Freunden die Geschichte und sorgt damit für viel Vergnügen unter den Anhängern. Die Geschichte verbreitet sich so schnell auf den Rängen im Ali-Sami-Yen-Stadion, dass sich Murtazas Slogan zum Schlachtruf der Tribünen und später dann sogar, mit der türkischen Schreibweise des Namens »Jim«, zum Spitznamen des Vereins entwickelt: »Cimbom«.

Die Geschichte ist schön, doch leider sie ist mit sehr großer Wahrscheinlichkeit erfunden. Denn sie ist zwar recht weit verbreitet, belegt ist sie aber nicht.

Sie steht dennoch sinnbildlich für die ungeklärte Herkunft der Bezeichnung »Cimbom« oder auch »Cim Bom Bom«, die in der Türkei für den Verein gebraucht wird. Neben der Murtaza-Story gibt es aber noch einige weitere Mythen und Legenden:

Von Französisch sprechenden Schülern des vereinseigenen Gymnasiums im Herzen Istanbuls, die früher vor dem Schulgebäude Süßigkeiten an Fußgänger verkauften und ihr Produkt mit einem unschuldigen »J'aime les bonbons« anpriesen, über einen amerikanischen Boxer namens Jim, der Galatasaray-Mitglied war und mit dem Schlachtruf von den Zuschauern angefeuert wurde, bis hin zur wohl am weitesten verbreiteten These, die den früheren Gala-Spieler Sabit Cinol als Urheber aufweist. Der ging als junger Mann in die Schweiz, um dort zu studieren, und spielte während seines dortigen Aufenthalts bei Servette Genf. Deren Fans sollen während der Spiele »Jim Bom Bom« gerufen haben, was Cinol so gefallen haben soll, dass er den Schlachtruf nach seiner Rückkehr zu Galatasaray im Jahre 1924 ebenfalls durchgesetzt habe.

Welche der genannten Versionen die richtige ist, bleibt bis heute leider unklar. Der Preis für den kreativsten Ansatz geht hiermit aber ganz klar an den Erfinder von Murtaza und Jim.

7. GRUND

Weil die Vereinsfarben einzigartig sind

Und damit weiter zum Thema Vereinsfarben, bei dem alle eingefleischten Gala-Fans jetzt bitte ganz kurz stark sein müssen: Ich will es ja eigentlich nicht ansprechen, doch passiert ist passiert, und ja, Gala lief in den Anfangsjahren nach der Gründung kurzzeitig in Gelb-Blau auf. Ganz recht, in den Fener-Farben.

Doch halt! Nicht gleich aus dem Fenster springen, das Leben hat noch einen Sinn. Denn genau genommen ist das gar nicht so schlimm, wie es klingt; als man sich damals für die Farben entschied, gab es Fenerbahçe noch gar nicht. Während Gala nämlich 1905 gegründet worden war und sich in den ersten zwei Jahren noch in der Selbstfindungsphase befand, wurde Fener erst 1907 gegründet. Also halb so schlimm das Ganze. Außerdem hatte sich die Sache schon nach zwei Jahren erledigt, denn nach einer Partie, die mit 0:5 verloren wurde, war man völlig zu Recht der Überzeugung, dass die Farbkombination Pech brachte, und entschied sich für einen erneuten Wechsel.

Die Suche nach neuen, endgültigen Vereinsfarben übernahm dann der Chef höchstpersönlich. Auf der Suche nach Inspiration begab sich Vereinsgründer und erster Gala-Präsident Ali Sami Yen auf die Straßen Istanbuls. Im Stadtviertel Bahçekapı kam er an einem Kleiderladen vorbei, der einem Bekannten gehörte. Dort sah er zwei nebeneinanderliegende Kleidungsstücke, das eine rot, das andere gelb. Der Verkäufer legte die Stücke zusammen, und Yen war sofort vom Anblick beeindruckt. Er habe sich an die »Schönheit eines Distelfinks« erinnert gefühlt und das Gefühl bekommen, »in das Farbenspiel eines Feuers zu blicken«, hielt er später schriftlich fest.[9]

Die Entscheidung stand dann schnell fest, Yen ließ umgehend von seiner Schwester und weiteren Angehörigen den ersten Satz Trikots in den neuen Vereinsfarben nähen, und endlich hatte Gala seine eigenen Farben gefunden.

Auch heute geben sie dem Verein noch ein Alleinstellungsmerkmal. Denn an was denkt man als Allererstes bei Gelb und Rot? Wrestlingfans denken vielleicht an Hulk Hogan, Fast-Food-Fans denken an Pommes mit Ketchup, alle anderen aber an Galatasaray.

Das weiß ich nicht zuletzt durch eine eher unschöne Erfahrung, die ich beim ersten (und letzten) Besuch eines Eishockeyspiels in meiner Jugend machte, als die Heimzuschauer die in gelben Trikots und roten Helmen aufgelaufene Gastmannschaft nämlich über die gesamte Spielzeit mit folgendem, doch etwas frechen Sprechchor bedachten: »Ihr seht aus wie Galatasaray, Galatasaray, Galatasaray!«

8. GRUND

Weil Gala heute eine Weltmarke ist

Unschöne Erfahrung damals in der Eishockeyhalle, aber inzwischen verspottet uns niemand mehr. Überlassen wir mal dem Wirtschaftsmagazin *Forbes* das Wort, das im Jahr 2007 die größten Marken in Ländern mit einer aufstrebenden Wirtschaft untersuchte: »In der Türkei ist Galatasaray die am meisten respektierte Marke«, hieß es dort, und dass Gala in der Untersuchung alle anderen türkischen Unternehmen oder Vereine hinter sich gelassen hatte, wurde im Artikel als »eindrucksvolle Leistung« bezeichnet, denn »selbst in fußballverrückten Ländern wie Argentinien oder Brasilien hat es kein einziger Sportverein in die Top 50 geschafft«.[10] Nehmt das, ihr frechen Hallen-Hooligans von damals!

Galatasaray ist heute ein weltweit bekannter Verein und Begriff, was vor allem durch die internationalen Erfolge um die Jahrtausendwende begründet und durch die sportliche Renaissance der letzten Jahre begünstigt wurde. So weiß zum Beispiel der türkische Sportjournalist und Kolumnist Esat Yılmaer zu berichten: »Galatasaray kennt man auf der ganzen Welt, zum Beispiel in Kanada, wo man eigentlich mit Fußball nicht viel am Hut hat. Dort hat mich ein Chauffeur gefragt, woher ich komme. Sobald ich ›Türkei‹ sagte, fing er an, von Galatasaray und Hakan Şükür zu reden. In Sachen Zugkraft und Bekanntheit hat Galatasaray seine Kontrahenten weit hinter sich gelassen.«[11]

Das sieht man heute vor allem auch im Internet. Mit über 11,2 Millionen Facebook-Likes[12] in der Türkei ist der Verein mit Abstand auf Platz eins der beliebtesten Sportklubs und europaweit in den Top Ten. Bei Twitter ist Gala noch weiter vorne. Wenn es um Fußballvereine geht, sind der FC Barcelona (11,6 Mio. Follower) und Real Madrid (11 Mio.) zusammen einsame Spitze, dahinter streiten sich drei Vereine um Platz drei: FC Chelsea, Arsenal – und Gala.

Zwischen diesen Vereinen geht der dritte Platz durch die ständig steigenden Nutzerzahlen hin und her, oft genug gelingt es Gala aber, die englische Konkurrenz zu überholen und sich den dritten Platz zu schnappen. So geschehen um den Jahreswechsel 2013/14.

Als Gala in Sachen Twitter-Follower um den Jahreswechsel 2013/14 mit 3,4 Followern Platz drei übernahm, verkündete die *Hürriyet* stolz: »Barça, Real, und dann schon Galatasaray«. Weiter hieß es: »Unser Vertreter hat nach Barcelona und Real Madrid die höchste Anzahl an Twitter-Followern erreicht. Damit haben die Gelb-Roten große Vereine wie Bayern München, Manchester United, Liverpool oder Paris SG hinter sich gebracht.«[13]

All diese Faktoren zusammengenommen machen Gala zu einem attraktiven Unternehmen mit internationaler Zugkraft. Als *Forbes* im Mai 2014 eine Liste mit den 20 wertvollsten Fußballklubs der Welt veröffentlichte, teilte sich diese hauptsächlich in Vereine aus den fünf großen Ligen Europas (England, Spanien, Deutschland, Italien, Frankreich) auf – bis auf Gala. Mit einem Wert von 347 Millionen Dollar belegt der Verein weltweit Platz 16. Kein Grund jedoch, sich auszuruhen – das Ziel für die kommenden Jahre ist es, noch weiter hochzukommen.

9. GRUND

Weil Istanbul einzigartig ist

»Wenn jemand nur eine Gelegenheit bekommen sollte, auf die Welt zu blicken, soll er sich Istanbul anschauen«, sagte einmal der französische Lyriker Alphonse de Lamartine.[14]

Über Istanbul liest man in Reiseführern und Artikeln ja oft die gleichen Begriffe: Bosporus, zwischen Orient und Okzident, zwischen Tradition und Moderne, Asien und Europa.

Das klingt natürlich erst einmal ganz schön und auch recht aufregend, aber erst, wenn man selbst mal dort ist und Zeit in Istanbul verbringt, bekommt man ein Gefühl für die Einzigartigkeit dieser Metropole. Sie ist an sich keine Stadt in herkömmlichem Sinne, sondern eine eigene, riesige, aufregende Welt, die einem auf jedem Meter etwas Neues bietet und einfach nicht mehr loslässt.

Istanbul ist alles auf einmal: Schönheit, Glück, Chaos, Lärm, Entspannung. Es gibt hier so viele Freizeitmöglichkeiten, dass man wohl Jahre dafür brauchen würde, um jede in Anspruch zu nehmen. Touristenorte und stille Ecken, antike Sehenswürdigkeiten und hochmoderne Nachtklubs, alles ist hier beieinander. Hier pulsiert das Leben, und zwar für jeden so, wie es ihm gefällt, jeder kann sich sein Istanbul aussuchen und selbst gestalten.

Der ständige Widerspruch, der einem in Istanbul begegnet, ist wohl das, was mit den größten Reiz ausmacht, denn bei all der Schönheit begegnet einem manchmal auch das blanke Chaos, nirgends berüchtigter und ermüdender als im Straßenverkehr. Da sitzt man dann manchmal im Auto und will eine zehn Kilometer lange Strecke hinter sich bringen, braucht dafür aber zwei Stunden, wird von anderen Verkehrsteilnehmern abgedrängelt und von frechen Mopedfahrern zurechtgewiesen, kommt einfach nicht voran. Und dann schaut man seitlich aus dem Fenster, erblickt in der Ferne den himmelblauen Bosporus, den man von fast jeder Ecke dieser Stadt sehen kann, und beneidet die Fischer, die schön entspannt auf ihrem Kutter sitzen und über das blaue Wasser tuckern. Abends geht man dann in eines der Restaurants unten an der Bosporus-Brücke und isst unter dem freien Nachthimmel eine der Mahlzeiten, zu denen die Beute der Fischer von vorhin verarbeitet wurde, und alles ist wieder gut. So ist das in Istanbul.

Wo könnte Galatasaray besser hinpassen als hierher?

Der Klub ist im Stadtteil Florya auf der europäischen Seite Istanbuls zu Hause und hat viele Parallelen mit seiner Heimat. Auch er ist ein Wahrzeichen der Türkei, auch er pendelt zwischen türkischer Tradition und dem Streben nach westlicher Entwicklung, und auch bei ihm ist dies durch die frühere Geschichte zu erklären, wie wir noch sehen werden. Und wie Istanbul hat auch Gala oft mit sich selbst zu kämpfen, wird zurückgeworfen durch innere Machtkämpfe, durch Fehler in der Vereinsführung, selbst verschuldetes Chaos.

Beide, Istanbul und Galatasaray, sind insgesamt faszinierend und eindrucksvoll, und beide profitieren voneinander. Denn so wie das Leben in Istanbul für die Verantwortlichen des Vereins bei Transferverhandlungen oft das beste Argument sind, so ist Gala seit Jahrzehnten eines der größten Aushängeschilder und Markenzeichen Istanbuls – Gala ist in der Stadt allgegenwärtig.

Auch wenn kein Gala-Spiel ansteht, sieht man Fans im Trikot durch die Innenstadt laufen, im Supermarkt haben sogar Spieler aus der zweiten Reihe des Kaders ihre eigenen Fanartikel wie Kalender oder Kaffeebecher, auf denen ihr Porträt zu sehen ist. Das berühmte Galatasaray-Gymnasium und das Vereinsmuseum, beide in unmittelbarer Nähe des zentral gelegenen Taksim-Platzes, bestimmen das Bild der Stadt ebenfalls mit.

Wer also Istanbul mag, wird Gala lieben, und umgekehrt, denn Gala verkörpert die ganze Faszination Istanbuls – zusammengefasst in einem Verein.

10. GRUND

Weil Gala einen Rekord nach dem anderen aufgestellt hat

Wer im Fußball international mitreden will, der muss natürlich erst mal nationale Hausaufgaben erledigen und dort der Maßstab sein, denn mit dem 13. Tabellenplatz hat sich noch niemand für die Champions League qualifiziert.

Dass der Anspruch Galatasarays, als Vertreter der Türkei im Ausland wahrgenommen zu werden, nicht nur heiße Luft ist, zeigt ein Blick auf die Rekorde und Bestleistungen, die in der Vereinsgeschichte errungen wurden:

1988 hat Gala die Meisterschaft mit zwölf Punkten Vorsprung auf den Zweiten geholt, mehr hat noch keine türkische Mannschaft geschafft.

2002 holte Gala die türkische Meisterschaft zum 15. Mal. Für fünf Meisterschaften gibt es in der Türkei jeweils symbolisch einen Stern, Gala war damit die erste türkische Mannschaft, die drei Sterne im Wappen tragen durfte.

Zwischen 1997 und 2000 holte Gala vier Meisterschaften in Serie, was noch keine ... Sie wissen schon.

Dazu weitere Highlights wie: die meisten Tore in einer Saison (105 Tore in der Saison 1962/63), die meisten Pokalsiege mit 15 an der Zahl, die längste Auswärtsserie ohne Niederlage – 40 Partien vom 25. Januar 1998 bis zum 12. Mai 2000. Auch nicht zu verachten: erste türkische Mannschaft, die im Ausland antrat und einen Sieg holte (1911), erste türkische Mannschaft, die am Europapokal der Landesmeister (1956) und an der Champions League (1993) teilnahm, bisher die einzige Mannschaft, die in der europäischen Königsklasse das Halbfinale erreichen konnte. Der von Gala geholte UEFA-Cup sowie der UEFA-Supercup sind bis heute die zwei einzigen internationalen Titel, die eine türkische Mannschaft gewonnen hat. Kein türkischer Verein hat international mehr Tore geschossen, mehr Siege geholt oder ist länger ohne Niederlage geblieben als Gala, das einst 20 Europapokalspiele in Folge nicht verlor.

Wir sehen also: Gala ist ständig auf der Jagd nach dem nächsten Rekord, seit Jahrzehnten und quer durch alle Wettbewerbe.

Die Bedeutung von Galatasaray fasst die FIFA so zusammen: »Die Verbindung zwischen dem König des Dschungels und türkischem Fußball mag auf den ersten Blick nicht deutlich werden, wenn man aber genau hinschaut, wird es klar: Während der Löwe die Nummer eins in der Tierwelt ist, stellt Galatasaray, sein fußballerisches Ebenbild, den erfolgreichsten Verein in der Geschichte der Türkei dar.«[15]

11. GRUND

Weil der Löwe durch Nihat Bekdik zum Symbol des Vereins wurde

Bei der Gelegenheit stellt sich die Frage: Warum eigentlich der Löwe? Der gilt als das Symbol von Gala, die Spieler werden in der Öffentlichkeit häufig als »Aslanlar« (»Die Löwen«) bezeichnet und in Fahnen sowie Fan-Choreos ist der König der Tiere ebenfalls häufig zu sehen; außerdem heißt die größte Fangruppierung »UltrAslan«, was die Begriffe »Ultra« und »Aslan« vereinigt. Und wenn neu verpflichtete Spieler zum ersten Mal auf dem Vereinsgelände zu Besuch sind, posieren sie im Gala-Trikot zuallererst neben einer der zahlreichen dortigen Löwenstatuen, um damit zu signalisieren, dass auch sie jetzt ein echter »Aslan« sind.

Dass der Löwe gleichbedeutend mit Gala geworden ist, liegt an einem Mann: Nihat Bekdik. Der wurde 1902 geboren und trat als Jugendlicher dem drei Jahre nach seiner Geburt gegründeten Verein Galatasaray bei, wo er 18 Jahre lang das Trikot der Fußballmannschaft tragen sollte. Nihat war sportlich ein echter Allrounder und neben dem Fußball in einer ganzen Reihe anderer Sportarten tätig, unter anderem als Leichtathlet, Reiter, Hockeyspieler, Segler, Ruderer und Schwimmer.

Er hatte wirklich einiges auf dem Kasten: Allein im Jahr 1923 stellte Nihat sowohl im Dreisprung mit 11,92 Metern als auch im Hochsprung mit 1,58 Metern landesweite Rekorde auf. Und als die türkische Fußballnationalmannschaft am 26. Oktober 1923 in

Istanbul gegen Rumänien ihr erstes Spiel überhaupt bestritt, stand er als einziger Vertreter Galatasarays auf dem Platz.

Von Gala-Zuschauern bekam Nihat aufgrund seiner Spielweise, die von Einsatzwillen und vom Kampf geprägt war, den Spitznamen »Aslan Nihat« – und der Rest ist Geschichte. 20 Jahre lang trug Nihat das gelb-rote Trikot, 1936 trat er nach 268 Einsätzen ab und wandte sich wieder anderen sportlichen Tätigkeiten zu.

Er hatte ein eigenes Segelboot, das er natürlich »Aslan« taufte, dazu nahm er als Schwimmer regelmäßig an Bosporus-Überquerungen teil. Als 1952 zum ersten Mal ein türkisches Segelschiff den Atlantik überqueren konnte und danach in Istanbul von Hunderten Menschen, darunter der damalige Staatspräsident Celâl Bayar und der Ministerpräsident Adnan Menderes, empfangen und gefeiert wurde, war Nihat einer der fünf Mann an Bord, die für die Türkei Geschichte geschrieben hatten.

1972 erlag »Aslan Nihat« einer langwierigen Herzerkrankung. Als Galatasaray 38 Jahre später, zur Saison 2010/11 ein neues Trikotdesign mit einem großen Löwen auf der Brust vorstellte, wollte der Verein dies als Hommage an den Mann verstanden wissen, der das Symbol des Vereins begründete: »Das ›Löwen-Trikot‹ ist ein Dank und eine Erinnerung an unseren Sportler, Athleten und Vorzeige-Kapitän. Es soll unsere Stärke demonstrieren und ist ›Aslan Nihat‹ gewidmet.«[16]

KAPITEL 3

DIE ANFÄNGE

WIE GALA ZU GALA WURDE

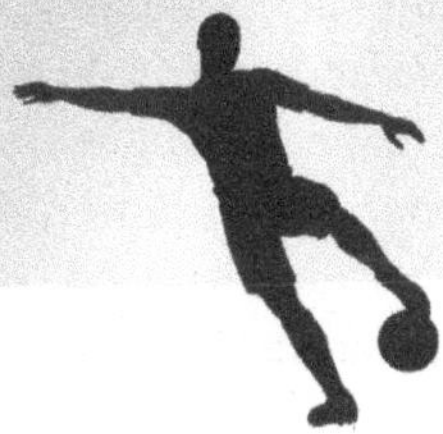

12. GRUND

Weil Galas Geschichte bis 1481 zurückreicht

Tradition und die Wahrung alter Werte sind im modernen Vereinsfußball ja zu gefährdeten Spezies geworden. Ein in den letzten Jahren in Europa um sich greifendes Phänomen ist die Fremdübernahme oder -finanzierung von Klubs, die mit schnellem Geld und zahlreichen Transfers zu Erfolgen getrieben werden sollen. Das geht – zumindest aus sportlicher Sicht – oft gut, und so sind Vereine wie der FC Chelsea, Manchester City oder neuerdings Paris Saint-Germain durch reiche Investoren zu europäischen Spitzenklubs geworden. Doch es gibt auch Negativbeispiele wie den walisischen Klub Cardiff City, bei dem der malaysische Hauptanteilseigner Vincent Tan kurzerhand die Vereinsfarben von Blau auf Rot änderte und aus dem blauen Vogel im Vereinswappen einen Drachen machte, weil sich der Verein so in Asien besser vermarkten ließe.

Über die Vor- und Nachteile solcher Vereinsmodelle kann man sicherlich streiten, im Zweifel wird jeder wahre Fan aber wohl Tradition und Wahrung der Vereinsidentität gegenüber schnellem Erfolg durch geborgten Reichtum vorziehen. Und bei Gala ist er damit genau richtig, denn hier wird Tradition noch großgeschrieben, und sie reicht mehrere Jahrhunderte zurück …

Wir schreiben das Jahr 1481. Sultan Bayezid II., der damalige Herrscher über Istanbul, befindet sich der Legende nach an einem kalten Wintertag auf dem Rückweg von der Jagd zu seinem Palast, als ihm eine kleine Hütte auffällt, deren Garten mit wunderschönen Blumen geschmückt ist. Seine Begleiter erzählen ihm, dass dort Gül Baba (»Vater der Rosen«) wohne, ein älterer, in der Nachbarschaft bekannter und geschätzter Mann. Der Sultan wird neugierig und entschließt sich zu einem Besuch. Nachdem er Gül Baba kennengelernt hat und sowohl von seiner Rosenzucht als auch von seiner Gastfreundlichkeit beeindruckt ist, bietet der Sultan seinem neuen

Freund an, ihm jeden finanziellen Wunsch zu erfüllen. Gül Baba lehnt dankend ab, zeigt dem Sultan aber einen leer stehenden Hügel gegenüber seiner Hütte und wünscht sich, dass dort eine Schule hingebaut werden möge. Zum Abschied schenkt Gül Baba dem Sultan einen Strauß, der aus gelben und roten Rosen besteht. Kurz danach wird ihm sein Wunsch erfüllt und der Sultan lässt zu Ehren von Gül Baba eine palastähnliche Schule bauen. Da »Palast« im Türkischen »saray« bedeutet und sich die Geschichte im Istanbuler Stadtviertel Galata abspielt, wird die neu erbaute Schule im Volksmund fortan »Galatasaray« genannt.

Die damals errichtete Schule steht noch heute im Herzen Istanbuls, im europäischen Teil der Stadt, gleich am weltberühmten Taksim-Platz. Sie wurde ab 1866 international ausgerichtet und nach dem Vorbild französischer Schulen unter dem Namen »Galatasaray Mekteb-i Sultanisi« (»Galatasaray-Sultanschule«) neu eröffnet. Mit zahlreichen Fremdsprachen als Unterrichtsfach und vielen Lehrern aus Europa galt die Schule als »Fenster zum Westen«. Nach dem Untergang des Osmanischen Reiches und im Zuge der Gründung der türkischen Republik wurde sie schließlich in »Galatasaray Lisesi« (»Galatasaray-Gymnasium«) umbenannt. 1992 wurde sie noch um die Galatasaray-Universität erweitert.

Das Gymnasium gilt heute als moderne Eliteschule, die zahlreiche Staatsmänner, Diplomaten, Schriftsteller und weitere wichtige Persönlichkeiten hervorgebracht hat. Unter anderem machten mit Suat Hayri Ürgüplü und Nihat Erim zwei türkische Ministerpräsidenten ihr Abitur am Galatasaray-Gymnasium, genauso wie der zweite Staatspräsident Israels, Jizchak Ben Zwi. Auch der bedeutende türkische Sänger Barış Manço war ein Absolvent.

1905 wurde an der Schule der Sportverein Galatasaray gegründet, seitdem ist es ungeschriebenes Gesetz, dass jeder Vereinspräsident von Galatasaray sein Abitur am Galatasaray-Gymnasium gemacht haben muss. Damit ist sowohl die Entstehung als auch die Gegenwart des Vereins ganz eng mit der Geschichte des Gymnasiums verknüpft.

13. GRUND

Weil Monsieur Curel den Sport in die Türkei brachte

Ohne Monsieur Curel hätte es Galatasaray, den Fußballverein, vielleicht nie gegeben. Der französische Lehrer kam 1868 an das Galatasaray-Gymnasium. Durch Curel, der Sportlehrer war, wurde die Galatasaray-Schule zur ersten im Osmanischen Reich, an der Sportunterricht gegeben wurde. Er organisierte moderne Turngeräte aus seiner Heimat in Frankreich, ließ ein Teilgebäude der Schule in eine Sporthalle umwandeln und veranstaltete ab 1870 Turn- und Leichtathletikwettbewerbe für seine Schüler, bei denen die besten Turner und Athleten mit Medaillen und anderen Preisen belohnt wurden. Am Ende der Wettbewerbe gab es für die Schüler Reis mit Lammfleisch.

So wurde Curel zum Wegbereiter des organisierten Sports im Osmanischen Reich und der späteren Türkei. Bei Gala bleibt sein Einfluss unvergessen, noch heute gibt es den Reis-Tag, der jedes Jahr am ersten Sonntag im Juni stattfindet und an dem den Mitgliedern das von Curel damals eingeführte Gericht serviert wird.

Zwei Jahre reichten Monsieur Curel damals aus, um aus dem Gymnasium eine sportlich ausgerichtete Einrichtung zu machen, und seine Nachfolger führten seine Arbeit fort. So wuchs mit den Jahren das Spektrum an angebotenen Sportarten an: Schwimmen, Rudern, Tennis oder Hockey, die Schüler konnten sich ihre Lieblingsbeschäftigung aussuchen.

Einer der Nachfolger Curels war Faik Üstünidman, der ein Schüler des Franzosen war und Jahre danach selbst zum ersten türkischen Sportlehrer der Schule wurde. Üstünidman begeisterte sich vor allem für Fußball, und unter ihm kam es zu ersten Fußballspielen am Gymnasium. Doch das, was die Schüler damals mit dem noch ungewohnten Spielgerät veranstalteten, hatte wenig mit geregeltem Fußball zu tun. Vielmehr galt das Motto, das jeder kennt, der schon einmal bei einem Bambini-Spiel zugesehen hat: Jeder auf den Ball, zur gleichen Zeit, um jeden Preis. Hunderte von Jugendlichen jagten dem Spielgerät hinterher, es kam zu Platzwunden, zerrissenen Kleidern, einem Chaos, das mehr an Kampf als an Spiel erinnerte.

Doch die Faszination für den Ball überdauerte, und so wurde Fußball ein Teil des Alltags am Gymnasium. Einer der ersten Schüler, die schon bei den ersten Spielen dabei waren, hörte auf den Namen Ali Sami.

14. GRUND

Weil Gala der erste türkische Fußballverein war

Ali Sami war von der neuen Sportart, die er an der Schule kennengelernt hatte, begeistert und machte sich daran, mehr über sie herauszufinden.

Das Fußballspiel in der Form, in der wir es heute kennen, hat seinen Ursprung in England, wo Mitte des 19. Jahrhunderts mit dem FC Sheffield der erste, noch heute existierende Fußballverein und der erste nationale Fußballverband der Welt gegründet wurde. In England wurden der bereits seit Jahrhunderten auf verschiedene Arten praktizierten Sportart neuartige Regeln auferlegt, zum Beispiel die Abseitsregel, und schnell schwappte die auf der Insel herrschende Begeisterung auf andere Länder über. Spätestens als 1904 der Weltverband FIFA gegründet wurde, setzte der Fußball zu seinem globalen Siegeszug an, der ihn heute zum beliebtesten Mannschaftssport rund um die Welt macht.

Auch im Osmanischen Reich gab es viele Menschen, die Spaß am Spiel mit dem runden Leder hatten, doch gab es da ein großes Problem: Es war ihnen verboten. Der damals herrschende Sultan Abdülhamid II. stand politisch unter Druck und hatte nicht mehr den Rückhalt seines Volkes; aus Furcht über mögliche Gegenbewegungen stellte er deshalb jegliche Ansammlungen von Menschenmengen unter Strafe, und hierzu gehörte auch jeglicher Mannschaftssport, der türkischen Bürgern verboten und nur Ausländern genehmigt wurde.

So waren es unter der Leitung von James LaFontaine und mit Hilfe von Henry Pears sowie Horace Armitage Briten, die im Jahre 1903 die erste türkische Fußballliga gründeten, die Istanbuler Fußballliga (offizieller Name: Constantinople Football Association League), an der vier Mannschaften mit fast ausschließlich englischen und griechischen Spielern teilnahmen.[17] Türkische Spieler, die trotz des Verbots ihrer Leidenschaft nachgehen wollten, wählten zur Verschleierung meist einen englischen Spitznamen; selbst das Zuschauen bei den Spielen war damals gefährlich und konnte in Verhaftungen oder Ausweisungen enden.

Der junge Ali Sami war trotzdem regelmäßig bei den Spielen zugegen, Fußball faszinierte ihn. Er war enttäuscht, dass es ihm untersagt war, dem Sport in geregelter Form nachzugehen, und er war sich der drohenden Konsequenzen bewusst.

Am Ende überwog jedoch die Faszination, und am 20. Oktober 1905 saßen Ali Sami und seine Klassenkameraden gerade im Literaturunterricht, als sie untereinander die Idee entwickelten, einen Fußballverein zu gründen.

Noch im Laufe des Tages nahm die Idee immer mehr Form an. Die 13 Gründungsmitglieder verteilten untereinander die Aufgaben und wählten Ali Sami zu ihrem Oberhaupt. Was als Brainstorming unter ein paar wohl vom Unterricht gelangweilten Zehntklässlern, die Spaß am Fußball hatten, begann, endete also als historischer Zusammenschluss: Mit Galatasaray war der erste türkische Fußballverein geboren.

15. GRUND

Weil Ali Sami Yen der Vater des Vereins ist

Selten sind die Anfänge eines Vereins so sehr auf eine Einzelperson zurückzuführen wie die von Galatasaray: Ali Sami Yen gründete mit seinen Freunden den Verein, er war der erste Präsident, und er zog Galatasaray groß.

Geboren wurde er 1886 als Ali Sami, da im Osmanischen Reich keine Nachnamen gängig waren. Erst im Jahre 1934, als sich in der türkischen Republik jeder Bürger einen Nachnamen zulegen musste, entschied sich Ali Sami für »Yen«, die türkische Imperativform für »siegen«.

Sein Vater war der bedeutende albanischstämmige Schriftsteller Sami Frashëri, der den Großteil seines Lebens in Istanbul verbrachte, dort den Namen Şemseddin Sami annahm und unter anderem den ersten türkischen Roman sowie das erste türkische Wörterbuch veröffentlichte. Şemseddin Sami ist heute durch zahlreiche veröffentlichte Schriften sowohl in der albanischen als auch der türkischen Geschichte eine wichtige Figur.

Dass Yen bei der Vereinsgründung als erstes Mitglied und Präsident auserwählt wurde, lag daran, dass er stets für den einzigen Ball verantwortlich war, der den Schülern damals zum Kicken in den Schulpausen zur Verfügung stand. Fußball war zu der Zeit schließlich noch immer gesellschaftlich verpönt, und es war nicht einfach, einen Ball aufzutreiben. Yen fettete den Ball regelmäßig, flickte Löcher zusammen, sorgte dafür, dass das Spielgerät immer ordentlich aufgepumpt war. »Ich kümmerte mich um unseren Ball wie um einen Sohn, denn er war unser Ein und Alles«, schrieb er später in seinen Memoiren.[18] Die Kameraden waren von der Hingabe beeindruckt, Yen wurde mit der Ernennung zum Vereinsgründer belohnt und war mit seinen 19 Jahren der erste Präsident Galatasarays.

Im Laufe der Jahre war er in unzähligen Funktionen im Verein tätig. In den Anfangsjahren stand er als Mannschaftskapitän auf dem Feld, bis er sich 1907 in einer Begegnung den Fuß brach und seine gerade erst begonnene Fußballkarriere beenden musste. Danach konzentrierte er sich in erster Linie auf seine Aufgaben als Präsident und leitete insgesamt 14 Jahre lang die Geschicke des Vereins.

Als der Klub dann auf seinen eigenen Füßen stehen konnte, weitete Yen seine Tätigkeiten aus und machte sich um die generelle Entwicklung des organisierten Sports in der Türkei verdient. Fast immer, wenn für den türkischen Sport in der damaligen Zeit ein wichtiges Ereignis anstand, war Yen in einer tragenden Rolle dabei. 1922 wurde er zum Präsidenten des ersten türkischen Sportverbands gewählt, beim ersten Spiel der türkischen Nationalmannschaft im Jahr 1923 stand er als Trainer an der Seitenlinie, ein Jahr danach war er bei den Olympischen Spielen in Paris Leiter der türkischen Delegation.

Und nachdem er erst im Alter von 45 Jahren das Autofahren erlernt hatte, entdeckte Yen seine Leidenschaft für den Motorsport und war auch hier als eine Art Entwicklungshelfer tätig. Er eignete sich technische Kenntnisse über den Automobilbau an, übersetzte und verfasste die ersten Motorsport-Regeln auf Türkisch und war als Präsident des nationalen Autoverbands tätig.

Nach 65 Lebensjahren, die zum Großteil im Zeichen des Sports im Allgemeinen und Galatasaray im Speziellen standen, verstarb Ali Sami Yen am 29. Juli 1951 an einem Herzinfarkt.

Als Galatasaray 13 Jahre später nach jahrelangem Umbau das erste eigene Stadion eröffnete, beantwortete sich die Frage nach der Benennung der neuen Spielstätte von selbst, und ab 1963 war Galatasaray im Ali-Sami-Yen-Stadion zu Hause.

16. GRUND

Weil das Ali-Sami-Yen-Stadion für jeden Gegner die Hölle war

Von Paolo Maldini stammt das wohl berühmteste Zitat über das Ali-Sami-Yen-Stadion. Nachdem die Legende des AC Mailand einst mit den Rossoneri nach einer 2:1-Führung noch mit 2:3 gegen Gala verloren hatte, sagte er über die Stimmung während der Partie:

»Niemand kann mir weismachen, dass nur 25.000 Menschen in dieses Stadion passen.«[19]

In der Tat stand die relativ niedrige Kapazität des Stadions – mit 22.800 sogar noch etwas niedriger, als Maldini annahm – in keiner Relation zur unglaublichen Atmosphäre, die über die Jahrzehnte bei jedem Heimspiel Galas herrschte.

Dabei verliefen die Anfangsjahre des Stadions noch recht holprig. Bereits 1943 errichtet und zum ersten Mal eröffnet, konnte das Stadion fast 20 Jahre lang nicht wie geplant benutzt werden. Es lag in einer damals ungünstigen Lage und war schwer zu erreichen, zudem herrschte durch bauliche Mängel oft ein heftiger Wind im Stadioninneren.

1963 wurde es dann feierlich wiedereröffnet, doch schon sieben Jahre später musste Gala erneut in ein anderes Stadion ausweichen. Der Verein hatte finanzielle Probleme und deshalb Schwierigkeiten mit der Instandhaltung, zudem war noch immer die Anfahrt ein Problem, da die damals gebaute Bosporus-Brücke fast die gesamte Nachbarschaft in eine einzige Baustelle verwandelte. Für einige Jahre spielte Gala deshalb im Inönü-Stadion des Stadtnachbarn Beşiktaş, während das Ali-Sami-Yen nur als Trainingsplatz diente und vor sich hin kümmerte.

Erst 1981 ging es dann wieder zurück ins eigene Stadion. Das gleich an der Stadtautobahn gelegene Ali-Sami-Yen war sicherlich nie das größte, modernste oder ansehnlichste Stadion und gerade im Vergleich zu den zeitgemäßen Stadien, die spätestens um die Jahrtausendwende in vielen Ländern gebaut wurden, wirkte die nur teilweise überdachte und oft baufällige Spielstätte wie ein Relikt aus einer anderen Zeit. Doch waren es die unnachahmlich fanatischen Zuschauer, die es mit Leben füllten, die mit ihren unaufhörlichen Schlachtrufen, den Trommeln und den Bengalos eine solch einschüchternde Atmosphäre schufen, dass das Stadion schon bald unter dem Beinamen »Cehennem« (»Hölle«) bekannt war.

Die Stimmung im Stadion war etwas, was man miterlebt haben musste. Es war ein gemeinsames Geschrei aus Tausenden Männerkehlen, das dabei aber immer auch einer Melodie folgte, ein Gemisch also aus Aggression, Leidenschaft und Disziplin, das für die Spieler auf dem Rasen schön und einschüchternd zugleich geklungen haben muss – je nachdem, ob man angefeuerter Lokalheld oder ungeliebter Gegner war. »Sobald man aus dem Spielertunnel kam, fühlte man sich wie gedopt«, erinnert sich Kubilay Türkyılmaz, der Mitte der 90er-Jahre für Gala stürmte.[20] Und Gheorghe Hagi sagte einmal: »Diese Fans können Tote wiederauferstehen lassen.«[21]

Als in den 90er-Jahren die Europapokalspiele immer häufiger wurden, wandelte man den Beinamen »Cehennem« kurzerhand in eine internationale Begrüßungsform um, die den gegnerischen Mannschaften schon beim Betreten des Stadion klarmachte, was sie erwartete. Mit »Welcome to Hell!«-Bannern wurden die Gegner begrüßt, mit »No way out«-Rufen und ohrenbetäubenden Pfeifkonzerten.

Und tatsächlich zeigten die Schlachtrufe Erfolg: Gala feierte im Ali-Sami-Yen mit den Jahren Triumphe gegen namhafte Gegner wie Manchester United, FC Barcelona oder Real Madrid. Und so war die »Hölle von Istanbul« bald europaweit berühmt-berüchtigt. »Einige der bedeutendsten Spieler der Welt kamen ins Ali-Sami-Yen, und wir konnten ihnen während der Spiels immer eine gewisse

Furcht anmerken«, sagt Galas langjähriger Kapitän Bülent Korkmaz.[22] »Ich liebe diese Hölle«[23], musste einst auch Schiedsrichter Pierluigi Collina zugeben.

Nach insgesamt 67 Jahren war es dann so weit, das Ali-Sami-Yen hatte seinen Dienst getan. Nachdem der Verein jahrelang den Bau eines neuen Stadions geplant hatte, dieser aber immer wieder aufgeschoben werden musste, zog Gala in der Winterpause der Saison 2010/11 in die neue Türk Telekom Arena um, das Ali-Sami-Yen wurde kurz darauf abgerissen.

Nach dem letzten Spiel, einem 3:1 im Pokal gegen den Zweitligisten Beypazarı Şekerspor, hielt der bekannte Nachrichtensprecher Ali Kırca auf dem Platz eine emotionale Abschiedsrede. Am Ende sagte er: »Jetzt ist es an der Zeit, die Lichter des Ali-Sami-Yen auszuschalten«, und startete einen Countdown von 10 bis 0. Als er fertig war und das Stadion nach und nach verdunkelt wurde, setzten die Fans zum wirklich letzten Mal Schlachtruf an, den sie bei jedem Heimspiel in den vergangenen Jahrzehnten zum Besten gaben. »Hier ist das Sami-Yen, hier kommt keiner raus!«, schrien sie ein letztes Mal in die Nacht.

17. GRUND

Weil Europa immer das Ziel ist

Europapokalspiele sind in jedem Verein etwas Besonderes, bei Gala ist es aber noch mehr als das – hier sind die Begegnungen mit internationalen Gegnern keine willkommene Zugabe, sondern das eigentliche Ziel des Vereins, ja, sogar der eigentliche Zweck seiner Gründung.

Manifestiert ist das in den Worten, die Gründer Ali Sami Yen seinem Verein als Philosophie und Vorgabe mit auf den Weg gab: »Unser Ziel ist es, wie die Engländer Fußball zu spielen, eigene

Farben und einen Namen zu besitzen und nicht-türkische Mannschaften zu schlagen.«

Klug gewählte Worte, die in kurz gefasster Form alles erzählen, wofür Gala stand und steht. Gehen wir es einmal einzeln durch:

»Unser Ziel ist, wie die Engländer Fußball zu spielen …«

Wie vorher bereits erwähnt, war der türkische Fußball zu Beginn des 20. Jahrhunderts komplett in ausländischer Hand, und die Engländer, in deren Heimat der Fußball seinen Ursprung hat, nahmen dabei eine Vorreiterrolle ein. Sie gründeten die erste Liga, sie stellten die ersten Mannschaften und standen für organisierten Fußball in der damaligen Zeit. Gala musste sich also erst mal an den ausländischen Mitstreitern orientieren, um sich als Verein etablieren zu können – die Engländer waren schließlich im Vereinsfußball erprobt, für Gala war es noch etwas ganz Neues. Seither blieb man deshalb ein auch internationalen Einflüssen gegenüber sehr aufgeschlossener Verein, beispielsweise auf der Trainerposition: Von 53 Übungsleitern, die bis 2014 eingestellt wurden, waren 38 nicht-türkisch.

»… eigene Farben und einen Namen zu besitzen …«

Wie bereits angesprochen, war es den Menschen zur damaligen Zeit verboten, sich zu versammeln, von Organisationen und Vereinen ganz zu schweigen. Diese Stelle war damit sowohl Bekenntnis als auch Protest: Wir wollen gemeinsam Fußball spielen, mit unseren Farben und unserem Namen, und wir lassen es uns nicht ausreden.

»… und nicht-türkische Mannschaften zu schlagen.«

Der entscheidende Part. Gala war die erste und damals einzige Mannschaft in der Istanbuler Fußballliga, und wenn man erfolgreich sein wollte, durften die ausländischen Mitstreiter nicht nur als Inspiration dienen, sie mussten geschlagen werden. Gala nahm diese Herausforderung an und wurde 1909 zum ersten türkischen Meister der Liga. Damit wurde man selbst zum Vorbild, denn erst in den Jahren nach Galas Gründung folgten andere dem Beispiel und weitere türkische Vereine wurden gegründet, unter anderem die heutigen Rivalen Fenerbahçe oder Beşiktaş.

Mit den Umständen der Anfangstage kann also erklärt werden, warum auch heute noch Champions-League-Abende die Herzen bei Gala höher schlagen lassen als überall sonst. Gala will und muss es mit den Besten der Welt aufnehmen und dabei die Türkei bestmöglich vertreten. So hat es Ali Sami Yen gewollt.

KAPITEL 4

DIE LEGENDEN

GESICHTER DES VEREINS

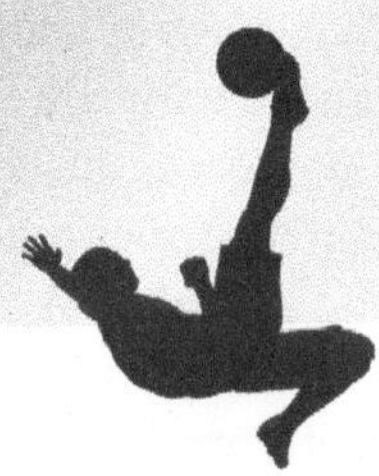

18. GRUND

Weil Metin Oktay das große Vorbild ist

Oft wird das Selbstverständnis eines Vereins, alles, wofür er steht, am meisten greifbar an einer einzigen Person, zumeist an einem Spieler, der den Verein während seiner Schaffenszeit maßgeblich prägt, zur Identifikationsfigur wird und auch lange nach seiner aktiven Zeit noch stellvertretend für die Werte seines Klubs steht.

Diego Maradona wird in Neapel noch heute gefeiert wie ein Heiliger, der FC Santos definiert sich über seinen Vereinshelden Pelé, und bei Real Madrid bleibt Alfredo di Stéfano unvergessen.

Bei Galatasaray heißt die alles überstrahlende Figur Metin Oktay.

Metin kam im Jahre 1955 mit 19 Jahren von İzmirspor zu Galatasaray und wurde gleich in seinem ersten Jahr Torschützenkönig. Er war Mittelstürmer und Spielmacher zugleich, mit eingebauter Torgarantie und allen Anlagen, die ein guter Offensivspieler braucht: beidfüßig, schnell, schussgewaltig und kopfballstark. Mit einem Jahr Unterbrechung – 1961 wurde er vom US Palermo abgeworben und wechselte für eine Saison nach Italien – spielte er 14 Jahre lang für Gala und wurde sechs Mal Torschützenkönig. Er erzielte während seiner Karriere über 600 Tore und stellte dabei zahlreiche Rekorde auf, unter anderem als er in der Saison 1962/63 ganze 38 Saisontore schoss.

Durch solche Erfolge wurde Metin seinerzeit im gelb-roten Trikot zum ersten Popstar des türkischen Fußballs. Er wurde in Liedern verewigt, spielte in einem Kinofilm über seine Lebensgeschichte selbst die Hauptrolle und bekam den Spitznamen »Taçsız Kral« (»König ohne Krone«).

Trotz aller Tore und seiner sportlichen Brillanz war es vor allem seine Persönlichkeit, die Metin Oktay auch über die Vereinsgrenzen so beliebt machte. Er galt als freundlicher, bescheidener Vorzeige-

Sportsmann, für den Galatasaray immer an erster Stelle kam, dem aber auch der Respekt vor dem Gegner stets wichtig war.

Warum besonders Gala-Fans Metin Oktay noch heute verehren, ist ganz simpel: Der Mann liebte Galatasaray, er war ein »Cimbomlu« durch und durch.* Als ihn seine erste Ehefrau, die er in der gemeinsamen Heimatstadt Izmir kennengelernt und in jungen Jahren geheiratet hatte, ihn aus Heimweh zu einer Rückkehr zu İzmirspor drängen wollte und ihn vor die Wahl zwischen gemeinsamer Zukunft und Galatasaray stellte, musste Metin nicht lange überlegen. »Ich liebe meine Frau und ich liebe Izmir, aber ich bleibe bei Galatasaray«, ließ er verlauten und beendete alle aufkommenden Spekulationen. Kurz darauf kam es zur Scheidung.

Auch die Aussicht auf mehr Geld konnte ihn nicht weglocken. Als ihn Fenerbahçe einmal mit dem Versprechen gelockt haben soll, dass er die Höhe seines Gehalts selbst bestimmen dürfe, lehnte er mit einem berühmt gewordenen Zitat ab: »Lasst uns nicht diejenigen enttäuschen, die mich so sehr lieben.«

Dadurch, dass er selbst aus der Provinz und aus einfachen Verhältnissen kam und es zum Superstar bei Gala geschafft hatte, trug er seinen Teil dazu bei, dass sich der Verein vor allem in der Metin-Oktay-Ära zum Verein der Massen entwickelte und die Zahl an Gala-Fans in der ganzen Türkei schlagartig anwuchs.

1969 beendete Metin seine Karriere, stilgerecht trat er als amtierender Meister und Torschützenkönig der türkischen Liga ab. Dass er bei seinem Abschiedsspiel gegen den ewigen Konkurrenten Fenerbahçe mit dem gegnerischen Kapitän Can Bartu das Trikot tauschte und einige Minuten lang in den gegnerischen Farben spielte, bleibt bis heute unvergessen.

* *Die Endung »lu« bezeichnet im Türkischen die Zugehörigkeit zu einer Gruppe. So wie jeder Spieler oder Fan von Borussia Dortmund ein »Borusse« ist, ist also jeder Gala-Zugehörige ein »Cimbomlu«.*

Am 13. September 1991 verstarb Metin Oktay im Alter von 55 Jahren bei einem Autounfall in Istanbul. Noch heute wird der »König ohne Krone« von den Fans bei Heimspielen besungen, viele von ihnen tragen dabei sein legendäres, gelb-rot gestreiftes Trikot mit der Nummer 10, das noch immer produziert und verkauft wird. Das Vereinsgelände im Istanbuler Stadtteil Florya ist nach ihm benannt, und das Porträt von Metin, auf dem er mit gesenktem Blick die Hand auf seinem Herzen und dem Vereinsemblem hält, ist das wohl bekannteste Bild der Vereinsgeschichte. Auch zwei Jahrzehnte nach seinem Tod bleibt er also allgegenwärtig.

Was Galatasaray für ihn bedeutete, fasste Metin Oktay einmal so zusammen: »Ich bin den gelb-roten Farben verfallen, seit ich ein kleiner Junge war. Für mich ist Galatasaray eine grundlegende und religionsähnliche Lebenseinstellung. Deswegen habe ich Galatasaray gewählt und ich bin stolz darauf, ein Teil davon zu sein.«[24]

Einen solchen »Cimbomlu« vergisst man nicht.

19. GRUND

Weil Baba Gündüz der Vater des Erfolgs war

Sie haben überdauert, die Worte, mit denen der große Gala-Trainer Gündüz Kılıç vor der Saison 1962/63 seinen etablierten und vor allem neu hinzugekommenen Spielern den Verein beschrieb, für den sie spielten:

»Wie ihr wisst«, begann Kılıç, »besitzt nicht nur jeder Mensch, sondern auch jeder Fußballverein einen eigentümlichen Charakter. Und wenn es uns hier gelingt, euch die Eigenheiten Galatasarays näherzubringen, werdet ihr euch diese hoffentlich zu Herzen nehmen und auf Jahre verinnerlichen.

Galatasaray ist ein Verein, den man fühlen muss. Er ist ein Verein für Fußballer, die ihre Farben lieben und sich gegenseitig schätzen, und für solche, die sich voller Hingabe und Aufopferung für ihn einsetzen. Galatasaray hat nichts übrig für verzogene, arrogante oder egoistische Menschen. Er ist ein Verein von Menschen, die stets an einem Strang ziehen, und die wissen, dass hierzu auch gehört, gemeinsam zu trauern und sich gemeinsam zu freuen.«

Heute sind sie eine Art Mantra des Klubs, eine inoffizielle, emotional geprägte Definition für Galatasaray, die jeder Hardcore-Fan im Schlaf sollte aufsagen können. Man merkt ihnen an, dass sie von einem gesprochen wurden, der nicht nur Trainer, sondern selbst ein Anhänger seines Vereins war.

1919 in Istanbul geboren, kam er als Schüler des Galatasaray-Gymnasiums zum ersten Mal mit dem Fußball in Berührung, feierte mit 17 seinen Einstand in der ersten Mannschaft und brachte es als bulliger und treffsicherer Mittelstürmer zum Kapitän. Fast 20 Jahre lang trug er das gelb-rote Trikot, mit nur einem Jahr Unterbrechung, das er 1938 zum Studieren in Deutschland verbrachte. In einem Derby gegen Beşiktaş erzielte der für seine körperbetonte Spielweise »Tank« gerufene Kılıç fünf Treffer und setzte damit eine heute noch gültige Höchstmarke. Mehr Tore in einem Istanbuler Derby hat bis heute kein Spieler geschafft.

Gleich im Anschluss an seine aktive Karriere begann Kılıç, ab 1952 als Trainer bei Gala zu arbeiten und wurde damit zum ersten türkischen Trainer seit der Vereinsgründung.

Kılıç war der Prototyp des charismatischen und autoritären Trainers, der es wie kein anderer verstand, die Mannschaft für sich zu gewinnen und zu motivieren. Er war somit eine Art spiritueller Vorgänger von Fatih Terim, der Jahrzehnte nach ihm auf ähnliche Art und Weise eine eigene erfolgreiche Ära prägen sollte. Sein Spitzname, unter dem er heute noch bekannt ist, lautet »Baba« (»Vater«) und verdeutlicht das Ansehen, das er im Verein genoss.

War es zuvor bei Gala noch gang und gäbe, dass sich die Präsidenten in das sportliche Tagesgeschäft einmischten und sogar hin und wieder die Aufstellung mitbestimmten, ließ sich Kılıç nicht in seine Arbeit hineinreden. Er krempelte Gala komplett um, hatte in sportlichen Fragen freie Hand und holte mit einer rundum erneuerten Mannschaft 1955 die erste Meisterschaft für Gala nach 18 langen Jahren.

1955 holte er Metin Oktay zu Gala, und Trainer und Star wurden später zu den zwei Hauptverantwortlichen für die großen Erfolge in den 60er-Jahren, in denen Gala drei Meisterschaften, vier Pokalsiege und zweimal den Präsidentenpokal holte. Unter Gündüz' Leitung und durch Metin Tore kamen die Erfolge zurück, die Anhängerschaft wuchs nun sehr schnell an, die Spiele wurden zahlreicher besucht als vorher, und Gala wurde zum Verein der Massen. Der Höhepunkt war dann die Saison 1962/63, in der Gala die Meisterschaft und den Pokal holte und mit dem Viertelfinale im Europapokal der Landesmeister den ersten Erfolg in den internationalen Wettbewerben feierte.

Zwischen Kılıç und Metin entwickelte sich eine sehr enge Bindung, und als der Stürmer 1961 den Verein kurzzeitig in Richtung Palermo verließ, schrieb Kılıç an den Präsidenten des italienischen Klubs einen langen, emotionalen Brief, in dem er beschrieb, wie viel ihm sein Star bedeutet und wie schwer beiden Seiten der Abschied fällt. Der Brief endete mit den Worten: »Ich bitte Sie, kümmern Sie sich gut um ihn.«

1967 machte Baba Gündüz, der Vater des Erfolgs, nach 17 Jahren als Spieler und zehn Jahren als Trainer Schluss und begab sich auf eine einjährige Weltreise. Danach kehrte er jeweils nochmals für ein Jahr bei Altay und Beşiktaş zurück auf die Trainerbank, bevor er sich endgültig zurückzog. 1980 starb Kılıç in Istanbul an Lungenkrebs. Er war eine der prägendsten Persönlichkeiten der Vereinsgeschichte.

20. GRUND

Weil »Leblebi« 14 Tore in einem Spiel machte

»Leblebi« ist der türkische Begriff für geröstete Kichererbsen, die einen traditionellen und sehr beliebten Alltagssnack in der Türkei darstellen.

So hat sich auch die Redewendung »Leblebi gibi« ergeben, was »wie Leblebi« bedeutet und ausdrücken soll, dass etwas so schnell und aufeinanderfolgend passiert, wie Menschen die Kichererbsen aus der Tüte holen und Stück für Stück essen.

Der Grund für diesen kleinen Ausflug in türkische Kulinaritäten und Redensarten ist ein unvergessener Fußballer, der den Namen »Leblebi« nach einer einzigartigen Leistung verliehen bekam.

Mehmet hieß er, wurde 1908 geboren, ging auf die Galatasaray-Schule, schloss sich dort der Fußballmannschaft an und stellte sich schon als Jugendlicher schnell als Ausnahmetalent heraus. Mit 15 Jahren wurde er bei Galatasaray bereits in die erste Mannschaft hochgezogen, ein Jahr später nahm er mit der türkischen Nationalmannschaft an den Olympischen Spielen in Paris teil und sorgte damit für einen damaligen Weltrekord als jüngster Spieler, der in den Mannschaftssportarten zum Einsatz kam.

Bis 1935 trug er 15 Jahre lang als Rechtsaußen das Gala-Trikot und sorgte 1926 für einen weiteren Rekord, als er beim 20:0-Sieg seiner Mannschaft gegen Vefaspor 14 Tore erzielte, eine unerreichte Bestleistung im türkischen Profifußball.

Er schoss Tore so lässig und so oft, als würde er eine Tüte Leblebi verputzen, und bekam deshalb die Bezeichnung als Spitznamen verpasst.

Als 1934 in der Türkei das Familiennamensgesetz eingeführt und das Führen eines Nachnamens für die Bürger Pflicht wurde, entschied er sich, den Spitznamen zu übernehmen, und hieß ganz offiziell Mehmet Leblebi.

Nach Ende seiner aktiven Karriere arbeitete Leblebi jahrelang bei Galatasaray im Vorstand, bevor er 1972 verstarb. Der 14-Tore-Rekord, den er hinterließ, ist vermutlich einer für die Ewigkeit.

21. GRUND

Weil Boduri zwei Jahre reichten, um unvergesslich zu werden

Am 23. Dezember 1940 traf Nikolas Büyükvafiadis mit Galatasaray auf seinen Ex-Verein Beyoğluspor, von dem er zwei Jahre zuvor gekommen war. Büyükvafiadis wurde aufgrund seiner Statur von jedem nur »Boduri« genannt, was sich von »bodur« ableitete, dem türkischen Begriff für »stämmig«. Es war eine recht gewöhnliche Partie, die mit 1:1 endete, nachdem Beyoğlu die frühe Führung durch Galatasaray nach der Halbzeit ausgeglichen hatte. Danach verabschiedete sich Boduri von seinen Kollegen und machte sich auf den Weg, ohne zu wissen, dass es seine letzte Partie gewesen war.

Er war ein großes Talent, ein flinker und trickreicher Rechtsaußen, der einen oder mehrere Gegenspieler mühelos stehen lassen konnte, zahlreiche Tore mit seinen Flanken vorbereitete und selbst torgefährlich war. Als Boduri ein Jahr zuvor mit einer Istanbuler Stadtauswahl gegen die Auswahl Budapests antrat – in Zeiten des Weltkriegs die einzige Möglichkeit, sich mit anderen Ländern zu messen – lieferte Boduri zusammen mit Fikret Arıcan von Fenerbahçe im Sturm eine so überragende Leistung, dass Ungarns Kapitän György Sárosi, damals einer der großen Stars im europäischen Fußball, wie folgt zitiert wurde: »Zum ersten Mal habe ich mich so hilflos gefühlt. Es gibt wohl nichts Schlimmeres, als gegen solch ein Duo spielen zu müssen.«[25] Spätestens seit seinem Auftreten in jener viel beachteten Partie, die mit 5:2 gewonnen wurde, galt Boduri als ein kommender Superstar des türkischen Fußballs.

1940 wurde Boduri als Soldat eingezogen, versuchte aber weiterhin, so gut es ging, seine vielversprechende Karriere bei Gala fortzusetzen. Doch das war nur unter großen Mühen möglich. Für die Partie gegen seinen Ex-Verein hatten die Verantwortlichen eine Sondergenehmigung einholen müssen, und obwohl Istanbul einen enorm kalten Winter erlebte und Schneestürme tobten, war Boduri zu Fuß zum Spiel gekommen, wo er noch in seiner Soldatenuniform am Spielfeld ankam und mitspielen durfte, unter der Bedingung, dass er abends wieder zurück bei seiner Einheit sein würde.

Schon kurz nach Ende der Partie fühlte Boduri sich schwach und kränklich, und die Verantwortlichen des Vereins versuchten zu erreichen, dass er erst am Tag darauf zurückkehren könnte. Da aber seine Einheit noch in der Nacht an einen anderen Ort versetzt werden sollte, musste Boduri sich doch sofort auf den Weg machen. Da kein Verkehrsmittel zur Verfügung stand, musste er den kilometerlangen Weg erneut zu Fuß zurücklegen.

Auf dem Weg brach er dann völlig erschöpft zusammen, wurde später ohnmächtig im Schnee gefunden und sofort ins Krankenhaus gebracht, wo er tagelang im Koma lag und dann im Alter von nur 21 Jahren an einer schweren Lungenentzündung verstarb.

22. GRUND

Weil Jupp Derwall Gala auf Vordermann brachte

Im Sommer 1984 wollte Jupp Derwall nur noch in den Urlaub. Kurz zuvor war der Bundestrainer mit der deutschen Nationalmannschaft, mit der er vier Jahre zuvor noch Europameister geworden war, als Titelverteidiger bei der Europameisterschaft in Frankreich bereits in der Vorrunde ausgeschieden. Danach hatten sich die deutschen Medien, die ihm schon länger kritisch gegenübergestanden hatte, sich erst recht auf ihn eingeschossen und den damals 57-Jährigen fast schon zum Rücktritt gezwungen.

Kurz bevor er sich mit dem Auto auf die Reise in Richtung Schweiz machte, erhielt er einen Anruf der Verantwortlichen von Galatasaray, die ihm ein Angebot unterbreiten wollten. Derwall bot ihnen an, auf seiner Reise für ein Gespräch einen Zwischenstopp einzulegen, und traf sich dann in Frankfurt mit den Vorstandsmitgliedern Faruk Süren und Alp Yalman, die beide perfektes Deutsch sprachen. Die drei Männer verstanden sich auf Anhieb gut, es entwickelte sich ein langes Gespräch über verschiedene Themen, und am Ende erklärten die zwei Besucher Derwall, dass sie ihn nicht nur als gewöhnlichen Trainer verpflichten wollten, sondern dass Galatasaray und darüber hinaus der gesamte türkische Fußball durch einen Fachmann wie ihn bedeutende Fortschritte machen könnten, dass er neue Strukturen schaffen und als eine Art Entwicklungshelfer agieren sollte.

Diese Herausforderung schien Derwall zu gefallen, und er sagte zu, nach Istanbul zu kommen, um sich ein Bild vom Verein zu machen. Was er dort dann aber vorfand, hatte er so nicht erwartet. Das Vereinsgelände war erst kurz zuvor errichtet worden und war dementsprechend noch in einem ausbaufähigen Zustand. Der erste Eindruck sei »eine Enttäuschung« für ihn gewesen, sagte Derwall Jahre später. Bei seiner Ankunft auf dem Gelände war das Erste, was er sah, wie eine Jugendmannschaft auf einem mit Steinen übersäten Aschenplatz trainierte und wie die Jugendlichen kaum den Ball trafen, da dessen Richtung immer wieder von den Steinen geändert wurde. Wenn das so weitergeht, wirst du hier nicht alt, sei damals sein erster Gedanke gewesen.

Und so stellte Derwall für eine Zusammenarbeit als erste Bedingung, dass der Mannschaft ein neuer Rasen zur Verfügung gestellt wird. Der Verein sagte zu und ließ innerhalb von drei Wochen einen neuen Trainingsplatz errichten. Danach machte sich Derwall ans Werk und begann in täglicher Arbeit, seiner Mannschaft eine neue Mentalität einzuimpfen.

Als langjähriger Nationaltrainer in Deutschland war Derwall den damals modernen Fußball gewohnt und setzte auf Manndeckung, hohes Spieltempo und Pressing. Taktische Begriffe, die seine neuen Spieler noch nie gehört hatten.

Mit Derwall als Coach änderten sich sowohl Spielleistung als auch Einstellung der Spieler dem Sport gegenüber, und seine Trainingsmethoden machten sich bald bezahlt. Im ersten Jahr unter seiner Leitung holte Gala bereits den Pokal, im zweiten Jahr verpasste man die Meisterschaft nur wegen der schlechten Tordifferenz, und im dritten Jahr war es dann endlich so weit: Nach 14 langen Jahren holte Gala durch einen 2:1-Sieg gegen Eskişehirspor am letzten Spieltag im Ali-Sami-Yen-Stadion die ersehnte Meisterschaft. Im Jahr darauf überließ Derwall seinem vorherigen Assistenten Mustafa Denizli die Mannschaft und stand ihm als Berater zur Seite, als Gala den Titel erneut verteidigte.

»Herr Derwall« genoss bei den Fans nicht nur durch die sportlichen Maßnahmen und Erfolge Heldenstatus, sondern auch durch seine freundliche Natur und seine herzliche, gewinnende Art. »Der Türke ist von Herzen nett«, sagte er einmal, und nach der ersten Meisterschaft verdrückte er Freudentränen und sagte im ersten Interview: »Ich bin stolz auf meine Buben, meine Löwen.«[26]

Nach der zweiten Meisterschaft 1988 verabschiedete er sich dann in den Ruhestand und ging zurück nach Deutschland. Heute gilt Derwall als Wegbereiter des modernen türkischen Fußballs und ist einer der angesehensten Trainer der Vereinsgeschichte.

Sein Vermächtnis ist der Grund dafür, dass deutsche Trainer und Spieler noch heute in der Türkei einen hervorragenden Ruf genießen – weil er den Erfolg zurückbrachte, indem er verstaubte Bedingungen durch zeitgemäße und zukunftsgerichtete Strukturen ersetzte und damit für neues Selbstvertrauen sorgte.

Und die Geschichte, die vor 30 Jahren mit einem Trainingsplatz begann, wird auch heute noch durch einen Trainingsplatz weitergeschrieben. Jupp Derwall starb am 26. Juni 2007 im Alter von

80 Jahren. Einen Tag später wurde der Trainingsplatz auf dem Vereinsgelände nach ihm benannt.

23. GRUND

Weil Fatih Terim der Imperator ist

Kein Zweifel, Fatih Terim ist der erfolgreichste türkische Trainer, den es je gab. Das zeigten schon seine Erfolge als Nationaltrainer: 1996 qualifizierte sich die Türkei unter ihm zum ersten Mal überhaupt für die Europameisterschaft, bei seinem Comeback erreichte man bei der Euro 2008 sogar das Halbfinale. Die große Leidenschaft Terims ist aber Galatasaray, wo er zwischen 1974 und 1985 als Libero spielte und dann 1996 als Trainer zurückkehrte, um den Verein bis 2000 zu den größten Erfolgen der Vereinsgeschichte zu führen.

Terim ist gut mit José Mourinho befreundet, beide pflegen seit Jahren einen engen Kontakt und drücken immer wieder ihre Hochachtung voreinander aus. Das ist kein Zufall, denn ihr Erfolg hat die gleichen Gründe: Wie bei Mourinho besteht auch Terims Arbeit nicht nur aus dem grundsätzlichen Rüstzeug wie Taktik und Trainingsarbeit; einen ebenso großen Anteil macht die persönliche Ebene aus, das Charisma, das der Trainer ausstrahlt und damit seine Mannschaft beeinflusst. Terim ist ein geborener Redner, der viel mit Gestik und Mimik arbeitet und es wie kein Zweiter versteht, seine Spieler zu motivieren, sie zu führen und ein Wir-Gefühl zu schaffen.

Zur Veranschaulichung folgen die Worte, die »Imperator« Terim vor dem UEFA-Cup-Finale 2000 gegen den FC Arsenal an seine Mannschaft richtete. Als Terim damals vor Spielbeginn seine letzten Worte an die Mannschaft richtete, war eine Kamera in der Kabine und hielt die Worte fest, die noch heute bei Gala-Fans für Gänsehaut sorgen:

»Wir haben immer wieder gesagt, dass wir es bis ganz nach oben schaffen können, und das werdet ihr. Ihr spielt Fußball wie die Löwen, und ich danke Gott dafür. Heute laufen wir zum 17. Mal gemeinsam in Europa auf, und es ist ein Finale. Ich sage es euch jetzt noch einmal: Ihr werdet gewinnen! Ihr werdet alles für diesen Sieg geben. Doch was immer auch am Ende herauskommen sollte, für mich wart ihr schon immer Sieger und wart ihr schon immer Meister, und das werdet ihr auch immer bleiben. Möge Gott euch beistehen!«

Nach dem historischen Triumph im UEFA-Cup und vier Meisterschaften in Serie mit Gala wagte Terim den Schritt ins Ausland und wechselte zur Saison 2000/01 zum AC Florenz. Auch dort impfte er seiner neuen Mannschaft eine Siegermentalität ein und kam mit seinem offensiven Fußball bei den Fans gut an. Unter Terim schlug die Fiorentina unter anderem den AC Mailand mit 4:0 und belegte zwischenzeitlich den dritten Platz. »In fünf Monaten hat er aus Florenz eine tolle Mannschaft gemacht«, sagte Terims Ex-Spieler Gheorghe Hagi. »Nennen Sie mir einen Trainer, der so etwas in einem anderen Land tun kann. Er ist außergewöhnlich und könnte jede Mannschaft trainieren.«[27]

Nach Differenzen mit Klubpräsident Vittorio Cecchi Gori erklärte Terim aber bereits kurz nach der Winterpause seinen Rücktritt und heuerte Monate später zur neuen Saison beim AC Mailand an. Auch in Mailand hielt es Terim nicht lange, bereits nach fünf Monaten wurde er nach einem 0:1 gegen den FC Turin entlassen, obwohl es erst die zweite Niederlage im zehnten Spiel war. Auslöser sollen zwischenmenschliche Probleme zwischen Terim und einigen Führungsspielern gewesen sein.

Zur Saison 2002/03 kehrte er zurück zu Gala, fand aber eine Mannschaft vor, die dem Kader, den er in seiner ersten Amtszeit zusammengestellt hatte, nicht das Wasser reichen konnte, da so gut wie alle Leistungsträger aus jener Zeit den Verein inzwischen verlassen hatten. Im ersten Jahr reichte es noch zur Vizemeisterschaft, in der folgenden Spielzeit griff Terim in der Rückrunde seinen Hut und Gala erreichte am Saisonende nur den sechsten Platz.

Danach nahm er eine Auszeit, in der immer wieder über Angebote berichtet wurde, die der »Imperator« aus dem In- und Ausland erhielt. Nach einer zweiten Amtszeit als Nationaltrainer der Türkei von 2005 bis 2008 kam es 2011 zum zweiten Comeback bei seinem Herzensverein Gala, und nach zwei Meisterschaften in zwei Jahren war Terim bei Gala-Fans beliebt wie eh und je.

Alles passte, der Imperator war zurück, die Fans lagen ihm zu Füßen, die Mannschaft spielte erfolgreich – doch dann kam der Bruch.

Zu Beginn der Saison 2013/14 kam es zu persönlichen Spannungen zwischen Terim und Präsident Aysal, die damit begannen, dass Terim im August gegen den ursprünglichen Willen des Vereins ein Angebot des türkischen Verbands annahm, für die restliche WM-Qualifikation als Nationaltrainer zurückzukehren und bis zum Saisonende in Doppelfunktion zu arbeiten. Als er dann eine angebotene Vertragsverlängerung des Vereins ablehnte, kam es zwischen Aysal und Terim zum Zerwürfnis – am 24. September wurde Terim daraufhin entlassen, was zu heftigen Protesten der Anhänger führte.

Damit ging eine Ära zu Ende; nach acht gemeinsamen Spielzeiten und 16 errungenen Titeln musste Terim gehen. In einer letzten Pressekonferenz äußerte sich der »Imperator« enttäuscht über die Art und Weise, wie es zur Trennung kam, drückte aber Verein und Fans seine Verbundenheit aus. »Ich bedanke mich bei allen Galatasaray-Fans, die mich zu dem gemacht haben, der ich bin«, sagte Terim zum Abschluss. »Ich werde weder euch, noch Galatasaray jemals ganz verlassen.«

24. GRUND

Weil der »Panther von Berlin« im Tor war

Ein Freundschaftsspiel zwischen Deutschland und der Türkei am 17. Juni 1951 in Berlin ist der Grund dafür, dass Turgay Şeren über ein halbes Jahrhundert später in der Türkei noch immer als »Der Panther von Berlin« bekannt ist.

Deutschland hatte damals eine jahrelange Sperre hinter sich, da die FIFA den DFB nach dem Ende des Zweiten Weltkriegs vom internationalen Spielbetrieb ausgeschlossen hatte. Das Aufeinandertreffen mit der Türkei, das erste Fußballspiel zwischen beiden Nationen überhaupt, war erst das dritte Spiel für Deutschland nach der Aufhebung der Isolation und wurde mit Spannung erwartet. Die Partie wurde im Olympiastadion ausgetragen, 90.000 Zuschauer kamen.

Die Türkei ging im ersten Durchgang durch Recep Adanır überraschend in Führung und war bis zur Halbzeit ganz eindeutig die bessere Mannschaft. Nach dem Seitenwechsel wurde Deutschland mit der Unterstützung des Heimpublikums immer aggressiver und erzielte mit Hans Haferkamps Treffer schließlich den Ausgleich. Alle weiteren Chancen wurden aber vom damals erst 19-jährigen Torwart Turgay vereitelt, der zu diesem Zeitpunkt noch immer Schüler des Galatasaray-Gymnasiums war.

Dort hatte er auch den Namen »Turgay« erhalten, denn ursprünglich hatte er einen anderen Namen, den er von höchster Stelle verliehen bekommen hatte. Turgay Vater war ein Mitarbeiter von Mustafa Kemal Atatürk, dem Staatsgründer der Türkei, der seinen Assistenten derart schätzte, dass er die Namensvergabe übernahm und dem Jungen den Namen Türkay Sabit gab.

Als der Sprössling später auf die Galatasaray-Schule kam, war der Großteil seiner Lehrer französisch, und da diese seinen Namen nicht aussprechen konnte, wurde aus »Türkay« allmählich »Turgay«, wobei sich die letztere Version mit der Zeit durchsetzte.

Zurück zur Partie gegen Deutschland. Fünf Minuten vor Schluss schoss dort Muzaffer Tokaç, Turgay Mitspieler bei Gala, die Gäste zum 2:1, das dann bis zum Schlusspfiff mit Mann und Maus verteidigt wurde.

Nach dem Abpfiff war Torwart Turgay der große Held des Spiels, seine Leistung im viel beachteten Länderspiel sorgte damals auf beiden Seiten für Bewunderung. »Nach dem aufregenden 90-Minuten-Spielfilm im Olympia-Stadion schwärmten die Experten mit begeisterten Worten von dem überragenden Torhüter der Türkei, Turgay, der beinahe wie ein Akrobat die bestgemeinten Schüsse des deutsches Sturmes ›tötete‹«, hieß es beispielsweise im *Sportmagazin*, dem Vorgänger des *kicker*, wo die Leistung des Torwarts »geschmeidig« und »todesmutig« genannt wurde und von der »Katze Turgay« die Rede war.[28]

Der unerwartete Triumph von Berlin ist bis heute der einzige Sieg der Türkei auf deutschem Boden und seit jeher unvergessen. Direkt nach der Ankunft wurde Turgay in der Heimat fortan als echter Star gefeiert, der schon bald lächelnd auf Werbeplakaten von Coca-Cola und Konsorten zu sehen war.

Mit gerade einmal 20 Jahren wurde Turgay bei Gala zum Kapitän ernannt – und blieb die nächsten 20 Jahre lang bei den Löwen im Kasten. 20 Jahre, in denen der Torwart mit dem grünen Trikot zur absoluten Identifikationsfigur heranwuchs und gemeinsam mit Stürmer Metin Oktay, der sechs Jahre nach ihm zu Gala kam, zum Gesicht des Vereins in der damaligen Zeit wurde. Als die türkische Nationalmannschaft 1954 zum ersten Mal bei einer Weltmeisterschaft dabei war, hütete Turgay ebenfalls das Tor.

Unterbrochen wurde seine 20-jährige Amtszeit im Gala-Tor nur durch einen kurzzeitigen argentinischen Flirt. Im Frühjahr 1959 war River Plate an einer Verpflichtung interessiert, lud Turgay zum Probetraining ein und setzte diesen sogar in zwei Testspielen ein, wodurch Turgay zum ersten in Südamerika zum Einsatz gekommenen türkischen Fußballer wurde. Doch Gala stellte sich quer.

»Turgay gehen zu lassen, wäre Verrat an Galatasaray«, sagte der damalige Präsident Sadık Giz.[29] Die Argentinier versuchten alles, doch am Ende blieb der Gala-Kapitän weiter an Bord.

1967 trat er ab, als langjähriger Kapitän bei Gala und in der Nationalmannschaft sowie als damaliger Rekordspieler beider Mannschaften, dazu als fünffacher Meister und dreifacher Pokalsieger.

Nach seiner Spielerkarriere arbeitete Turgay einige Jahre als Trainer, konnte sich aber mit dieser Tätigkeit nie so recht anfreunden. Schon eher gefiel ihm da das Angebot, bei der Tageszeitung *Milliyet* im Jahre 1977 als Kolumnist einzusteigen. Da er schon immer ein Faible fürs Schreiben hatte, sagte Turgay zu und war in den folgenden Jahrzehnten für verschiedene Blätter und TV-Sender als Sportjournalist tätig.

Inzwischen lebt er zurückgezogen in Istanbul. Immer wieder mal schauen Vertreter des Vereins bei ihm vorbei, um der gesundheitlich inzwischen angeschlagenen Vereinsikone Gesellschaft zu leisten. Von Klubseite wird er als »wichtigste noch lebende Person bei Galatasaray« beschrieben.[30]

25. GRUND

Because I love you Hagi!

Als im Sommer 1996 bekannt wurde, dass Galatasaray den rumänischen Spielmacher Gheorghe Hagi vom FC Barcelona verpflichtet hatte, war das in der Türkei eine ganz große Nummer.

Gala hatte eine enttäuschende Saison 1995/96 hinter sich, die man auf dem vierten Platz beendet hatte. Mit Fatih Terim wurde vor Saisonbeginn ein vielversprechender Coach verpflichtet, danach musste noch der Kader verfeinert werden. »Wir brauchten Neuverpflichtungen, denn die Mannschaft war noch nicht auf dem gewünschten Niveau«, sagte der damalige Präsident Faruk Süren später.[31] Der damals 31-jährige Hagi war in Barcelona unzufrieden, da er mit Trainer Johan Cruyff, der Hagis Defensivarbeit bemängelte und ihn deshalb nur selten einsetzte, auf keinen grünen Zweig kam. So wurde er über Kontakte bei Gala angeboten; nach einigen Verhandlungen war der Transfer perfekt und der »Karpaten-Maradona« fortan ein Löwe.

Hagi war im Weltfußball eine bekannte Größe. Es standen renommierte Stationen wie Real Madrid und Barcelona in seiner Vita, außerdem hatte er vor allem mit der rumänischen Nationalmannschaft bei der Weltmeisterschaft 1994 in den USA für Aufsehen gesorgt, als er die »Goldene Generation« Rumäniens mit drei Toren bis ins Viertelfinale führte. Vor allem sein Treffer aus rund 40 Metern Entfernung beim 3:1 gegen Kolumbien im ersten Gruppenspiel bleibt unvergessen.

Trotz seiner Vita waren die Reaktionen auf den Transfer im Sommer 1996 in der Türkei dennoch gespalten. Hatte Hagi nicht schon seine besten Tage hinter sich? War der zu Wutausbrüchen neigende Zehner nicht eine Diva, ein Risikofaktor? Und passte er als Freigeist überhaupt ins System von Fatih Terim, der auf ein laufintensives, aggressives Pressing setzte? Hagis Motto als Fußballer lautete schließlich: »Technik schlägt Physis. Immer!«[32]

Er brauchte nicht lange, um die Zweifler verstummen zu lassen. Bei seinen ersten Einsätzen für Gala erzielte er jeweils den entscheidenden Siegtreffer und kristallisierte sich schnell als Führungsfigur heraus, die den Verein auf ein neues Niveau brachte. »Er hat den Verein und die Mannschaft maßgeblich geprägt, so einen einflussreichen Spieler wie ihn hatte ich noch nie gesehen«, sagt Hagis damaliger Mitspieler und Gala-Kapitän Bülent Korkmaz.[33] »Er hat uns eine neue Siegermentalität eingeimpft«, meint auch Hakan Şükür, der als Stürmer von Hagis Zuspielen am meisten profitieren sollte. »Und ich habe nie in meinem Leben einen Spieler mit solch einer Ballbehandlung gesehen.«[34]

Als klassischer Spielmacher der traditionellen Sorte gab Hagi der jungen, lautstarken Mannschaft das gewisse Etwas, und die Mischung zahlte sich aus, denn mit Hagi als Anführer erlebte Gala die erfolgreichsten Jahre überhaupt und erlangte zahlreiche nationale sowie internationale Titel.

»I love you Hagi«-Gesänge wurden damals zum Soundtrack jeder Gala-Begegnung. Ohne Zweifel war er einer der besten Fußballer, die die Türkei je gesehen hat. Hagi konnte alles, er war eigentlich aus jeder Position in der gegnerischen Spielhälfte dazu in der Lage, einen Weitschuss im Tor zu versenken, egal ob mit rechts oder links, spielte perfekte Pässe und machte hin und wieder Gegner ganz locker mit Hackentricks lächerlich, bei denen andere schon beim Gedanken an die Ausführung über die eigenen Füße stolpern würden.

Und so sind es im Rückblick auf Hagis Zeit bei Gala vor allem einzelne Momente und spielentscheidende Aktionen, die herausstechen.

Bei dem Spiel gegen den AS Monaco im Jahr 2000 während der Gruppenphase der Champions League beispielsweise, bekam er den Ball rund 40 Meter vor dem gegnerischen Tor zugespielt, blickte kurz hoch und jagte ihn dann wie an der Schnur gezogen in den Winkel. Bei einer anderen wichtigen Begegnung gegen Rapid Wien in der Champions-League-Qualifikation schnappte er sich den Ball an der Mittellinie, ließ mehrere Spieler stehen und lupfte den Ball mit rechts über den Torwart hinweg. Solche Traumtore gab es von ihm am laufenden Band.

Nach fünf Jahren bei Gala beendete Gheorghe Hagi nach der Saison 2000/01 seine aktive Karriere. Er trat ab als vierfacher türkischer Meister und zweifacher Pokalsieger, als UEFA-Cup-Sieger und Supercup-Gewinner – und als absolute Legende.

Die gleich im Anschluss an seinen Rücktritt begonnene Trainerkarriere verlief dann allerdings nicht annähernd so erfolgreich. Nach einem Intermezzo als rumänischer Nationaltrainer kehrte Hagi unter anderem zweimal relativ erfolglos als Trainer zurück zu Gala (2004/05 und 2010/11). Der Pokalsieg 2005 durch ein klares

5:1 gegen Fenerbahçe im Finale war einer der wenigen Lichtblicke seiner zwei Amtszeiten als Gala-Coach.

Doch das schadete seinem Ansehen nicht, er wird von Gala-Fans noch heute so verehrt wie sonst wohl nur Metin Oktay und gemeinhin als bester ausländischer Spieler in der Geschichte des türkischen Fußballs angesehen. Als Arda Turan, einer der Nachfolger Hagis mit der Nummer 10 bei Gala, mit Atlético Madrid seinen ersten Meistertitel feierte, wehrte er sich gegen in der Türkei aufkommende Vergleiche mit der rumänischen Gala-Legende: »Ich arbeite viel, um ein guter Spieler zu sein, aber Hagi ist ein Spieler der Sorte, die es nur alle 50 oder 100 Jahre gibt.«[35]

26. GRUND

Weil Bülent Korkmaz 26 Jahre lang für Gala kämpfte

Wenn Bülent Korkmaz Ja gesagt hätte, dann wäre alles anders verlaufen. Dann hätte seine Zeit als Gala-Spieler bereits vor seiner Profikarriere geendet. Wer weiß, vielleicht wäre er heute sogar eine Leverkusener Legende.

Es war der Sommer 1984, und der damals 16-jährige Bülent, der in der Jugend von Gala spielte, war mit seiner Mannschaft zu Gast bei einem Nachwuchsturnier in Deutschland. Galas Nachwuchs traf im Finale auf Bayer Leverkusen und musste sich knapp im Elfmeterschießen geschlagen geben, doch die Leistung von Bülent überzeugte den Finalgegner so sehr, dass ihm nach dem Turnier ein Angebot unterbreitet wurde.

Bülent entschied sich aber für Gala und setzte damit den Grundstein für eine phänomenale, 19-jährige Karriere, die ganz im Zeichen der gelb-roten Farben stand.

Als Kind wohnte Bülent im Istanbuler Stadtteil Florya, gleich gegenüber lag das Trainingsgelände von Galatasaray. Das traf sich gut, denn der kleine Bülent war ein großer Verehrer des Gala-Torwarts Yasin Özdenak und eiferte ihm nach, indem er beim Kicken auf der Straße selbst im Tor stand und dabei wie sein Vorbild ein grünes Trikot trug.

Als er mit elf Jahren zu einem Sichtungstraining bei Gala antrat und die Trainer die versammelten Jugendspieler fragten, ob auch Torhüter anwesend waren, hob Bülent seine Hand. Doch Salih Bulgurlu, der legendäre Jugendleiter des Vereins, musste beim Anblick des drahtigen Burschen eine Art Intuition gehabt haben und sagte zu ihm: »Du bist kein Torwart, nimm die Hand runter.«[36]

Also wurde Bülent umfunktioniert und durchlief als Verteidiger alle Jugendmannschaften, bevor er in der Saison 1987/88 von Jupp Derwall und Mustafa Denizli in die erste Mannschaft berufen wurde.

Fortan stand die Rückennummer 3 bei Gala Jahr für Jahr für absolute Hingabe und Identifikation mit dem Verein, durch seine aufopferungsvolle Spielweise wurde Bülent zum Liebling der Fans. Passend zu seinem Nachnamen, der übersetzt »Der Unerschrockene« bedeutet, war Bülent ein kompromissloser Verteidiger der alten Schule, das Filigrane überließ er stets seinen Vordermännern.

Bis Mitte der 90er-Jahre ging er gemeinsam mit seinen erfahrenen Nebenmännern Falko Götz und Reinhard Stumpf in der Abwehr der klassischen Manndeckung nach und schaute sich von seinen deutschen Kollegen deren Disziplin ab. »Wir spielten mit einem Libero und zwei Manndeckern. Wir klebten an den Gegnern bis zum Umfallen und verfolgten sie wie ihre Schatten«, erklärt Bülent die damalige Spielweise.[37] Auch unter Fatih Terim war Bülent mit an Bord und stand der Mannschaft inzwischen als Kapitän vor.

Der Sieg im Endspiel um den UEFA-Cup gegen Arsenal im Jahre 2000 geriet zur Blaupause von Bülent' Spielweise und seiner Bedeutung für die Mannschaft. 120 Minuten lang warf sich der Mann mit der wallenden schwarzen Mähne in jeden Ball, gewann gefühlt jeden Zweikampf und entnervte die hochkarätige Offensive des

Gegners, indem er in gefährlichen Situationen immer wieder zur Stelle war und den Ball im hohen Bogen nach vorne oder ins Aus klärte. Auch dass er sich in der Verlängerung die Schulter auskugelte, hielt ihn nicht davon ab, die Partie unter großen Schmerzen zu Ende zu bringen, und am Ende reckte er mit Hakan Şükür gemeinsam den Pokal in die Höhe.

Der Höhepunkt seiner Karriere, aber nicht der einzige Erfolg. Als Bülent im Jahr 2005 abtrat, nach insgesamt 26 Jahren im gelb-roten Trikot, hatte er eine beeindruckende Vita aufgebaut: acht Meisterschaften, insgesamt 13 Pokalsiege, Gewinn des UEFA-Cups und des europäischen Supercups, dazu Platz drei mit der türkischen Nationalmannschaft bei der Weltmeisterschaft 2002.

Als Trainer war er danach bei mehreren türkischen Vereinen tätig, auch zu Gala kehrte er im Februar 2009 zurück. Doch wie vielen ehemaligen Spielern, unter anderem seinem langjährigen Mitspieler und Zimmerpartner Gheorghe Hagi, war ihm als Gala-Coach wenig Erfolg vergönnt und er konnte sich nur vier Monate halten.

Seinem Ansehen tut das keinen Abbruch, weder im Verein noch bei den Fans. »Was Baresi und Maldini für Milan bedeuten, Raul für Real Madrid und Totti für Rom, das bedeutet Bülent Korkmaz den Anhängern von Galatasaray« heißt es über ihn auf der Vereinshomepage.[38]

27. GRUND

Weil Hakan Şükür es von der Fankurve zum besten türkischen Stürmer brachte

Hakan Şükür hatte einen großen Traum. In seiner Jugend fuhr er an den Wochenenden immer von seinem Heimatort Sakarya mit Freunden per Zug nach Istanbul, um sich im Ali-Sami-Yen-Stadion die Spiele seines Lieblingsvereins Galatasaray anzusehen.

Haken sah sich die Partien immer von der gleichen Stelle aus an, er stand unten in der Kurve der Yeni-açık -Tribüne, wo er sich immer gleich hinter dem Drahtzaun einfand und darauf hoffte, dass die Torschützen beim Jubel in diese Richtung laufen und er die Stars von Nahem betrachten konnte.

Sein Traum war es, irgendwann auf der anderen Seite zu stehen und derjenige zu sein, der das Stadion mit seinen Toren zum Beben brachte. Deshalb entschied sich Haken für den Fußball und gegen den Basketball, den er seit seiner Kindheit ebenso gerne ausgeübt hatte, und schaffte es 1988 mit 17 Jahren bei seinem Heimatverein Sakaryaspor zum Profi.

Von Sakarya ging es weiter zu Bursaspor, wo sich der junge Stürmer einen Namen machte und Nationalspieler wurde. Viele Vereine klopften wegen Hakan bei Bursa an, bis auf den, auf den er selbst wartete: »Ich habe von Anfang an auf ein Angebot von Galatasaray gewartet, wurde aber nur von anderen Vereinen angesprochen. Ich fühlte mich wie einer der armen Sänger in alten türkischen Familien, die auf den Straßen Lieder sangen und hofften, irgendwann groß rauszukommen.«[39]

Doch mit der Zeit wurde Gala auf den langen Stürmer aufmerksam, genauer nach der Saison 1990/91, als man einen Ersatz für den abgewanderten Torjäger Tanju Çolak suchte. Der Wechsel scheiterte zunächst am Veto der Bursa-Vereinsführung, doch ein Jahr später wurde man sich doch einig und im Juni 1992 wurde Haken schließlich ein Löwe.

Endlich hatte er es also auf die andere Seite des Drahtzauns geschafft. Er war jetzt derjenige, der in die Kurve rannte und mit den Fans jubelte, wenn er einen Treffer erzielte – und das kam alles andere als selten vor. Im ersten Jahr erzielte Hakan 19 Treffer, trug damit maßgeblich zu vier gewonnenen Titeln bei und war die folgenden Jahre gesetzt. Bis 2000 war der »Bulle vom Bosporus« bei Gala für die Tore zuständig, mit drei Monaten Unterbrechung, die er 1995 beim FC Turin verbrachte.

Er war ein Stürmertyp, den es in der Türkei vorher in der Form selten bis gar nicht gegeben hatte. Auf der einen Seite war er zwar der klassische Mittelstürmer – groß, kopfballstark und mit dem richtigen Torriecher –, gleichzeitig war er aber sehr beweglich und laufstark und deshalb nicht nur im Strafraum zu Hause, sondern immer beim Pressing an erster Stelle mit dabei. Trotz seiner regelmäßig herausragenden Torquote war aber nicht jeder von ihm überzeugt und Hakan hatte seit seiner ersten Saison bei Gala nicht wenige Kritiker, die seine technischen Fähigkeiten oder seine Chancenverwertung bemängelten.

Zudem hat seine Laufbahn im Rückblick den Makel, dass Hakan den internationalen Durchbruch nie so richtig geschafft hat. Weder beim Intermezzo in Turin noch bei den späteren Stationen Inter Mailand, AC Parma oder den Blackburn Rovers, die zwischen 2000 und 2003 folgten, wurde er glücklich.

Doch bei Gala, da funktionierte er, da schoss er stets Tore am laufenden Band, wurde von den Fans geliebt und bekam den Spitznamen »Kral« (»König«).

In der Saison 1996/97, der ersten Spielzeit unter Fatih Terim, wurde Hakan mit 38 Treffern Torschützenkönig und reihte sich damit endgültig ein in die Riege großer Gala-Torjäger wie Metin Oktay oder Tanju Çolak. Die Jahre unter Terim waren die erfolgreichsten in Haken Karriere, dreimal hintereinander wurde er Torschützenkönig und hatte mit zahlreichen entscheidenden Treffern einen großen Anteil an den internationalen Erfolgen in jenen Jahren – auf dem Weg zum UEFA-Cup-Triumph 2000 wurde er mit zehn Treffern bester Torschütze des Turniers. Das Tor zum 1:1 in der dritten Runde gegen den AC Bologna, als Haken bei einer Flanke etwas zu früh absprang, sich daraufhin aber in der Luft nach vorne beugte und den Ball trotzdem per Kopf im Netz unterbringen konnte, bezeichnete der gegnerische Torwart Gianluca Pagliuca als »das schönste Tor, das ich je kassiert habe«.[40]

Nach seiner zweiten Rückkehr zu Gala im Jahr 2003 holte Haken in fünf Jahren zwei weitere Meisterschaften und schoss unter anderem beim legendären 5:1 im Pokalfinale 2005 Fenerbahçe mit drei Treffern ab. Als er nach der Meisterschaft 2008 abtrat, hinterließ der Kral eine beeindruckende Statistik: Mit acht Meisterschaften hält er gemeinsam mit seinen ehemaligen Kollegen Bülent Korkmaz und Suat Kaya einen Rekord, zwischen 1992 und 2008 holte er mit Gala insgesamt 22 Titel, und in der Nationalmannschaft ist er mit 51 Toren in 112 Einsätzen Rekordtorschütze. Auch in der türkischen Liga hat kein Spieler mehr Tore erzielt als Hakan Şükür, 249 Tore sind ein Rekord, der wohl noch lange Bestand haben wird.

Der Junge vom Drahtzaun, der seinen Vorbildern zujubelte und groß träumte, hat es bis zum besten türkischen Torjäger aller Zeiten gebracht.

28. GRUND

Weil Kalli Gala umkrempelte

Vor der Saison 1992/93 war die Zeit gekommen für einen Umbruch. Die Spieler, die in der erfolgreichen Zeit gegen Ende der 80er-Jahre den Stamm bildeten, waren entweder schon weg oder inzwischen in die Jahre gekommen, und da in den Jahren zuvor vor allem Beşiktaş die Liga dominiert und drei Titel in Folge geholt hatte, lag die letzte Gala-Meisterschaft vier Jahre zurück. Auch Meistertrainer Mustafa Denizli, der nach einem Jahr Pause zur Vorsaison zurückgekehrt war, konnte den Erfolg nicht mehr zurückbringen.

Gala brauchte einen neuen Trainer, und die Wahl fiel auf Karl-Heinz Feldkamp. Der in Deutschland als »Kalli« bekannt gewordene Trainer mit den weißen Haaren hatte in den zwei Jahren zuvor beim 1. FC Kaiserslautern hervorragende Arbeit geleistet, mit den Pfälzern 1990 sogar den DFB-Pokal geholt und ein Jahr später mit der ersten Meisterschaft nach 28 Jahren für eine Sensation gesorgt. Auch Gala sollte er wieder zurück an die Spitze führen, und nach einigen Verhandlungen sagte er im Juli 1992 schließlich zu. In türkischen Zeitungen war zu lesen, dass ein Anruf des Ex-Gala-Trainers Jupp Derwall bei Feldkamps Entscheidung eine Rolle gespielt habe.

In der Türkei bekam Feldkamp schnell den Spitznamen »Beyaz Tilki« (»Weißer Fuchs«) verpasst, die Bewunderung in der Türkei und vor allem bei Galas Anhängern für den deutschen Trainer war von Anfang an sehr groß und man setzte große Hoffnungen in ihn und erwartete, dass er die Löwen endlich wieder zur Meisterschaft führen würde.

Feldkamp setzte in der täglichen Arbeit auf Tugenden, die seinen Erfolg in Deutschland möglich gemacht hatten: harte Arbeit, Leistungsprinzip und Disziplin. Er baute die Mannschaft neu auf und setzte dabei auf eine ungewöhnliche Mischung: Feldkamp setzte von Anfang an auf die jungen, türkischen Talente im Kader, wie Tugay Kerimoğlu, Okan Buruk, Hakan Şükür oder Arif Erdem, und stellte ihnen mit Falko Götz, Reinhard Stumpf und Torsten Gütschow erfahrene Haudegen aus der Bundesliga zur Seite, die seine vor allem auf Werte wie Disziplin und Fitness basierende Spielphilosophie verkörperten und sie den jüngeren einheimischen Mitspielern gemeinsam mit ihm näherbringen sollten.

Dass Feldkamp derart auf junge Spieler setzte und dafür auch vor etablierten Namen nicht haltmachte, sorgte zunächst für heftige Kritik in der türkischen Presse, doch wie der Saisonverlauf zeigen sollte, war es der richtige Weg. Das gezielte Aufeinandertreffen der verschiedenen Kulturen, Philosophien und Altersgruppen war nämlich der Schlüssel dafür, dass Gala eine der erfolgreichsten Spielzeiten überhaupt spielte und innerhalb einer Saison alles abräumte, was es in der Türkei damals zu gewinnen gab.

Schon vor dem offiziellen Saisonstart gewann Gala den damals noch ausgerichteten TSYD-Pokal (Pokal des türkischen Sportjournalisten-Vereins), in dem man sich gegen die Stadtrivalen Fenerbahçe und Beşiktaş durchsetzte. Den türkischen Pokal holte man am 24. März 1993 im Finale gegen Beşiktaş, ebenfalls gegen Beşiktaş sollte später noch der türkische Supercup folgen.

Und am Saisonende folgte dann die große Krönung, als Gala sich am letzten Spieltag mit einem 8:0 gegen Ankaragücü am letzten Spieltag die Meisterschaft sicherte. Feldkamp hatte die Zielsetzung erreicht und zog sich nach der erfolgreichen Saison zurück, hinterließ das Traineramt seinem Assistenten Reiner Hollmann und blieb noch ein Jahr als Berater des Vereins, bevor er 1994 schließlich nach Deutschland zurückkehrte.

29. GRUND

Weil Kalli sagt, was Sache ist (I)

Ein Gespräch mit dem früheren Gala-Trainer Karl-Heinz Feldkamp – über seine erste Amtszeit bei Galatasaray.

Herr Feldkamp, als Galatasaray Sie im Sommer 1992 verpflichten wollte, soll ein Anruf von Jupp Derwall eine wichtige Rolle gespielt haben. Hat so ein Gespräch stattgefunden und wie hat er Sie vom Engagement überzeugen können?

Es stimmt, an meinem Geburtstag am 2. Juni bekam ich von Derwall einen Anruf. Er gratulierte mir und erzählte mir dann, er solle mich von Galatasaray fragen, ob ich dort Trainer werden will. Ich hatte aber erst kurz zuvor beim 1. FC Kaiserslautern aufgehört und war noch zwei Monate an den Verein gebunden. Zudem hatte ich mit meiner Familie beschlossen, die nächsten zwei Jahre in Deutschland zu bleiben, da meine Tochter kurz vor ihrem Abitur stand. Jupp sagte darauf: »Dann triff dich bitte mir zuliebe in Frankfurt mit den Leuten von Galatasaray, und sag ihnen, dass du nicht kannst. Die glauben mir das sonst nicht.‹ Daraufhin bin ich mit meiner Frau dorthin gefahren und habe in einem Hotel den Vorstand kennengelernt. Und in diesem Gespräch wurde meine Neugierde geweckt.

Kurz darauf war man sich einig und Sie waren neuer Gala-Trainer. Sie waren immer ein Trainer, für den Disziplin und Werte wie Fitness und Laufbereitschaft an erster Stelle standen. Eigenschaften, die damals in der Türkei nicht wirklich großgeschrieben wurden. Haben Sie nach Ihrer Ankunft eine Art Kulturschock erlebt?

Ich würde es nicht als Kulturschock bezeichnen, die Zeit in der Türkei war für mich eher von Anfang an von einer unheimlichen Neugierde geprägt. Ich habe auch sofort eine unwahrscheinliche Bereitschaft der Spieler gespürt, ein hohes Tempo im Training zu gehen und Fußball zu spielen, sie wollten sogar zwei oder drei Stunden am Stück trainieren. Es hat großen Spaß gemacht.

Sie trafen auf zahlreiche junge Talente wie Hakan Şükür, Tugay Kerimoğlu, Bülent Korkmaz oder Okan Buruk, die später große Karrieren hinlegen und den Stamm der Mannschaft stellen sollten, die 2000 den UEFA-Cup holte. Wussten Sie gleich, dass es sich um eine besondere Generation handelte?

Das konnte man vielleicht noch nicht in dem Ausmaß absehen, doch die Mannschaft strotzte nur so vor Kapazität. Was für mich in der Anfangszeit aber ein Problem darstellte, war die traditionell türkische Hierarchie, in der Ältere gegenüber Jüngeren immer klar das Sagen haben. Sobald ich einen erfahrenen Spieler aus der Startelf nehmen wollte, waren die Jungs, die für sie einspringen sollten, dadurch wie gehemmt. Ich weiß noch, dass ich dem Tugay vor einem Spiel anstelle von Ismail Demiriz die Kapitänsbinde geben wollte, da ist er völlig aufgelöst zu mir gekommen und meinte: »Das kann ich nicht machen, Trainer! Wenn der Ismail spielt, geht das nicht.« Mir wurde klar, dass ich die Mannschaft nicht von heute auf morgen umbauen oder fünf Spieler auf einmal austauschen konnte. Das war für mich ein Lernprozess, und deshalb dauerte es dann auch fast ein halbes Jahr, bis die Mannschaft stand.

Von der Presse wurde der von Ihnen eingeleitete Umbruch damals zunächst noch heftig kritisiert. Gab es auch im Verein Gegenwind?

Von Vereinsseite spürte ich nie Druck, da sich recht schnell gute Ergebnisse einstellten. Und den Kritikern und Fachleuten aus der Presse habe ich entgegnet: »Wie sollen die jungen Spieler denn Erfahrung sammeln, auf der Bank oder durch Einsätze?« Dass die jungen Spieler ihre Leistung brachten und wir gewannen, das war mein bestes Argument. Da brauchte ich nur noch zu sagen: »Wir brauchen gar keine Erfahrung, schaut mal, wie die Jungs Fußball spielen!«

Ihre erste Saison verlief äußerst erfolgreich, die Mannschaft gewann gleich vier Titel: die Meisterschaft, den türkischen Pokal, den Supercup und den renommierten Sportjournalisten-Pokal. Danach zogen sie sich als Trainer aber zurück, um in der nächsten Saison als Berater des Vereins zu arbeiten, bevor Sie im Sommer 1994 nach Deutschland zurückkehrten. Der Verein versuchte erfolglos, Sie umzustimmen. Was waren die Gründe für den Abschied?

Das war von Anfang an so abgesprochen. Meine Familie fühlte sich sehr wohl in Istanbul, meine Tochter ging sehr gerne zur Schule und machte dort ein blendendes Abitur. Doch schon bei meinem Amtsantritt hatte ich meiner Familie versprochen, dass wir nach zwei Jahren zurückkehren, damit unsere Tochter in Berlin studieren kann. Deshalb habe ich schon sehr früh damit begonnen, meine zwei Assistenten Reiner Hollmann und Ahmet Akçan als meine Nachfolger zu installieren. Der Verein versuchte zwar alles, mich zu behalten, doch meine Familie hatte mein Wort.

Sie waren immer dafür bekannt, nie ein Blatt vor den Mund zu nehmen, und sprachen auch unmittelbar vor Ihrem Abschied im Sommer 1994 Probleme im Verein an, die es für eine bessere Zukunft zu lösen galt, wie die Modernisierung des Vereinsgeländes oder die Jugendarbeit. Wollten Sie den Verein zum Abschied wachrütteln?

Ich wollte Probleme immer ansprechen, gewisse Dinge verändern und bessere Arbeitsbedingungen schaffen. Man träumte schon damals immer von Europapokal-Triumphen, doch ohne die dafür nötige Infrastruktur geht das nun mal nicht. Deswegen habe ich zum damaligen Präsidenten Herrn Alp Yalman, mit dem ich mich noch heute sehr gut verstehe, bei meinem Weggang auch gesagt: »Rufen Sie mich wieder an, wenn das Vereinsgelände fertiggebaut ist und vernünftige Trainingsplätze zur Verfügung stehen.«

KAPITEL 5

DIE BASICS (II)

WAS MAN NOCH WISSEN MUSS

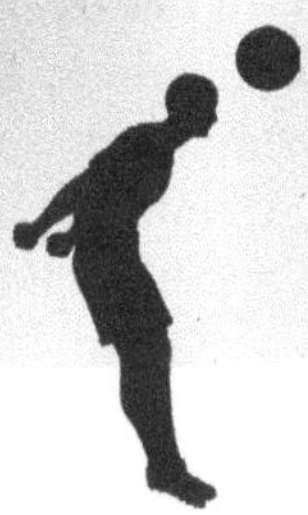

30. GRUND

Weil Gala nicht nur Fußball ist

Gala wurde zwar als reiner Fußballverein gegründet, doch schnell war klar, dass es nicht nur bei einer Sportart bleiben würde.

»Ohne den Sport ist Galatasaray nicht denkbar, und ohne Galatasaray der Sport nicht«, sagte Ali Sami Yen, und schon wenige Jahre nach der Gründung wurden nach und nach weitere Sportarten mit ins Vereinsangebot genommen.

In über einem Jahrhundert Vereinsgeschichte wurden bei Gala so ziemlich alle Einzel- und Mannschaftssportarten durchgemacht, kurz nach der Gründung entstanden sogar eine Rugby- und eine Baseballabteilung. Die sportliche Vielfalt wächst auch in der Neuzeit beständig an, zuletzt kam im Jahr 2008 die Rennsportabteilung hinzu. Damit ist Galatasaray heute in insgesamt zwölf Sportarten tätig: Fußball, Basketball, Volleyball, Leichtathletik, Judo, Rudern, Reitsport, Segeln, Schwimmen, Wasserball, Rollstuhlbasketball und Bridge.

Jede dieser Sparten kann inzwischen auf eine eigene, lange Tradition zurückblicken. So hat die Leichathletikabteilung ihre Anfänge bereits im späten 19. Jahrhundert, als der Lehrer Monsieur Curel den Sportunterricht am Galatasaray-Gymnasium einführte. Die Segel-, Schwimm-, Ruder- und Wasserballabteilungen sind vor allem auf Ali Sami Yen zurückzuführen, der eine große Leidenschaft für das Meer und für Wassersportarten hegte und dem Verein 1911 das erste Segelboot zur Verfügung stellte.

Auch um den Damensport machte man sich von Anfang an verdient. Obwohl dies in den konservativen Zeiten der Gründungszeit noch nicht gewöhnlich war, waren Frauen von Anfang an gern gesehene Mitglieder in verschiedenen Bereichen und waren vor allem in der Leichtathletik- und Schwimmabteilung des Vereins zahlreich vertreten. Zuletzt hat die Damen-Basketballmannschaft mit dem

Gewinn der EuroLeague Women für einen großen Erfolg gesorgt, im Finalspiel im russischen Jekaterinburg gewann sie am 13. April 2014 gegen Fenerbahçe mit 69-58.

Besonders stolz ist man im Verein auf die Rollstuhlbasketballmannschaft, die erst 2005 gegründet wurde, gleich im ersten Jahr in die erste Liga aufstieg und seitdem eine fast schon unglaubliche Bilanz aufweist: Seit 2007 wurde die Mannschaft acht Mal in Folge türkischer Meister, davon sechsmal ungeschlagen. Im gleichen Zeitraum wurde fünfmal der IWBF-Pokal gewonnen, der höchste Wettbewerb dieser Sportart in Europa, in welchem Gala somit Rekordmeister ist. Und damit nicht genug, beim jährlich im japanischen Kitakyushu stattfindenden Champions Cup, bei dem die besten Mannschaften der einzelnen Kontinente teilnehmen, ist die Mannschaft mit vier Pokalen ebenso Rekordsieger.

»Engelsiz Aslanlar« werden die Spieler genannt, und aufgrund der sportlichen Dominanz ist es ein passender Name, denn er bedeutet »Löwen ohne Hindernis«.

31. GRUND

Weil die Hölle umgezogen ist

Die Planungen bei Gala für ein neues Stadion begannen bereits in den frühen 90er-Jahren. Hakan Şükür, der 1992 zum Verein kam, erinnert sich noch heute daran, dass er bei seinem ersten Besuch auf dem Vereinsgelände im Istanbuler Stadtteil Florya etliche an den Wänden hängende Planungen und Skizzen sah. Da Gala aber in den folgenden Jahren trotz sportlicher Erfolge fast durchgehend mit finanziellen Problemen zu kämpfen hatte, musste der Spatenstich immer wieder aufgeschoben werden.

Im Dezember 2007 war es dann endlich so weit. Genau zehn Jahre, nachdem der Verein den ersten offiziellen Stadionentwurf veröffentlicht hatte, wurde im nördlich gelegenen Istanbuler Stadtviertel Seyrantepe mit dem Bau des neuen Stadions begonnen. Am 15. Januar 2011 wurde sie dann mit dem Eröffnungsspiel gegen Ajax Amsterdam eingeweiht, die neue Spielstätte, die mit vollem Namen Ali Sami Yen Spor Kompleksi Türk Telekom Arena heißt.

Die Arena ist ein echtes Prachtstück, der ganze Stolz des Vereins. Endlich hat Galatasaray ein hochmodernes Stadion, das nicht nur von der Atmosphäre, sondern auch in allen anderen Bereichen internationale Spitze verkörpert und von der UEFA als »Fünf-Sterne-Stadion« ausgezeichnet wurde.

Mit 52.560 Plätzen ist sie nach dem Atatürk-Olympiastadion das zweitgrößte Stadion der Türkei. Da ein Großteil davon regelmäßig für Dauerkarten draufgehen und dazu 195 VIP-Logen miteingebaut wurden (in Europa hat nur das Estadio Santiago Bernabéu von Real Madrid mehr), ist die neue Arena eine sehr willkommene Einnahmequelle.

Das Stadion erstreckt sich insgesamt auf 82.000 Quadratmeter, es umfasst Einrichtungen wie Restaurants, VIP-Bereiche, Bars, Bankett- und Konferenzräume, ein Museum und den anliegenden Galatasaray Mega Store mit über 1.200 verschiedenen Fan-Artikeln.

Doch viel wichtiger als die moderne Ausstattung ist die Tatsache, dass Gala zum ersten Mal in einem reinen Fußballstadion zu Hause ist, in dem die Fans in den untersten Reihen direkt am Spielfeldrand sitzen und nicht wie früher im Ali-Sami-Yen einige Meter davon entfernt. Die größte Frage beim Umzug in die neue Arena war: Kann die einzigartige Stimmung, die jahrzehntelang in der »Hölle« Ali-Sami-Yen herrschte, eins zu eins mitgenommen und ins neue Stadion übertragen werden?

Sie kann. Durch die fast doppelt so hohe Anzahl an Zuschauern und die in sich geschlossene Bauform des Stadions ist die Lautstärke genauso hoch wie früher im Ali-Sami-Yen, wenn nicht sogar noch höher. Es ist eines der lautesten und stimmungsträchtigsten Stadien der Welt. Bevor Juventus im Oktober 2013 in der Champions League auf Gala traf, hieß es im Vorfeld der Partie auf der Homepage der Italiener über die neue Arena, sie sei »einer der einschüchterndsten Orte, die es im Weltfußball gibt«.[41]

32. GRUND

Weil Gala auf Deutsche steht

Falls es bei Gala in der Vereinsführung einen Krisenplan oder eine Art Devise für schlechte, schwache oder chaotische Zeiten gibt, könnte das ungefähr so aussehen:

Nimm einfach ein Telefon zur Hand, und wähl 'ne Nummer aus Deutschland.

Oder so: Weltuntergang? Mitnichten! Irgendein Deutscher wirds schon richten.

Oder vielleicht: Das letzte Spiel war echt blamabel, hat jemand die Nummer von Otto Rehhagel?

Genug gereimt, Fakt ist: Wenn es bei Gala nicht läuft, besser gesagt, wenn man dringend Hilfe benötigt, dann sucht man diese im Ausland, und dort am liebsten in Deutschland. Grund dafür ist natürlich der große Jupp Derwall, der Gala-Trainer und -Pionier aus den 80er-Jahren.

Der hat mit seiner Arbeit zahlreichen deutschen Nachfolgern bei Gala den Weg geebnet, die mal mehr, mal weniger erfolgreich das Erbe Derwalls fortführten:

1990, zwei Jahre nach Derwalls Abschied, wurde zunächst Sigfried Held verpflichtet, holte die Vizemeisterschaft und wurde nach nur einem Jahr von seinem Vorgänger Mustafa Denizli wieder abgelöst.

1992 kam Karl-Heinz Feldkamp, der große Erfolge feierte und genau wie Derwall zu einem der anerkanntesten Trainer der Vereinsgeschichte wurde, dem Verein stets verbunden blieb und 2007 im Alter von 73 Jahren noch einmal als Gala-Coach zurückkehrte.

Feldkamps Nachfolger nach seiner ersten Amtszeit wurde sein Assistent Reiner Hollmann zur Saison 1993/94, der an die Erfolge der Vorsaison mit der Verteidigung der Meisterschaft und dem spektakulären Weiterkommen gegen Manchester United in der zweiten Runde der Champions League nahtlos anknüpfte.

Nach Hollmann wurde mit Reinhard Saftig der nächste deutsche Trainer verpflichtet. Der hatte zuvor Kocaelispor zum Pokalsieg geführt und erwischte mit der Herbstmeisterschaft in der Saison 1994/95 auch bei Gala einen guten Start, wurde aber nach drei Heimniederlagen in Folge in der Rückrunde entlassen.

Danach dauerte es viele Jahre, bis mit Rückkehrer Feldkamp ab 2007 wieder ein deutscher Trainer das Sagen bei Gala hatte. Als dieser gegen Ende der Saison von seinem Amt zurücktrat, wurde zur folgenden Saison Michael Skibbe verpflichtet. Skibbe konnte gleich nach seiner Ankunft den türkischen Supercup gewinnen, verpasste aber gegen Steaua Bukarest die Qualifikation zur Champions League und bekam nach einem 2:5-Debakel zu Hause gegen Kocaelispor in der Rückrunde ebenfalls den Laufpass.

Auch deutsche Spieler sind bei Gala stets willkommen. Mit dem Mitte der Achtziger geholten Rüdiger Abramczik fing es an, der 1985 mit Gala Pokalsieger wurde, später wurden Falko Götz, Reinhard Stumpf und Torsten Gütschow Teil der sehr erfolgreichen Mannschaft, die 1993 vier Titel abräumte und im nächsten Jahr die Meisterschaft verteidigte.

Der deutsche Einfluss bleibt bis heute bestehen. Als Roberto Mancini nach der Saison 2013/14 seinen Rücktritt bekannt gab, erklärte Präsident Ünal Aysal kurz darauf, dass man sich bei der Suche unter anderem erneut auf Vertreter der »deutschen Schule« konzentriere.

Und auch abgesehen von den zahlreichen deutschen Übungsleitern und Spielern ist Deutschland eine Art zweite Heimat für Gala, denn immer wenn Gala hierzulande spielen darf, sorgen die in Deutschland lebenden Fans des Vereins für absolute Heimspiel-Atmosphäre. Das begann 1989 mit der nach Köln verlegten Europapokalpartie gegen Monaco und ging 2000 weiter mit dem 2:0-Erfolg gegen Borussia Dortmund im UEFA-Cup, als von 52.400 Zuschauern im Westfalenstadion um die 30.000 Gala-Anhänger waren, oder mit den zwei Siegen gegen Hertha BSC Berlin in der Champions League 1999 (4:1) und im UEFA-Cup 2008 (1:0), als Gala-Fans aus dem Olympiastadion einen riesigen Hexenkessel machten.

Auch als Gala für die Champions-League-Partie gegen Juventus im Jahr 2003 aufgrund von Bombenattentaten, die sich kurz zuvor in Istanbul zugetragen hatten, auf eine Spielstätte im Ausland ausweichen musste, fiel die Wahl erneut auf Deutschland. Im Westfalenstadion gab es gegen den italienischen Meister einen 2:0-Sieg.

33. GRUND

Weil Gala jetzt auch im Ruhrpott zu Hause ist

Ein großer Nachteil, mit dem der türkische Fußball gegenüber den führenden Fußballnationen Europas zu kämpfen hat, ist die vergleichsweise schlecht organisierte Jugendarbeit.

Spieler, die es aus der eigenen Jugend zu einer tragenden Rolle bei einem der Istanbuler Spitzenklubs Galatasaray, Beşiktaş oder Fenerbahçe bringen, sind noch immer eine Seltenheit. Die Verantwortlichen machten es sich in der Vergangenheit zumeist einfach, indem sie die wichtigen Positionen mit ausländischen Stars besetzten oder sich bei den kleineren anatolischen Vereinen bedienten und ihnen die besten Spieler wegkauften. Zudem fehlt es noch immer an den erforderlichen Strukturen in der Förderung und Ausbildung der Jugendlichen.

Am deutlichsten wird das in den letzten Jahren an der Bilanz der türkischen Nationalmannschaft, die sich seit 2008 für kein großes Turnier mehr qualifizieren konnte. Selbst Guus Hiddink, der mit Holland, Südkorea, Australien und Russland große Erfolge feierte und die Türkei zur Europameisterschaft 2012 führen sollte, nach dem Ausscheiden in der Relegation gegen Kroatien aber gehen musste, verzweifelte an den taktischen Defiziten türkischer Spieler: »Bei 0:1 weiß ich: Dann regiert die Emotion. Dann muss in der nächsten Minute der Ausgleich her und einige Spieler verlassen ihre Positionen.«[42]

Und so sind auch bei Gala Spieler wie Semih Kaya oder der inzwischen bei Atlético Madrid tätige Ex-Kapitän Arda Turan, die aus der eigenen Jugend kommen und sich dann in der Profimannschaft gegen die zugekaufte Konkurrenz aus dem Aus- oder Umland durchsetzen können, leider noch immer die Ausnahme.

Das soll in Zukunft geändert werden, und deshalb wurde im März 2014 eine Kooperation zwischen Galatasaray und dem Regionalligisten SG Wattenscheid 09 verkündet. Wie der Bochumer Traditionsverein bei der Bekanntmachung der Zusammenarbeit erklärte, sei eine langfristig angelegte Vereinbarung unterzeichnet worden, »die unter anderem den Aufbau einer Galatasaray-Fußballakademie am Standort Wattenscheid vorsieht, in welcher junge Fußballer jeglicher Herkunft ausgebildet werden sollen.«[43] Die Beteiligung an der Jugendarbeit Galas soll finanziell belohnt werden, wodurch sich Wattenscheid wiederum eine Stabilisierung der wirtschaftlich angespannten Lage des Vereins erhofft. »Ziel ist eine Zusammenarbeit, von der alle Seiten profitieren«[44], sagte Melchiorre Oliveri, zweiter Vorsitzender der SG, bereits während der ersten Verhandlungen.

Aus Sicht von Gala bietet sich Wattenscheid als Kooperationspartner an, da der Verein in einem Gebiet mit einem hohen Potenzial an türkischstämmiger Bevölkerung zu Hause ist und der Verein in der Vergangenheit bereits zahlreiche türkische Nachwuchsspieler zu Profis geformt hat, unter anderem spätere Nationalspieler wie Yıldıray Baştürk oder Hamit Altıntop.

Letzterer fand später über die Umwege Schalke 04, FC Bayern und Real Madrid im Sommer 2012 zu Gala, wo er heute einer der Leistungsträger ist. Wenn die Zusammenarbeit zwischen seinem

Jugendverein und seinem aktuellen Arbeitgeber wie geplant verläuft, werden in Zukunft weitere Talente seinem Weg folgen.

34. GRUND

Weil Gala eine eigene Insel hat

Wenn es irgendwann mal einen Preis für den Fußballverein mit dem coolsten Statussymbol ever geben sollte, wird Gala den gewinnen, ganz sicher.

Denn kann man etwas Cooleres besitzen als eine eigene Insel?

An die 165 Meter nördlich der Bosporus-Brücke liegt eine kleine Insel, die sich damit genau zwischen den zwei Kontinenten Europa und Asien befindet.

Diese 4.000 Quadratmeter große Insel wurde gegen Ende des 19. Jahrhunderts von Sultan Abdülaziz an seinen armenischen Architekten Sarkis Balyan verschenkt, der sich ein Anwesen bauen ließ und dort lebte. Die Insel, die einen hervorragenden Ausblick auf beide Seiten des Bosporus bot und deshalb »Cennetin Köşesi« (etwa: »ein Stück Himmel«) genannt wurde, diente damals unter anderem dem berühmten russischen Maler Iwan Aiwasowski als Inspiration. Aiwasowski kam als Gast des Sultans, erschuf auf der Insel zahlreiche Werke und sagte über Istanbul: »Nirgendwo sonst auf der Welt gibt es eine so majestätische Stadt wie diese.«[45]

Nach Balyans Tod 1899 vermieteten seine Nachfahren die Insel, die dann als Kohlelager genutzt wurde und dadurch mit der Zeit immer mehr verkam. 1957 wurde sie dann von Sadık Giz erworben. Der war damals Vereinspräsident von Gala und schenkte sie seinem Verein. Seitdem heißt sie »Galatasaray Adası« (»Galatasaray-Insel«).

In den ersten Jahren diente die Insel vor allem den Wasserballmannschaften des Vereins, die in den dort eigens für sie errichteten Becken trainierten und Wettkämpfe ausrichteten, später wurde sie zu einem luxuriösen Freizeitort erweitert, dessen Bebauung und Restaurierung jeder Präsident während seiner Amtszeit Stück für Stück vorantrieb.

Die Insel ist heute ein für jeden frei zugänglicher und bei Anwohnern und Touristen sehr beliebter Ausflugsort. Sie ist per Fähre sehr gut erreichbar und bietet neben dem hervorragenden Ausblick auf den Bosporus ein umfangreiches Freizeitprogramm.

2007 wurde sie noch mal komplett neu gestaltet und ausgestattet, seitdem kann man fernab des Großstadttrubels tagsüber im Freibad relaxen oder abends in die Bar, den Nachtklub oder eines der sechs feinen Restaurants gehen, darunter das Aslan Restaurant (»Löwen-Restaurant«).

Vom Verein selbst wird die Insel heute vor allem genutzt, wenn es etwas zu feiern gibt, bei Meisterschaften, Bekanntmachungen, Festessen oder anderen besonderen Anlässen.

Auch für zahlreiche Prominente aus aller Welt ist sie ein beliebtes Ziel, um einen ersten Eindruck vom Bosporus zu bekommen, und so standen bereits Madonna, Tom Jones, Gisele Bündchen, Thomas Gottschalk und viele Weitere bereits auf der Gästeliste.

35. GRUND

Weil Gala verrückt nach Spielmachern ist

Am 25. Juni 2007 erlebte der Atatürk-Flughafen in Istanbul eine denkwürdige Nacht, so viel Aufruhr hatte ein einzelner Passagier wohl nie zuvor ausgelöst. Gala hatte nämlich den brasilianischen Spielmacher Lincoln von Schalke 04 verpflichtet, und 5.000 euphorisierte Gala-Fans sorgten am Flughafen für ein einziges Chaos, um ihren neuen Spielmacher zu begrüßen.

Der Innenbereich war für den riesigen Ansturm der Massen nicht gerüstet, sodass die Polizei die Eingänge irgendwann absperren musste, was die draußen gebliebenen Anhänger wütend machte, Türen wurden eingeschlagen, Scheiben gingen zu Bruch. Das alles, wohlgemerkt, bevor der Brasilianer überhaupt da war.

Als er dann ankam, ging die Post erst recht ab, und Lincoln wurde von den jubelnden Fan-Massen fast erdrückt, bevor er unter großen Mühen nach draußen in einen Wagen geschafft und in ein Hotel gefahren werden konnte. Am nächsten Tag unterschrieb er seinen Vertrag, und bevor er auch nur ein Spiel gemacht hatte, wurden bereits 10.000 Lincoln-Trikots verkauft.

Der Ex-Schalker und -Lauterer war sicher ein begnadeter Fußballer, und begeisterte Empfänge für Star-Transfers sind in der Türkei ja gewöhnlich, doch die Reaktionen auf Lincoln übertrafen dann doch alles vorher Dagewesene. Warum also die ganze Aufregung?

Schuld daran ist Gheorghe Hagi. Seit der rumänische Spielgestalter in seinen fünf Jahren bei Gala die Mannschaft als tonangebender Spieler zu enormen Erfolgen geführt hatte, ist der Verein und sind vor allem die Fans dem Spielertyp Spielmacher komplett verfallen. Es mag sich dabei um eine Position handeln, die im internationalen Spitzenfußball immer seltener ausgefüllt wird und eher an vergangene Zeiten und Namen erinnert. Bei Gala wird aber wohl für immer Platz im System sein für einen klassischen Zehner, der das Spiel der Mannschaft lenkt.

Und so kamen in den Jahren nach Hagi zahlreiche Spielmacher, die diese Rolle einnehmen sollten –Sergen Yalçın, Felipe, Hakan Yakın, Haim Revivo oder Saša Ilić, sie alle durften sich auf der Zehn probieren, keiner von ihnen konnte sich jedoch richtig etablieren.

Und auch der Versuch mit Lincoln ging am Ende schief. In seiner ersten Saison hatte er mit Verletzungsproblemen zu kämpfen, in seiner zweiten brachte er dann zwar gute Leistungen, doch spätestens in der dritten wurde Lincoln zum Sorgenkind. Er war zu inkonstant, hatte immer wieder Stress mit dem Trainer und dazu leider das eher ungünstige Hobby, stets wie es ihm passte seinen

Urlaub eigenhändig zu verlängern. Im Juli 2009 war Lincolns Zeit im Gala-Trikot zu Ende, er kehrte zurück nach Brasilien und wechselte zu Palmeiras São Paulo. Danach war das offensive Mittelfeld gut vier Jahre lang die meiste Zeit verwaist.

Anfang 2013 begaben sich die Gala-Fans dann erneut geschlossen zum Flughafen, denn wieder war ein Anwärter auf Hagis Nachfolger verpflichtet worden, der das Spiel lenken sollte und die Herzen höher schlagen ließ: Wesley Sneijder, der für 7,5 Millionen Euro von Inter Mailand kam. Wie sich recht bald herausstellen sollte, war er nach Jahren der Tristesse auf der Zehnerposition der Erste, der tatsächlich in die großen Fußstapfen Hagis treten konnte.

KAPITEL 6

DIE TRIUMPHE (I)

GALA FEGT ÜBER EUROPA

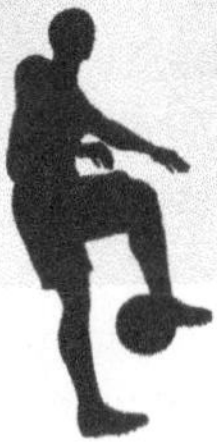

36. GRUND

Weil Neuchâtel der Wendepunkt war

Spiele für die Ewigkeit sind selten. Sie müssen etwas Außergewöhnliches an sich haben, etwas, das sie von dem gewöhnlichen knappen Sieg eine Woche zuvor oder dem torlosen Unentschieden eine Woche danach unterscheidet. Etwas, das sie unvergesslich macht.

Bei Gala fand am 09. November 1988 genau solch eine Partie statt. Der damalige Trainer Mustafa Denizli nennt dieses Datum im Rückblick »einen Wendepunkt« und den Tag, »an dem die Fesseln des türkischen Fußballs gesprengt wurden«.[46]

Denn zu jenem Zeitpunkt war die Sache mit türkischen Mannschaften und dem Europapokal noch recht einfach und schnell erzählt: Sie hatten meistens nichts zu melden. Egal, welcher türkische Verein an welchem internationalen Wettbewerb teilnahm, in der ersten oder zweiten Runde war zumeist Schluss. Vor allem bei Gala sorgte das immer wieder für Frust, es entsprach nicht dem Selbstverständnis und den Zielsetzungen des Vereins, international immer wieder die Hucke voll zu bekommen.

Man sah die Zeit gekommen, dies zu ändern. In den Jahren zuvor war Gala nämlich nach langer Zeit sportlich wiedererstarkt und hatte unter Jupp Derwall und seinem Nachfolger Denizli zwei Meisterschaften in Serie geholt; mit dem starken Kader und Stars wie Cevad Prekazi, Zoran Simović oder Tanju Çolak sollte nun endlich auch international etwas gehen.

Im Rückspiel der zweiten Runde im Europapokal der Landesmeister ging es gegen den Schweizer Meister Neuchâtel Xamax. Die Vorzeichen waren schlecht, denn im Hinspiel hatte Gala zwei Wochen zuvor nach desolater Leistung eine 0:3-Klatsche kassiert. Doch schon nach dem Spiel lebte die Hoffnung auf das Weiterkommen ungebrochen weiter. »Als wir nach dem Spiel in die Kabinen kamen, ließ kein Einziger den Kopf hängen«, berichtet

Tanju Çolak, der große Torjäger bei Gala zu jener Zeit, »Denn wir hatten das Gefühl, dass wir Neuchâtel in Istanbul deutlich schlagen könnten.«[47]

Doch als es beim zweiten Aufeinandertreffen in die Halbzeit ging, ließ das Wunder noch auf sich warten. Gala führte zwar durch Uğur Tütünekers Treffer in der 18. Minute mit 1:0, doch zwei Tore mussten mindestens noch her, um wenigstens die Verlängerung zu erzwingen, und gegen tief stehende Gäste tat sich Gala noch schwer. Zehn Minuten nach dem Seitenwechsel erzielte Tanju dann nach einem Konter das 2:0, und die 35.000 Zuschauer forderten bereits beim Torjubel den nächsten Treffer: »Üç, üç, üç « (»Drei, drei, drei«) hallte es von den Rängen wie ein Befehl.

Es brauchte weiterhin Geduld, doch in der Schlussphase reichten Gala dann acht Minuten aus, um den Rückstand aus dem Hinspiel endgültig wettzumachen:

76. Minute: Gala drückt Neuchâtel hinten rein und schlägt mehrere Flanken hintereinander in den Strafraum, die Gäste köpfen den Ball immer wieder aus dem Strafraum, können sich aber nicht befreien. Cevad Prekazi schlägt erneut eine weite Flanke, Torwart Joël Corminbœuf verschätzt sich, Uğur ist am langen Pfosten zur Stelle und köpft ein zum 3:0. Der Rückstand ist wettgemacht. »Das Ali-Sami-Yen erlebt einen historischen Abend!«, sagt Ilker Yasin, der Kommentator des übertragenden Senders TV1.

78. Minute: Nur zwei Minuten nach dem 3:0 erläuft Tanju einen weiten Ball von Torwart Simović, sucht das Eins-gegen-eins am Strafraumeck, legt sich dann den Ball nach innen und trifft mit einem Schlenzer ins lange Eck. Das Ali-Sami-Yen bebt vor Freude, doch noch sind es zwölf Minuten, und noch immer würde Neuchâtel nur ein Tor reichen.

84. Minute: Dann der Knock-out für die Gäste. Erneut sind die Protagonisten Uğur Tütüneker und Tanju Çolak. Nachdem Neuchâtel vorne den Ball verliert, überbrückt Gala schnell das Mittelfeld und Uğur erläuft einen Steilpass im Strafraum. Er legt den Ball

am Torwart vorbei und legt quer auf Tanju, der nur noch ins leere Tor einschieben muss.

Drei unvergessene, weil so bedeutsame Tore, die bei keinem Rückblick auf die Gala-Vergangenheit fehlen und die jeder Fan schon Dutzende Male gesehen hat. Am Ende stand es also 5:0 für Gala, nach dem Abpfiff rannten Scharen von jubelnden Anhängern auf den Platz und trugen die Spieler auf den Schultern. Es war das erste Ausrufezeichen auf internationalem Parkett nach langer Zeit, nach 1963 und 1970 stand Gala erst zum dritten Mal im Viertelfinale im Europapokal der Landesmeister.

Doch noch war der Höhenflug nicht zu Ende.

37. GRUND

Weil Gala in Köln Geschichte schrieb

Nach dem 5:0-Spektakel gegen Neuchâtel wartete im Viertelfinale der französische Meister AS Monaco, der von Arsène Wenger trainiert und von Stürmerstar George Weah angeführt wurde. Nur noch die Monegassen trennten Gala also von einer historischen Leistung, denn das Halbfinale des Europapokals für Landesmeister hatte bis dahin noch keine türkische Mannschaft erreicht.

Bevor es aber dazu kommen konnte, musste der Verein eine juristische Hürde überstehen.

Die UEFA machte dem Verein wegen eines Zwischenfalls im Rückspiel gegen Neuchâtel Probleme. Während der Partie war einer der Linienrichter von einer von den Tribünen geworfenen Münze am Kopf getroffen worden, woraufhin Gala kurzerhand vom Wettbewerb ausgeschlossen wurde. Der Verein ging aber gegen das Urteil vor, holte sich dabei deutsche Hilfe und wurde vom späteren Präsidenten von Borussia Dortmund Reinhard Rauball vertreten, der damals noch als Jurist tätig war. Mit Rauballs Hilfe wurde das

Urteil aufgehoben und Gala durfte doch im Viertelfinale antreten, wofür Rauball, der seitdem Gala-Mitglied und heute Präsident der DFL ist, noch immer ein sehr hohes Ansehen bei Gala genießt.

Erneut trat Gala im ersten Spiel auswärts an. Diesmal ließ man sich aber nicht abschießen, sondern holte mit einem knappen 1:0-Erfolg eine sehr gute Ausgangsposition, die wieder die drei Protagonisten beim Neuchâtel-Erfolg besorgten: In der 19. Minute schickte Ugur Tütüneker auf links Cevad Prekazi steil, der flankte in die Mitte, wo Tanju Çolak mit einem Flugkopfball zur Stelle war.

Zum Rückspiel ging es dann für beide Mannschaften nach Köln. Denn die UEFA hatte zwar das ursprüngliche Urteil aufgehoben, legte Gala aber dafür die geringere Strafe auf, das eigentliche Heimspiel gegen Monaco in einem anderem, neutralen Land auszutragen.

Aus strategischen Gründen fiel die Wahl schnell auf Deutschland, da man sicher sein konnte, dass die hier zahlreich lebenden türkischen Fans die Stimmung des Ali-Sami-Yen aufleben lassen würden. Und so war das Müngersdorfer Stadion in Köln am 15. März 1989 beinahe komplett gelb-rot, die 58.000 Zuschauer waren fast ausschließlich Gala-Fans. »Als wir auf das Spielfeld kamen, fühlte es sich sensationell an, wie ein schöner Traum«, sagt Prekazi. »An die sechzigtausend Leute, und überall Türken! Es fühlte sich an wie im Ali-Sami-Yen.«[48]

Es entwickelte sich eine knappe und spannende Partie, in der Prekazi nach der Halbzeit mit einem legendären Freistoßtreffer aus knapp 40 Metern die umjubelte Führung erzielte. Der Ausgleich für Monaco durch Weah (65.) brachte den Franzosen nichts mehr, Gala stand im Halbfinale und versetzte die gesamte Türkei in einen Freudentaumel!

»Großer Gott, was ist das für eine Freude«, »Macht die Tür auf, Cimbom ist da«, »Danke, Cimbom«, »Wir danken Galatasaray, das die Grenzen des türkischen Fußballs erweitert hat«, »Cimbom ist unter den besten vier Europas« – die Bedeutung des Errungenen und die nationale Freude darüber konnte man aus den Schlagzeilen des folgenden Tages herauslesen.[49]

Es war der bis dahin größte Erfolg im türkischen Fußball. Als die Mannschaft in Istanbul ankam, wurden die Spieler am Flughafen von Tausenden Fans in Empfang genommen und sprichwörtlich auf Schultern getragen; auf dem Heimweg wurde jeder Spieler jeweils von einem Autokorso bis nach Hause begleitet.

Zum Finaleinzug sollte es dann am Ende leider nicht reichen, denn im Halbfinale war gegen den rumänischen Meister Steaua Bukarest Endstation, wobei ein gewisser Gheorghe Hagi mit einem Treffer im Hinspiel seinen Anteil hatte.

Der damalige Halbfinaleinzug ist dennoch ein noch immer gültiger Rekord, denn bis heute ist es keiner anderen türkischen Mannschaft gelungen, in der Champions League, dem Nachfolger des Europapokals der Landesmeister, ins Halbfinale einzuziehen.

38. GRUND

Weil im Old Trafford fast das Unmögliche gelang

Das war er, einer der Momente, für die dieser Klub gegründet wurde. Wie es das Schicksal wollte, war es der 20. Oktober 1993. Auf den Tag genau 88 Jahre, nachdem der Verein unter der Vorgabe gegründet wurde, »wie die Engländer zu spielen und nicht-türkische Mannschaften zu schlagen«, traf Galatasaray mit Manchester United auf den bis dahin wohl namhaftesten internationalen Gegner der Vereinsgeschichte, und es stand viel auf dem Spiel.

Ein Jahr zuvor war die UEFA Champions League als Nachfolger des Europapokals für Landesmeister ins Leben gerufen worden, und als amtierender Meister nahm Gala als erste türkische Mannschaft am neuen Wettbewerb teil. In der Vorrunde hatte die Mannschaft von Reiner Hollmann mit dem irischen Vertreter Cork City wenig

Probleme und musste danach nur noch eine Runde überstehen, um in die Gruppenphase einzuziehen und damit zu den acht besten Mannschaften Europas zu gehören.

Im Weg standen dabei aber die Red Devils, die im Vorjahr nach dem Transfer von Éric Cantona unter Trainer Sir Alex Ferguson die erste Meisterschaft nach 26 langen Jahren gefeiert hatten, zu dem Zeitpunkt die englische Tabelle erneut unangefochten anführten und dementsprechend heiß auf die erste Teilnahme an der Champions League waren.

Wie heiß, das war bereits nach 13 Minuten an der Anzeigetafel im Old Trafford abzulesen. Nach Toren durch Bryan Robson und ein Eigentor von Hakan Şükür lagen die Hausherren mit 2:0 in Front, und alles deutete darauf hin, womit fast alle gerechnet hatten, nämlich auf einen komfortablen Heimsieg für Manchester gegen den Underdog. Denn zuvor hatte United in der Vereinsgeschichte noch kein Europapokalspiel zu Hause verloren, zudem sei Galatasaray als Gegner eh »kein Grund zur Sorge«, wie Uniteds Chefscout Les Kershaw damals in seinem Bericht vor der Begegnung geschrieben haben soll.[50]

»Den Gegenspielern und Zuschauern war anzusehen, dass sie davon ausgingen, dass wir insgesamt vier oder fünf Tore kassieren und wieder nach Hause fahren würden«, sagte Galas damaliger Flügelstürmer Arif Erdem später.[51] Nicht nur die Gegner und Zuschauer dachten das, wie Kubilay Türkyılmaz sich erinnert, der nach eigener Aussage in den ersten 15 Minuten kaum den Ball berührte und daher viel Zeit zum Überlegen hatte. Sein Hauptgedanke damals: Wir werden fünf oder sechs Dinger kassieren.[52]

Bei türkischen Zuschauern kamen Befürchtungen und schlechte Erinnerungen auf, denn England war für den türkischen Fußball nur selten ein gutes Pflaster. Die türkische Nationalmannschaft wartet noch heute auf den ersten Treffer gegen die englische, in den 80er-Jahren gab es mit zwei 0:8-Klatschen die höchsten Niederlagen der Verbandsgeschichte. Daher galt England damals als großes Waterloo des türkischen Fußballs und alles sah nach einem weiteren Debakel für den türkischen Meister aus.

Dann jedoch fiel das Anschlusstor durch Arif Erdem. Erzählen wir es mit den heute legendären Worten des TV-Kommentators Ümit Aktan:

»Arif, in Schussposition, zieht ab, der Ball ist im Netz!«

»Dieser Schmeichel ist der weltbeste Torwart, aber unser Arif hat aber auch einen Schuss losgelassen! Das Spinnennetz im Winkel hat er weggeschossen!«

Und, besonders schön: »Ob Schmeichel oder irgendein anderer Michael, keiner hätte diesen Ball parieren können! Es steht 2:1.«

Kurz darauf glich Kubilay Türkyılmaz für Gala sogar aus. Die Hausherren wirkten geschockt, Gala spielte sich nun förmlich in einen Rausch, kam zu mehreren guten Torchancen und wurde immer selbstbewusster. In der 63. Minute fasste sich Arif erneut ein Herz aus der Distanz, Schmeichel war erneut ohne Chance, der Ball prallte an den Pfosten, erneut war Kubilay zur Stelle und erzielte die 3:2-Führung für Gala. Wir überlassen erneut Herrn Aktan das Wort:

»Was für ein Druck, was für ein Tempo! Arif schießt, Schmeichel, Pfosten, Toooor, Toooor, Tooooor! Das ist das Tor, das ist die Türkei, das ist Galatasaray! Liebe Zuschauer, glauben Sie mir, ich möchte weinen! Wenn man die Gesichter und die Freude der 2.000 türkischen Zuschauer in diesem Moment sieht, kann man nicht anders.«

Die Überraschung war perfekt, Gala hatte das Spiel im berühmten Old Trafford gedreht und war nun dem Weiterkommen plötzlich sehr nahe. Dass Cantona in der 81. Minute noch mal ausgleichen konnte, änderte nicht viel an der guten Ausgangsposition Galas für das Rückspiel in Istanbul.

Das 3:3 wurde bereits als großer Erfolg gesehen, doch auf dem Weg in die Gruppenphase war damit nur die Hälfte geschafft. Zum Abschied bereitete Gala-Coach Hollmann die gegnerischen Spieler und Betreuer auf das vor, was sie in Istanbul erwarten sollte. »Sie werden am Flughafen auf euch warten«, sagte er augenzwinkernd.[53]

39. GRUND

Weil im Ali-Sami-Yen dann das Unmögliche gelang

Das überraschende 3:3 im Old Trafford gegen Manchester hatte bei Verein, Fans und der ganzen Nation unerwartete Hoffnungen geweckt, dass es gegen den Favoriten nach dem Rückspiel im Ali-Sami-Yen zum Weiterkommen reichen könnte.

Um die Chancen noch zu vergrößern, entschlossen sich Gala-Fans zur psychologischen Kriegsführung, damit der qualitativ wohl überlegene Gegner schon vor der Partie aus dem Konzept gebracht wurde. An sich sind Türken ja überaus gastfreundlich, nur beim Fußball verstehen sie halt leider keinen Spaß, und das sollten die Engländer bei ihrem Besuch in Istanbul zu spüren bekommen.

»Welcome to hell«, der noch heute geltende Tribünen-Slogan für alle Gala-Heimspiele, hat seinen eigentlichen Ursprung nämlich im Empfang, den man Manchester United im November 1993 bereitete. »Wir trafen auf so viel Feindseligkeit und Belästigungen, wie ich es nie auf einer Fußball-Reise erlebt habe«, schrieb Manchesters Trainer-Legende Alex Ferguson später in seiner Autobiografie. Auch Ryan Giggs, damals 19 Jahre alt, sagte Jahre später: »Ich erinnere mich noch ganz genau daran. Es ist eine der Erfahrungen, die man nie wieder vergisst.«[54]

Schon am Flughafen wurden sie von Tausenden von Fans in Empfang genommen, die den Manchester-Tross bis zum Bus begleiteten, Plakate wie »This is the end of the road« in die Höhe hielten und unaufhörlich und immer schneller werdend »No way out! No way out! No way out!« riefen. Jungen Spielern wie Gary Neville, David Beckham oder Giggs, die damals noch am Anfang ihrer

Laufbahn standen, waren die Verwunderung und die Unsicherheit im Gesicht abzulesen. Als die Mannschaft dann in ihrem luxuriösen Hotel ankam, wähnte sich Uniteds Abwehrspieler Gary Pallister endlich in Sicherheit. Er lief an einem Hotelpagen vorbei und lächelte ihm zu. Dessen Reaktion: Er fuhr sich mit dem Finger über die Kehle. So ging das bis zum Abend des Spiels weiter: Die Fans machten vor dem United-Hotel die Nacht durch, nur um Lärm zu machen und den Spielern ihren Schlaf zu rauben.

Wenn Spieler auf Auswärtsreise sind und Stunden vor einer Begegnung zum ersten Mal das Stadion betreten, um sich den Platz anzusehen, ist normalerweise noch nicht viel los. Wenig Zuschauer auf den Rängen, wenig Lärm. Doch am Tag der Partie war das Ali-Sami-Yen bereits zur Mittagszeit zum Großteil gefüllt. Ferguson schickte seine Spieler gleich nach der Ankunft auf den Platz, damit sie sich an die Atmosphäre gewöhnen konnten. Und es schien fast so, als legten sich die Fans für die erstaunten Gästespieler noch mehr ins Zeug, als wollten sie sich ihnen von ihrer besten, also fanatischsten, Seite zeigen.

Es war laut, rot-gelbe Bengalos leuchteten auf den Rängen auf, vermischten sich mit grauem Rauch, der das ganze Stadion durchzog. Die Manchester-Spieler lächelten ungläubig und schüttelten den Kopf, so etwas hatten sie noch nicht erlebt. »Das war der unglaublichste Lärm, den ich je in meinem Leben gehört habe«, sagte Neville noch Jahre später.[55] Pallister meinte, die ebenfalls berüchtigte Stimmung bei Heimspielen des FC Liverpool an der Anfield Road wirke im Vergleich »wie eine Tee-Party«.[56]

»Wir standen mitten auf dem Platz und schauten den Fans bei ihren Gesängen zu. Sie sangen sich von Kurve zu Kurve zu und wechselten sich ab. Es war eine brillante Atmosphäre«, erinnert sich Giggs.[57]

Die tagelangen Mühen der Gala-Anhänger schienen ihre Wirkung nicht zu verfehlen, denn als die Partie angepfiffen wurde, gelang den Gästen so gut wie nichts, in 90 Minuten erspielte sich

Manchester keine klare Torchance. Wie im ersten Spiel war Gala erneut die bessere Mannschaft, machte hinten mit eisenharter Manndeckung dicht und war nach vorne gefährlicher. Die beste Chance des Spiels hatte Hakan Şükür im ersten Durchgang, scheiterte aber aus kurzer Distanz an Peter Schmeichel. Am Ende stand es 0:0, und die Riesensensation war perfekt.

Nach dem Abpfiff wurden die Gala-Spieler von Anhängern auf Schultern getragen, in den Straßen Istanbuls wurde das Weiterkommen mit kilometerlangen Autokorsos gefeiert, selbst ein großes Feuerwerk war am Istanbuler Nachthimmel zu sehen.

Für United war die Reise nach Istanbul im Nachhinein ein wichtiger Lernprozess; die damals international noch unerfahrene Mannschaft hatte sich zu sehr von den äußeren Faktoren ablenken lassen und konnte in der extrem hitzigen Umgebung ihr Potenzial nicht abrufen. Nun wusste sie, was sie in der Champions League bei Auswärtsspielen unter Umständen erwarten konnte. »In zehn Minuten lernte ich mehr als in zwei Jahren zuvor«, fasste Neville zusammen.[58]

Für Gala war es nach dem ersten internationalen Erfolg mit dem Erreichen des Halbfinales im Europapokal der Landesmeister 1989 ein weiterer wichtiger Schritt in Richtung europäische Elite, der Anfang einer Entwicklung, die dann um die Jahrtausendwende ihren Höhepunkt erreichen sollte.

40. GRUND

Weil 1996 bis 2000 die goldenen Jahre waren

Ach ja, die Jahre zwischen 1996 und 2000. Vier Jahre, die kein Gala-Fan jemals vergessen wird, die zu den aufregendsten, erfolgreichsten und spektakulärsten Zeiten gehörten, die dieser Verein jemals erlebt hat.

Fatih Terim, der frühere Gala-Libero, der 1996 als Trainer zurückkehrte, setzte bei der Zusammenstellung seines Kaders auf eine gesunde Mischung aus türkischen Nationalspielern und erfahrenen Kräften aus dem Ausland. Er entwickelte damit den Grundsatz von Karl-Heinz Feldkamp weiter, der 1992 nach seiner Ankunft auf türkische Talente gesetzt und ihnen die deutschen Haudegen Falko Götz und Reinhard Stumpf zur Seite gestellt hatte. Die Spieler, die unter Feldkamp ihren ersten Titel gefeiert hatten, waren dieselben, die nun unter Terim den Stamm stellten: Tugay Kerimoğlu, Okan Buruk, Bülent Korkmaz, Arif Erdem und Hakan Şükür.

In den ersten Jahren unter Terim gesellten sich dann internationale Stars wie Gheorghe Hagi und später Gheorghe Popescu oder der brasilianische Weltmeister-Torwart Cláudio Taffarel zu ihnen. Dazu holte Terim weitere türkische Talente wie Emre Belözoğlu, Ümit Davala oder Hasan Şaş. Was bei Real Madrid also Jahre später, als die »Galácticos« mit Spielern aus der eigenen Jugend zusammenspielen sollten, unter dem Motto »Zidanes y Pavones« bekannt wurde, war bei Gala demnach schon ab 1996 an der Tagesordnung.

Was bei der Mischung aus jung und erfahren, türkisch und international herauskam, war eine einzigartige Mannschaft. Terim setzte auf totalen Fußball, mit Pressing, mit Sturm und Drang, mit der perfekten Symbiose aus Erfahrung und jugendlichem Elan, aus Disziplin und Spielfreude, aus Hagis y Okanes.

Was war das für eine Truppe! Die wohl beste in der Vereinsgeschichte. Im Tor gab Taffarel Rückhalt, vor ihm machten Bülent und Popescu den Strafraum dicht, flankiert von zuverlässigen Außenverteidigern wie Ergün Penbe und dem Brasilianer Capone. Im Mittelfeld hielten die lauf- und spielstarken Suat Kaya, Okan Buruk und Emre Belözoğlu der Offensive den Rücken frei, wo Spielmacher Hagi natürlich alle Freiheiten hatte und die Stürmer Arif Erdem und Hakan Şükür für die Tore zuständig waren. Dazu kam eine enorm starke zweite Reihe mit dem dribbelstarken Hasan Şaş, dem äußerst vielseitigen Ümit Davala oder dem zuverlässigen Linksverteidiger Hakan Ünsal.

Vier Jahre lang fegte diese Mannschaft über die türkische Liga hinweg und holte vier Meisterschaften in Folge, was keiner anderen türkischen Mannschaft jemals gelungen ist. In den vier Jahren nach Terims Ankunft im Sommer 1996 holte Gala insgesamt 13 Titel.

Der absolute Höhepunkt, der die Mannschaft unsterblich machen sollte, folgte jedoch in der Saison 1999/00.

41. GRUND

Weil Gala ohne Niederlage durch den UEFA-Cup marschierte

Am 3. November 1999 traf Gala im letzten Spiel der Gruppe H in der Champions League auf den AC Mailand.

Die Italiener hatten noch Chancen aufs Weiterkommen, während es für Gala nur noch um den dritten Platz in der Gruppe und die damit verbundene Qualifikation für die Teilnahme am UEFA-Cup ging. Es ging hin und her, Milan ging zweimal in Führung, nach 80 Minuten stand es 1:2 für die Gäste – Gala stand vor dem endgültigen Aus in Europa.

Dann aber der Doppelschlag in vier Minuten: Erst glich Hakan Şükür per Kopf aus, dann verwandelte Ümit Davala in der 90. einen Elfmeter zum 3:2. Das Ali-Sami-Yen rastete aus, Milan war ausgeschieden, Gala holte den dritten Platz und durfte somit im UEFA-Cup weiterspielen.

Dort ging es in der dritten Runde los, mit dem FC Bologna wartete erneut ein italienischer Gegner. Nach dem 1:1 in Italien war Ümit im Rückspiel mit dem 2:1-Siegtreffer jedoch einmal mehr der entscheidende Mann.

Im Achtelfinale wartete dann Borussia Dortmund. Gala-Fans aus Deutschland verwandelten das Westfalenstadion in einen Hexenkessel, und Tore von Hakan Şükür und Gheorghe Hagi machten bereits nach dem Hinspiel alles klar. 2:0 stand es am Ende für die klar überlegene Terim-Truppe. »Galatasaray demütigt Borussia Dortmund«, titelte SPIEGEL ONLINE am Tag danach. »Gegen den türkischen Meister war die Mannschaft von Bernd Krauss in allen Belangen unterlegen.« Im Rückspiel blieb es beim 0:0, und Gala war durch.

Real Mallorca hieß der Gegner im Viertelfinale, und auch gegen die Spanier machten die Löwen eigentlich bereits im Hinspiel alles klar. Denn als Gala in Spanien nach 65 Minuten durch Tore von Arif Erdem, Emre Belözoğlu, Hakan Şükür und Okan Buruk bereits mit 4:0 führte, zweifelte bereits niemand mehr am Halbfinaleinzug. Am Ende stand ein 4:1-Sieg, und auch im Rückspiel gewann Gala mit 2:1.

Spätestens nach den dominanten Auftritten gegen Dortmund und Mallorca begann man in der Türkei daran zu glauben, dass diese Mannschaft für Höheres bestimmt war, dass Hagi, Hakan und Co. das Zeug dazu hatten, den Pokal zu holen. »Inzwischen kann man es nicht mehr anders sagen«, schrieb Ex-Gala-Torhüter und Kolumnist Turgay Şeren für die *Hürriyet*, »dieses Galatasaray von Fatih Terim ist ein echtes ›Dream Team‹«.[59]

Im Halbfinale traf Gala mit Leeds United auf einen starken Gegner, der mit einem jungen, talentierten Kader (unter anderem mit dem späteren Gala-Spieler Harry Kewell) damals eine Spitzenmannschaft in der Premier League war und ein Jahr darauf in der Champions League das Halbfinale erreichen sollte. Das Hinspiel in Istanbul, ein 2:0-Erfolg für Gala nach Toren von Hakan Şükür und Capone, wurde überschattet von Auseinandersetzungen zwischen türkischen und englischen Fans einen Tag zuvor, bei denen zwei Leeds-Anhänger ums Leben kamen.

Die UEFA veranlasste daraufhin, dass keine Gala-Fans beim Rückspiel in Leeds ins Stadion durften, trotzdem war die Atmosphäre sehr angespannt. »Ich will nicht von einer feindseligen Stimmung sprechen«, sagte der damalige Präsident Faruk Süren später, »Aber wir wurden behandelt wie ein ungebetener Gast.«[60] Als der Gala-Mannschaftsbus am Stadion ankam, wurde er von einer wütenden Menge mit Steinen und anderen Gegenständen beworfen, die Seitenscheibe des Busses kam zu Bruch.

Als der Ball dann rollte, behielt die Mannschaft die Nerven. Durch einen Foulelfmeter, den Hakan Şükür herausholte und Hagi verwandelte, ging Gala in Führung. Leeds kam durch Eirik Bakke zum Ausgleich und machte danach sehr viel Druck, doch mit einem Konter machte Gala endgültig alles klar. Im Mittelfeld schaffte sich Hagi mit einem Hackentrick Platz und bediente den startenden Hakan, der in den Strafraum dribbelte, dort zwei Gegenspieler stehen ließ und ins lange Eck traf. Nach 90 Minuten stand es 2:2, und Gala war damit im Endspiel.

Terims Truppe hatte Mannschaften aus allen vier großen Ligen Europas (Italien, Deutschland, Spanien, England) aus dem Weg geräumt, stand nun im Finale und würde in Kopenhagen die Chance bekommen, Geschichte zu schreiben. Noch nie hatte eine Mannschaft es geschafft, den UEFA-Cup ohne Niederlage zu holen, und noch viel wichtiger: Es wäre der erste internationale Pokal für eine türkische Mannschaft.

»In der Vergangenheit sahen türkische Spieler solche Finalspiele nur am Fernseher«, sagte Terim. »Jetzt bekommen sie die Möglichkeit, die Hauptrolle zu spielen.«[61]

42. GRUND

Weil Gala am 17. Mai 2000 Geschichte schrieb

17. Mai 2000, knapp nach 23 Uhr in Kopenhagen: Gheorghe Popescu legt sich den Ball zurecht, dreht sich um und geht ein paar Schritte nach hinten, dreht sich dann wieder in Richtung Tor und

atmet durch. Einen kurzen Moment hält er inne und betrachtet sein Gegenüber David Seaman, der vornübergebeugt und fokussiert auf den Schuss wartet.

Es ist das Elfmeterschießen im Finale des UEFA-Cups zwischen Galatasaray und dem FC Arsenal. Die reguläre Spielzeit und die Verlängerung waren ein einziger Kampf, der zwar torlos, aber packend und spannend war. Beide Mannschaften hatten nach vorne gespielt und waren immer wieder zu Großchancen gekommen, Hakan Şükür traf nach der Halbzeit den Pfosten, auf der Gegenseite brachte Martin Keown aus fünf Metern den Ball nicht im Tor unter. In der Verlängerung geriet Gala durch eine Unbeherrschtheit von Gheorghe Hagi im Zweikampf mit Tony Adams in Unterzahl, Kapitän Bülent Korkmaz spielte die Schlussphase mit einer kaputten Schulter durch – das große Finale ging an die Substanz.

Als Taffarel dann kurz vor Ende der Verlängerung einen Kopfball von Thierry Henry mit einem unglaublichen Reflex von der Linie kratzte, stand fest, dass es ins Elfmeterschießen geht. Als es darum ging, die Elfmeterschützen auszusuchen, meldete sich Popescu freiwillig. Trainer Fatih Terim fragte ihn, als wievielter Schütze er antreten möchte, und der rumänische Abwehrmann antwortete, er wolle den vierten Elfer schießen, da die 4 seine Rückennummer war.

Dann stand er an der Mittellinie und sah, wie seine Mitspieler allesamt die Nerven behielten. Ergün Penbe, Hakan Şükür, Ümit Davala, sie alle verwandelten souverän. Beim Gegner lief es dagegen nicht so gut. Nachdem Davor Šuker verschossen, Ray Parlour dafür getroffen hatte, traf Patrick Vieira ebenfalls nur die Latte.

Damit ist die Situation klar, als Popescu vor Seaman steht: Wenn er trifft, hat Gala den Pokal. Er wird also zu einem entscheidenden Elfmeter in einem Endspiel um einen internationalen Titel antreten, viel wichtiger geht es im Fußball eigentlich nicht. Bei Gala geht es aber um sehr viel mehr als das, steht man doch so kurz davor, die große Zielsetzung bei der Vereinsgründung zu verwirklichen.

1905 gab Ali Sami Yen die Maxime vor, es mit internationalen Gegnern aufzunehmen und sie zu schlagen, jetzt war die Zeit gekommen, das Ziel zu erreichen, mit dem ersten internationalen Titel für die Türkei überhaupt.

Dass es dabei gegen einen englische Mannschaft geht, und dass solche damals in der Anfangszeit noch die großen Vorbilder waren (»Unser Ziel ist es, wie die Engländer zu spielen«), passt dabei ins Bild. Das Finale gegen Arsenal ist für Galatasaray also die große Chance, einen Kreis zu schließen, der 95 Jahre zuvor begann.

Und Popescu hat es auf dem Fuß.

Das Stadion ist überwiegend in gelb-roter Hand, von 38.000 Zuschauern sind an die 20.000 Gala-Fans. Auf der Ehrentribüne fiebern über 200 türkische Abgeordnete mit, denn der politische Alltag des Landes wurde eigens für die Partie unterbrochen und steht vorübergehend still, die ganze Türkei schaut zu.

Zu Hause hängen mehrere Millionen an den Bildschirmen, und TV-Kommentator Levent Özçelik ist schon vor Popescus Schuss völlig aufgelöst: »Oh mein Gott, oh mein Gott! Wenn er trifft, gehört der Pokal uns! Popescu ist jetzt dran!«

Der spürt die Anspannung und den Druck auf seinen Schultern. »Seaman wirkte auf mich vier Meter groß, das Tor dagegen winzig klein. Ich hatte fast das Gefühl, dass Seaman über das Tor hinausragte«, wird er später sagen. Er nimmt einen langen Anlauf. »Auf geht's, Popescu, auf geht's, mein Sohn!«, schreit Özçelik ins Mikrofon.

Dann läuft er an, hält mit dem Vollspann drauf und schickt den Ball flach in die von ihm aus linke Ecke. Seaman ahnt die Richtung und ist im richtigen Eck, scheint aber mit einem hohen Ball zu rechnen. Mitten im Flug merkt er, dass er seinen Sprung zu hoch angesetzt hat, er versucht, die Arme in Richtung Boden zu werfen und den rollenden Ball doch noch irgendwie abzuwehren, doch zu spät, der Ball schlägt gleich neben dem Pfosten im Netz ein.

Popescu hat verwandelt und den Pokal für Gala gewonnen, er rennt schreiend in die Fankurve, alle Mitspieler, Trainer, Betreuer sprinten los in seine Richtung, Özçeliks Stimme überschlägt sich, er fängt hörbar zu weinen an, man versteht ihn kaum mehr. Erst nach einiger Zeit kann er sich wieder sammeln und zusammenfassen, worauf der Verein 95 Jahre lang warten musste, und mit ihm eine ganze Nation: »Der UEFA-Pokal gehört uns, liebe Zuschauer!«

43. GRUND

Weil Gala sich die Krone Europas aufsetzte

Am 25. August 2000, drei Monate nach dem UEFA-Cup-Triumph, lautete die große Frage: Kann Gala noch einen draufsetzen? In der Zwischenzeit hatte die Mannschaft ein neues Gesicht bekommen, Fatih Terim war nach Italien gegangen und wurde durch den Rumänen Mircea Lucescu ersetzt, wichtige Spieler wie Hakan Şükür oder Arif Erdem waren ebenfalls nicht mehr da, dafür war mit Mário Jardel ein namhafter Neuzugang geholt worden.

Konnte Gala in neuer Besetzung an die großen Erfolge anknüpfen? Was das Fragezeichen umso größer machte, war, dass der Gegner Real Madrid ein einziges Ausrufezeichen war. Es war die Anfangszeit der »Galaktischen«, die frischgebackene Champions-League-Sieger waren. Raúl, Iker Casillas und Roberto Carlos waren schon da, vor der Saison gesellte sich noch Luís Figo zum Starensemble – die Königlichen hatten ihn mal eben für 58 Millionen Euro vom Erzrivalen FC Barcelona losgeeist. Mehr brauchte man eigentlich über die Kräfteverhältnisse und zur Rollenverteilung nicht zu sagen, es war das klassische David-gegen-Goliath-Szenario.

Doch für Gala ging es gut los, denn nach einem Foul an Hakan Ünsal gab es kurz vor der Halbzeit einen Elfmeter, den Neuzugang Mário Jardel sicher verwandelte. Gala führte also gegen das übermächtige Real, aber ob das reichen würde?

Als Underdog in solchen Duellen braucht man manchmal außergewöhnliche Momente, die einem das Gefühl von Stärke geben und den Mut, dass man den großen Gegner bezwingen kann, und nach der Halbzeit, als Real immer stärker wurde und für den Ausgleich anrannte, lieferte der Mann genau so einen Moment, der bei Gala genau dafür zuständig war: Gheorghe Hagi, der auf dem Platz immer schon für eine hitzige Diskussion mit wem auch immer zu haben war, lieferte sich nach einem Zweikampf mit Gegenspieler Roberto Carlos einen aggressiven Wortwechsel, während das Spiel weiterlief.

Die nächste Aktion: Hagi bekommt den Ball, Carlos ist wieder da und will ihn stellen, Hagi legt den Ball blitzschnell mit der Hacke am Brasilianer vorbei und ist auf und davon, bis ihn Carlos einholt und aus Frust umreißt. Der Schiedsrichter pfeift das Foul nicht, Hagi ist es egal, er freut sich mit einer Dem-hab-ich-es-aber-gezeigt-Handbewegung über das gewonnene Privatduell.

Eine bei Gala-Fans unvergessene Szene, die Signalwirkung hatte: Wir sind zu Recht hier, wir haben Spaß und brauchen vor keinem Gegner Angst zu haben, egal wie groß er ist. Und unser Hagi kann jeden mit einem Hackentrick stehen lassen.

Gala war inzwischen über weite Strecken die bessere Mannschaft, und Real hatte Glück, dass Schiedsrichter Günther Benkö auf Elfmeter entschied, als ein Flankenball an Suat Kayas Hand am angelegten Arm prallte. Raúl rettete Madrid kurz vor Schluss in die Verlängerung, doch dort schlug Jardel erneut zu, erzielte in der 103. Minute das Golden Goal zum 2:1-Sieg und sicherte Gala den zweiten großen internationalen Titel innerhalb von drei Monaten.

Fast hundert Jahre hatte der Verein auf solche Titel gewartet, nun waren es also zwei hintereinander, und damit stand fest: Aus dem David war nun endgültig selbst ein Goliath geworden. Es war der wohl schönste Sommer der Vereinsgeschichte.

44. GRUND

Weil Gala 2001 die beste Mannschaft der Welt war

Dass die zwei internationalen Titel keine Eintagsfliegen waren, stellte Gala in der nachfolgenden Saison 2000/01 unter Beweis. In der Champions League kamen die Löwen in der Vorrundengruppe mit Sturm Graz, AS Monaco und den Glasgow Rangers als Zweiter in die nächste Runde, wo es damals erneut eine Gruppenphase gab.

Gala kam in eine schwere Gruppe, in der Brocken wie der AC Mailand, Paris Saint-Germain und Deportivo La Coruña auf die Mannschaft von Mircea Lucescu warteten.

Doch auch hier konnte sich Gala behaupten und lag zum Jahreswechsel nach einem 2:2 in Mailand und einem 1:0-Sieg gegen Paris auf dem ersten Platz. Dazu ging man als Tabellenführer der türkischen Liga in die Winterpause.

Durch die guten Ergebnisse schaffte Gala Anfang 2001 den Sprung auf Platz eins in der Klub-Weltrangliste, die seit 1991 monatlich von der IFFHS (International Federation of Football History & Statistics) veröffentlicht wird und anhand aller Pflichtspiel-Ergebnisse eine länderübergreifende Rangordnung aufstellt. Damit konnte sich Gala zum damaligen Zeitpunkt also mit Fug und Recht als beste Vereinsmannschaft der Welt bezeichnen.

Ein weiteres Novum in der türkischen Fußballgeschichte. Und ein wenig Schadenfreude soll an dieser Stelle erlaubt sein: Unsere Freunde von Fenerbahçe musste man damals im IFFHS-Ranking lange suchen, die standen nämlich erst auf Platz 196.

Gala überstand dann auch die zweite Gruppenphase der Königsklasse und traf im Viertelfinale auf die Mannschaft, die man in der Weltrangliste vom Spitzenplatz gestoßen hatte, nämlich Real Madrid. Im Hinspiel machte Gala aus einem 0:2-Rückstand zur Halbzeit noch ein 3:2 und sorgte damit für eine weitere unvergessliche Europapokalnacht im Ali-Sami-Yen-Stadion. Doch nachdem man im Rückspiel in Madrid mit 0:3 unterging, verpasste man es, ins Halbfinale einzuziehen.

Trotzdem war Gala endgültig bei den ganz Großen Europas angekommen, das zeigte die starke Saison, die man in der Champions League gespielt hatte, und das zeigte ein Blick auf die IFFHS-Rangliste von Januar 2001.

KAPITEL 7

DIE STARS (I)

VON HELDEN UND PUBLIKUMSLIEBLINGEN

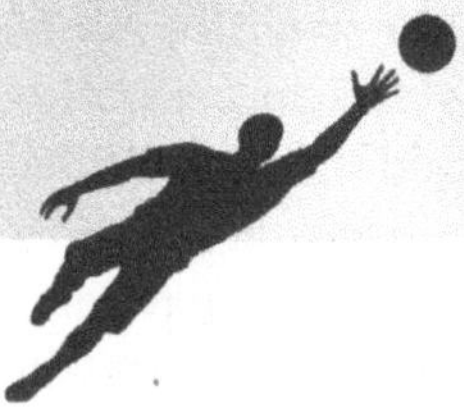

45. GRUND

Weil Arda den Sprung nach Europa gepackt hat

Am 09. August 2006 traf Gala in der dritten Runde der Champions-League-Qualifikation auf den tschechischen Vertreter Mladá Boleslav, und den meisten Zuschauern stellte sich eine Frage: Wer ist der junge Spieler da mit der Nummer 66? Der lief auf dem linken Flügel auf, wo man eigentlich Hasan Şaş erwartet hatte, machte in den 90 Minuten mit der gegnerischen Abwehrreihe, was er wollte, und steuerte beim 5:2-Sieg zwei schöne Tore und einen Assist bei. »Er hat die Mannschaft angetrieben, als sei er bereits 40 Jahre bei Galatasaray«, schrieb Kolumnist Ahmet Çakar am Tag danach.[62]

Es war der damals 19 Jahre alte Arda Turan, und nur wer in den Jahren zuvor im Ali-Sami-Yen ganz genau hinschaute, dem kam er vielleicht bekannt vor – denn Arda kam aus der eigenen Jugend und stand oft als Balljunge hinter dem Tor. Jahre später, als ihn die ganze Welt kennengelernt hatte, wurde ein Bild schließlich berühmt, das kurz nach einem Gala-Tor aufgenommen wurde: Im Vordergrund sieht man Gheorghe Hagi, der gerade ein Tor erzielt hatte, im Hintergrund den kleinen Arda, der jubelnd die Faust in die Höhe hält.

Nicht nur den Fans war der kleine Dribbler bis zu seiner Gala-Vorstellung an jenem Tag fast gänzlich unbekannt. Im Vorjahr war Arda an Vestel Manisaspor ausgeliehen worden, und als er dort bei einem 5:3-Sieg gegen Fenerbahçe einer der Besten auf dem Platz war, fragte Gala-Präsident Adnan Polat, der sich das Spiel gemeinsam mit Sportdirektor Adnan Sezgin ansah: »Wer ist der Junge?« Als Sezgin ihm sagte, dass Arda aus der Gala-Jugend stamme und verliehen wurde, um Spielpraxis zu sammeln, gab Polat die Order: »Egal was passiert, zur neuen Saison kommt er zurück.«[63]

Nach der Rückkehr, dem Auftritt gegen Boleslav und weiteren starken Leistungen galt Arda schnell als die größte Nachwuchshoffnung der Türkei. Im zweiten Jahr hatte er mit sieben Toren und 14 Vorlagen einen großen Anteil an der errungenen Meisterschaft, und spätestens nach der Europameisterschaft 2008, wo er mit zwei wichtigen Treffern in der Gruppenphase gegen die Schweiz und Tschechien das Weiterkommen sicherte, war Arda ein Star, für den sich nun auch internationale Vereine zu interessieren begannen.

Im Sommer 2009 beraumte der Verein im Trainingslager in Bochum eigens eine Pressekonferenz ein, um Arda mit zwei Maßnahmen symbolisch zum Aushängeschild Galas zu machen: Er bekam nicht nur die Nummer 10 wie die großen Ikonen Metin Oktay und Gheorghe Hagi, sondern wurde mit 22 Jahren zum jüngsten Kapitän der Vereinsgeschichte ernannt. »Ich bin stolz und fühle mich geehrt«, sagte Arda. »Ich will irgendwann auch zu den Legenden des Vereins gehören. Galatasaray ist alles für mich. Der Verein ist mein Lebensinhalt und meine Familie.«[64]

In den folgenden zwei Jahren bekam er dann aber auch zu spüren, wie schwer die Gala-Kapitänsbinde manchmal wiegen kann. Er brachte zwar weiterhin seine Leistung, doch insgesamt machte Gala in jenen Jahren eine schwächere Periode durch, mit wenig Erfolg und kaum Konstanz. In zwei Jahren kamen und gingen mit Michael Skibbe, Bülent Korkmaz, Frank Rijkaard und Gheorghe Hagi vier Trainer, unter keinem konnte die Mannschaft ernsthaft um die Meisterschaft spielen.

Mit der Zeit wuchs die Unzufriedenheit der Fans, und Publikumsliebling Arda wurde mehr und mehr kritisiert – vor allem, weil er ständiges Ziel der Boulevardpresse war und ihm nachgesagt wurde, nicht die nötige Einstellung zu besitzen.

Ein Schritt ins Ausland schien das Beste für Arda zu sein, um sportlich den nächsten Schritt zu machen und auch dem Druck und Trubel zu entkommen, der in Istanbul auf ihm lastete. Arda selbst hatte immer wieder betont, dass es sein Traum sei, nach Europa zu gehen und es bei einem großen Verein zu packen. Nachdem Atlético Madrid im August 2010 noch mit einem Angebot gescheitert war, konnte man den Mittelfeldspieler ein Jahr später für zwölf Millionen Euro verpflichten.

Seit 2011 trägt Arda nun das rot-weiße Trikot, und bei den »Rojiblancos« hat er den Sprung zum internationalen Top-Spieler gepackt. Auch in Madrid trägt er inzwischen die bedeutungsvolle Rückennummer 10, sein Trainer Diego Simeone bezeichnet ihn als »Herz der Mannschaft«.[65] In drei Jahren hat Arda mit Atlético die Europa League gewonnen, den Europäischen Supercup geholt, die Copa del Rey sowie die spanische Meisterschaft. Um ein Haar wäre er Champions-League-Sieger geworden, musste aber bei der Finalniederlage gegen Real Madrid verletzt zuschauen, nachdem er das Finalticket mit dem entscheidenden Treffer zum 3:1 im Halbfinalrückspiel gegen Chelsea gesichert hatte.

Mit Galatasaray ist er nach wie vor ganz eng verbunden: »Ich liebe Galatasaray und werde immer ein Galatasaraylı bleiben. Der Verein hat großartige Fans, ich habe sehr schöne Erinnerungen an unsere gemeinsame Zeit, und ich hoffe, ihnen geht es genauso.«

46. GRUND

Weil Kalli sagt, was Sache ist (II)

Ein Gespräch mit dem früheren Gala-Trainer Karl-Heinz Feldkamp – über Arda Turan.

Herr Feldkamp, bei Ihrer Rückkehr zu Galatasaray 2007 trafen Sie auf den Spieler Arda Turan, die vielleicht größte Hoffnung im türkischen Fußball in den letzten Jahren. Arda ist heute bei Atlético Madrid und einer der wenigen türkischen Spieler, die es im Ausland zum Star gebracht haben. Als Sie mit ihm zusammenarbeiteten, sparten Sie nicht mit Kritik an ihm, auch öffentlich.

Ich habe in der Türkei über die Jahre viele Talente wie Arda gesehen. Das Problem ist einfach, dass die jungen türkischen Spieler sehr früh sehr viel Geld bekommen und nur wenige von ihnen den Schritt ins Ausland wagen, wo man sich mit harter Arbeit und gegen starke Konkurrenz durchsetzen muss. Deshalb gehen die meisten dann leider auch mit der Zeit in der Menge unter. Auch bei Arda hatte ich die Befürchtung, dass er wie viele andere vor ihm in seiner Entwicklung stehen bleiben und aus ihm ein durchschnittlicher Spieler werden würde. Selbst als er dann bei Atlético unterschrieb, glaubte ich noch nicht wirklich daran, dass er sich durchsetzen würde.

Das schrieben Sie im Jahr 2010 auch in der ZAMAN, wo Sie inzwischen als Kolumnist arbeiteten. Sie sagten, dass Sie nicht glaubten, dass er das Zeug zum internationalen Superstar habe. Was fehlte Arda damals vor allem noch?

Das habe ich ganz bewusst so geschrieben, und es ging mir vor allem um die Einstellung und die Konstanz. Und den Lebenswandel, den ich bei ihm noch gesehen habe. Meine Philosophie war es immer, junge Spieler zu fordern und dadurch ihre beste Leistung herauszukitzeln. Ich erinnere mich, dass ich auch deshalb einmal ein großes Problem mit Präsident Adnan Polat hatte, weil er Arda gleich seine Jacht zur Verfügung stellte, nur weil der mal ein paar gute Spiele gemacht hatte. Arda ist mir ja auch heute noch dankbar dafür, dass ich von Anfang an immer ehrlich mit ihm war. Vor Kurzem hat er mich und meine Frau zu einem Atlético-Spiel ins Stadion eingeladen, das war für mich eine tolle Bestätigung. Gleichzeitig bin ich glücklich darüber, dass ich mich geirrt habe und er es nun geschafft hat. Ihn dort in Spanien zu besuchen und zu sehen, welche Ausstrahlung er jetzt hat, das war unheimlich schön für mich.

47. GRUND

Weil Harry Kewell vom Sündenbock zum Zauberer wurde

Harry Kewell wollte nur noch weg aus England, er hatte genug von den Kontroversen, den Anschuldigungen, der Häme. Dabei hatte auf der Insel alles so gut für ihn angefangen.

Nachdem der Australier bereits mit 15 Jahren sein Heimatland verlassen hatte und in die Jugendabteilung von Leeds United gewechselt war, packte er dort bereits zwei Jahre später den Sprung in die Profimannschaft und sorgte als schneller, trickreicher Linksaußen für Furore. Das Interesse zahlreicher europäischer Spitzenvereine ließ nicht lange auf sich warten, Kewell entschied sich zur Saison 2003/04 für einen Wechsel zum FC Liverpool, dem er bereits als Kind die Daumen gedrückt hatte.

Dort wurde er aber aufgrund zahlreicher Verletzungen, Formlosigkeit und aufkommender Kritik nie glücklich. Der Tiefpunkt: Im Champions-League-Finale 2005 zwischen Liverpool und dem AC Mailand, das mit einem der größten Comebacks der Europapokalgeschichte endete, als die Reds nach einem 0:3-Rückstand noch im Elfmeterschießen gewannen, wurde Kewell bereits nach 21 Minuten verletzt ausgewechselt. Begleitet von Buh-Rufen der Liverpool-Fans, deren Geduld mit dem verletzungsanfälligen Star zu Ende war.

Im Sommer 2008 waren sich Verein und Spieler einig, dass eine Trennung das Beste für beide Seiten sein würde. Dass er sich am Ende unter vielen Interessenten für Galatasaray entschied, lag vor allem daran, dass die Vereinsvertreter ihm schnell deutlich machten, wie viel ihnen an seiner Verpflichtung lag. Während andere Vereine aufgrund seiner vielen Verletzungen an Kewells Gehalt sparen wollten, versicherte Gala ihm unter anderem, dass er seinen eigenen Physiotherapeuten Les Gelis mitbringen könne, der ihm seit seiner Liverpooler Zeit stets zur Seite gestanden hatte. »Sie haben mir von Anfang an gezeigt, dass sie an mich glaubten. Es gab andere Interessenten, aber sie waren sehr bemüht und behandelten mich wirklich zuvorkommend.«[66]

Und so begann das Abenteuer Istanbul.

Bereits nach seinem ersten Einsatz war abzusehen: Kewell und Gala, das passt. In seinem ersten Spiel, im türkischen Supercup gegen Kayserispor, erzielte Kewell nach seiner Einwechslung mit seinem ersten Ballkontakt per Kopf das 1:0, legte sieben Minuten später den zweiten Treffer von Shabani Nonda auf und war damit maßgeblich am 2:1-Sieg beteiligt.

Ein Auftakt nach Maß also, und danach wurde Kewell durch weitere starke Auftritte zum Leistungsträger und Publikumsliebling. Nachdem er in Liverpool in fünf Jahren nur 93 Ligaeinsätze und zwölf Tore verbuchen konnte, waren es nach zwei Spielzeiten bei Gala bereits 27 Treffer in 64 Einsätzen.

Durch sein freundliches, offenes Auftreten und vor allem durch seine professionelle Berufsauffassung, sammelte Kewell weitere Pluspunkte bei den Anhängern. Er konzentrierte sich völlig auf den Fußball und lebte mit seinem Physiotherapeuten gleich in der Nähe des Trainingsgeländes, um auch dann an seiner Fitness arbeiten zu können, wenn gerade keine Partie oder Trainingseinheit anstand. Als Gala im März 2009 für das Rückspiel im Achtelfinale der Europa League gegen den Hamburger SV (2:3) die Verteidiger ausgingen, lief Kewell ohne zu murren in der völlig ungewohnten Rolle als Innenverteidiger auf und machte einen bravourösen Job.

So viel Hingabe blieb nicht unbelohnt: Kewell bekam von Gala-Fans den Spitznamen »Büyücü Harry« (»Harry, der Zauberer«), und nach jedem seiner Treffer wurde im Ali-Sami-Yen der Disco-Klassiker *Daddy Cool* von Boney M. angespielt, den die Fans dann kollektiv mitsangen und aus dem »Daddy Cool« im Refrain ein lang gezogenes »Harry Kewell« machten.

Und als sich nach seiner zweiten Saison die Verhandlungen über eine Vertragsverlängerung hinzogen, wurde von den Anhängern eigens eine Webseite ins Leben gerufen, die eine Vertragsverlängerung Kewells zum Ziel hatte. Vom Sündenbock in Liverpool zum Fan-Liebling bei Gala – kein Wunder, dass sich Kewell am Bosporus so wohlfühlte.

Für einen Werbespot des Vereins fasste er seine Erfahrungen bei Gala so zusammen: »In meiner Karriere habe ich viele Rückschläge erlebt und wurde oft zurückgeworfen. ›Er ist am Ende‹, haben viele gesagt. ›Er wird nicht mehr aufstehen, er kann nicht mehr spielen‹. Bei Galatasaray wurde ich wiedergeboren. Hier habe ich Geborgenheit und Zufriedenheit gefunden. Und eins habe ich wirklich gelernt: Es ist eine Ehre, ein Teil von Galatasaray zu sein.«[67]

Nach drei Jahren kehrte Kewell schließlich in die Heimat zurück, wo er im Juli 2012 als bester australischer Fußballer aller Zeiten ausgezeichnet wurde. Nach der Saison 2013/14, die er in Diensten von Melbourne City FC absolvierte, beendete er schließlich seine Karriere.

48. GRUND

Weil Falko Götz seine schönste Zeit bei Gala erlebte

Wer sich mit Falko Götz unterhält, merkt schnell, wie viel ihm Galatasaray heute noch bedeutet. Götz war von 1992 bis 1994 bei Gala, und er bezeichnet die zwei Jahre als »die sportlich und privat schönste Zeit meines Lebens«.

Von Verein und Fans wird Götz ebenso positiv in Erinnerung behalten, denn als Gala ab 1992 zu alter Stärke wiederfand und mit zwei Meisterschaften in Folge den Grundstein für die sehr erfolgreichen 90er-Jahre legte, war Götz einer der Protagonisten und eines der Gesichter der Mannschaft.

Als er zu Gala kam, war Götz gestandener Bundesliga-Profi, der 1988 mit Bayer Leverkusen den UEFA-Cup gewonnen und danach mit dem 1. FC Köln jahrelang um die Meisterschaft gespielt hatte. Dass er dann den Schritt in die Türkei wagte, war Teil eines lange gehegten Plans. »Ich hatte schon immer vor, bis zu meinem 30. Lebensjahr in der Bundesliga zu spielen und dann eine Herausforderung im Ausland zu suchen«, erzählt er. »Als ich dann in diesem Alter war und das Angebot von Galatasaray kam, hat mich das sehr gefreut.«

Götz traf auf eine junge Mannschaft mit Talenten wie Hakan Şükür oder Tugay Kerimoğlu, und Bülent Korkmaz sagte noch Jahre später, dass er von Götz und dem zur gleichen Zeit aus Deutschland geholten Reinhard Stumpf am meisten gelernt habe. »Wir hatten junge türkische Top-Spieler damals«, erinnert sich Götz. »Sie waren sehr lernwillig und sind uns gefolgt. Sie haben gelernt, dass nicht nur gute Technik, sondern auch andere Sachen wie ein guter Kopfball dazugehören.«

Um die ihm zugedachte Führungsrolle bei Gala einnehmen zu können, begann Götz bereits vor seiner Ankunft in der Türkei gemeinsam mit seiner Ehefrau, im Privatunterricht die Landessprache zu lernen. In Istanbul behielt er das so lange bei, bis er sich mit seinen Mitspielern auf Türkisch unterhalten konnte. »Mir war ein guter Teamspirit immer sehr wichtig. Das bedeutet auch, dass ich in der Kabine verstehen möchte, über was meine Kollegen reden, und dass ich mich in ihrer Sprache mit ihnen unterhalten kann.«

Sportlich waren die zwei Jahre bei Gala ein voller Erfolg, Götz war einer der Anführer der Meisterelf aus der Saison 1992/93 und mit zwölf Treffern der zweitbeste Torschütze, obwohl er als Libero spielte. In früheren Jahren in der Bundesliga hatte Götz noch in der Offensive gespielt, und »Tore zu schießen blieb meine große Leidenschaft«, sagt er. Heute noch gilt er als einer der torgefährlichsten Abwehrspieler, die je in der Türkei gespielt haben.

Im zweiten Jahr konnte er mit Gala die Meisterschaft verteidigen und war in den unvergessenen Spielen gegen Manchester United mit von der Partie, als Gala den englischen Meister aus der Champions League warf. An die Stimmung vor dem entscheidenden

Rückspiel im Ali-Sami-Yen kann sich Götz noch genau erinnern: »Das Stadion war schon mittags voll, da jeder Angst hatte, keinen Platz mehr zu bekommen, die Fans haben gesungen und gefeiert ohne Ende, es war einfach klasse. Die Mannschaft und die Fans waren in den zwei Jahren, in denen ich dort war, eine komplette Einheit. Da hat sich etwas Tolles entwickelt.«

Auch privat fühlte er sich in den zwei Jahren in Istanbul sehr wohl: »Man merkte einfach, dass diese Stadt unheimlich lebt und pulsiert, und dass die Lebensqualität dort sehr groß ist. Wir hatten tolle Nachbarn, sind sehr viel draußen gewesen und haben viel unternommen, waren abends oft essen in schönen Restaurants. Wir haben oft Freunde aus Deutschland eingeladen, um ihnen die wundervolle Stadt zu zeigen.«

Sein Vertrag lief im Sommer 1994 aus, und die Verantwortlichen setzten alles daran, den bei Fans und Mitspielern beliebten Deutschen langfristig zu binden, doch nach einem traumatischen Erlebnis entschloss dieser sich zur Rückkehr nach Deutschland.

Zur damaligen Zeit kam es in der Türkei wiederholt zu Terroranschlägen, so auch am 2. April in Istanbul, als im weltberühmten Großen Basar eine Bombe explodierte und zwei Touristen in den Tod gerissen wurden. Götz war mit seiner Frau am Ort des Geschehens und bekam die Tragödie aus nächster Nähe mit, der Schock saß tief. »Wir fühlten uns danach nicht mehr sicher«, erzählt Götz. »Ich weiß, dass viele das nicht verstanden und enttäuscht waren, als ich ging. Mir ging es als Spieler nie ums Geld, sondern darum, dass ich Spaß hatte, und der war dann leider dadurch nicht mehr gegeben, dass sich meine Familie aufgrund der Vorkommnisse nicht mehr sicher fühlte.«

So ging die Zeit im Gala-Trikot nach zwei Jahren zu Ende, doch die Verbindung blieb. Mit früheren Mitspielern hat Götz nach wie vor Kontakt, zudem wird er vom Verein »zu so ziemlich jeder Feierlichkeit« eingeladen. »Und wenn ich Zeit habe, fliege ich auch immer sehr gerne hin.«

Seit 2001 arbeitet Götz als Trainer und ist derzeit in der 2. Bundesliga bei Erzgebirge Aue. Die Frage, ob er sich vorstellen könne, in der Türkei als Trainer zu arbeiten, bejaht Götz, aber mit einer Einschränkung: »Für einen anderen türkischen Klub als Galatasaray zu arbeiten, wäre schwierig für mich. Denn ich habe eine sehr, sehr starke Identifikation mit diesem Verein.«

49. GRUND

Weil Ribéry viel mehr als ein Mitbringsel war

Kennen Sie das: Wenn man zufällig auf ein junges, vielversprechendes Talent stößt, dessen weiteren Werdegang aus Neugier eng verfolgt, und dann, wenn das Talent es ganz nach oben geschafft hat, bejubelt und berühmt wird, einen Moment der Genugtuung verspürt, da die anfängliche Intuition, es mit etwas Besonderem zu tun haben, nicht getäuscht hat? Das kann bei einer Band der Fall sein, auf deren Konzerten man Stammgast war, bevor die Öffentlichkeit von ihr Notiz nahm, bei jungen Schauspielern, die einem in der ersten, unbeachteten Nebenrolle gleich auffielen, oder eben bei einem Fußballer, der plötzlich bei dem Verein landete, den man unterstützt.

So wie bei Franck Ribéry, der am 31. Januar 2005 bei Galatasaray unterschrieb. Es war der letzte Tag im Transferfenster der Winterpause, Ribéry war damals 21 Jahre alt und wurde mit Kaufoption vom französischen Erstligisten FC Metz ausgeliehen.

Der Neuzugang war in der Türkei ein völlig unbeschriebenes Blatt. Ein halbes Jahr vor seiner Unterschrift bei Gala kickte er noch in der dritten Liga in Frankreich, außerdem war er U-21-Nationalspieler, mehr wusste niemand. Besonders Neugierige konnten dann zwar in der *Milliyet* nachlesen, dass der Neue in der »Star-Tabelle der französischen Liga Platz 65 belegt«, waren damit aber eigentlich genauso schlau wie vorher.[68]

Sogar Spott musste Gala nach dem Transfer über sich ergehen lassen. Im Vergleich zu seinem Landsmann Nicolas Anelka, den der Erzrivale Fenerbahçe eine Woche vorher für 15 Millionen Euro von Manchester City geholt hatte, wurde Ribéry von manchen Beobachtern als Alibi-Transfer gesehen, der nur die Fans ruhig stellen sollte. Feners Vorstandsmitglied Ömer Çavuşoğlu machte sich live im Fernsehen über die Verpflichtung lustig und bezeichnete Ribéry gar als »Anelkas Mitbringsel«.

Doch schon nach Ribérys ersten Auftritten hörten die Witzchen auf. Denn jeder, der den neuen Franzosen in Aktion sah, wusste sofort, dass man es mit einem Ausnahmetalent zu tun hatte. Er war einer der Spieler, bei denen man nach ein, zwei Aktionen wusste, dass er für Höheres bestimmt war. Und so verlagerte sich das Spiel Galas in der Rückrunde überwiegend auf den rechten Flügel, wo Ribéry mit seinem blitzschnellen Antritt und seiner trickreichen Spielweise die Verteidiger der Süper Lig beinahe nach Belieben stehen ließ. Sie doppelten den 1,70 Meter großen Franzosen oder stürzten sich gleich mit drei Mann auf ihn, blieben aber meistens ohne Erfolg.

Seit Gheorghe Hagi, der bei Gala sein Trainer war, hatte kein Spieler mehr für so viel Begeisterung im Ali-Sami-Yen-Stadion gesorgt wie Ribéry. Von den Fans bekam er den Spitznamen »Ferraribéry«, und nach einer überragenden Leistung im Derby gegen Beşiktaş schickte Gala-Funktionär Fatih Gökşen freundliche Grüße zurück in das Fener-Lager: »Ich wünschte, jeder könnte sich über solche Mitbringsel wie Ribéry freuen. Er ist der beste Transfer der Türkei.«[69]

Passenderweise erfolgte das Highlight von Ribérys Zeit bei Gala dann auch im direkten Duell gegen den Erzrivalen, denn im Pokalfinale trafen Gala und Fener im Atatürk-Olympiastadion aufeinander. Die Partie war für den Verein ungemein wichtig, denn Fener führte damals die Tabelle mit vier Punkten Vorsprung vor Gala an und war auf dem besten Wege zur Meisterschaft. Sollte Gala auch noch den Pokal im direkten Duell an den ewigen Feind verlieren, und das noch im hundertsten Jahr der Vereinsgeschichte, hätte das eine absolute Katastrophe für Verein und Fans bedeutet.

Ribéry hatte einen maßgeblichen Anteil daran, dass es nicht so kam. Bis zum Pokalfinale noch ohne Treffer für Gala, sprintete er bei einem Konter bis an den gegnerischen Strafraum, wurde von Necati Ateş bedient und traf mit einem satten Linksschuss zum 1:0. Zehn Minuten später bereitete er das 2:0 durch Necati vor, legte damit den Grundstein für den 5:1-Sieg und konnte sich am Ende über den ersten Titel seiner Laufbahn freuen.

Spätestens jetzt hatte Ribéry die Herzen der Fans erobert, in wenigen Monaten war er vom unbekannten Neuzugang zum Star der Gala-Elf geworden. Die gemeinsame Zukunft sah vermeintlich vielversprechend aus.

50. GRUND

Weil Ribéry leider schnell wieder weg war

Genauso plötzlich, wie die Geschichte von Ribéry und Gala angefangen hatte, war sie leider auch schon wieder vorbei. Denn kurz nach Ende der Saison 2004/05, die Gala auf dem dritten Platz beendete, unterschrieb Ribéry einen Vierjahresvertrag bei Olympique Marseille und kehrte zurück nach Frankreich. Die Öffentlichkeit und die Vereinsführung waren vom plötzlichen Abschied völlig überrascht, denn Gala hatte bereits im März die Kaufoption gezogen und Ribéry für drei weitere Jahre von Metz verpflichtet.

Es kam zu einer Schlammschlacht zwischen Spieler und Verein und einem jahrelangen juristischen Hickhack. Ribéry begründete seinen Wechsel damit, dass Gala ihm monatelang kein Gehalt gezahlt habe und er deswegen einseitig den Vertrag aufgelöst habe, was von Vereinsseite bestritten wurde. Der ablösefreie Verlust des

Publikumslieblings wog für den finanziell angeschlagenen Verein umso schwerer, da sein neuer Arbeitgeber Marseille einige Wochen vorher bei Gala bereits wegen Ribéry angefragt und sieben Millionen Euro geboten hatte. Die Streitigkeit zog sich über zwei Jahre und ging bis vor den Internationalen Sportgerichtshof (CAS), der im April 2007 schließlich dem Spieler recht gab.

Und so blieben nach nur vier aufregenden Monaten die Gala-Fans mit bitterem Geschmack im Mund zurück, enttäuscht über den unerwarteten Abgang des Publikumslieblings und verärgert über die Vereinsführung, die das Juwel hatte gehen lassen müssen, noch dazu ohne Gegenwert.

Der Rest von Ribérys Geschichte ist bekannt: starke Leistungen in Marseille, erste internationale Aufmerksamkeit durch gute Auftritte bei der Weltmeisterschaft 2006 in Deutschland, 2007 dann der Transfer zum FC Bayern mit anschließendem Aufstieg zur Weltkarriere, die in der Ernennung zu Europas Fußballer des Jahres 2013 gipfelte.

Gala-Fans bleiben da nur die schönen Erinnerungen an ihren »Ferraribéry«, den sie damals in ihr Herz schlossen, als ihn noch die wenigsten kannten; daran, wie er die Abwehrreihen durcheinanderwirbelte und dem Erzrivalen die Verspottungen heimzahlte.

Und der Trost, beim Beginn von etwas ganz Besonderem dabei gewesen zu sein.

51. GRUND

Weil Mário Jardel eine Tormaschine war

Einen besseren Einstand hätte sich Mário Jardel bei Galatasaray wohl nicht erträumen können, als er am 25. August 2000 im ersten Pflichtspiel mit seinem neuen Verein im Europäischen Supercup auflief: Erstes Spiel für Gala, Doppelpack gegen Real Madrid, das zweite davon als entscheidendes Golden Goal – Vereinsheld auf Lebenszeit.

Damit zeigte der Neuzugang gleich im ersten Spiel, dass er den Erwartungen gewachsen war. Die waren in der Türkei gleich nach seiner Ankunft sehr hoch, denn der groß gewachsene Stürmer war für die damalige Rekordsumme von rund 17 Millionen Euro vom FC Porto geholt worden, mit der Empfehlung von zwei vergangenen Spielzeiten, in denen kein Spieler in Europa mehr Tore geschossen hatte als er (in der Saison 1998/99 erzielte er 36 Tore, ein Jahr später 38).

Der Mann mit eingebauter Torgarantie sollte Gala nach dem UEFA-Cup-Erfolg auf das nächste Level heben und den zu Inter Mailand abgewanderten Hakan Şükür ersetzen. Und auch bei Gala erzielte Jardel Tore am laufenden Band.

Der 1,88 Meter große Brasilianer war der ganz klassische Stürmertyp: kantig, kräftig, nicht gerade lauffreudig, ungemein kopfballstark, meistens im Strafraum lauernd, mit dem richtigen Torriecher. Für den FC Porto hatte er in früheren Jahren in einer Partie einst sieben Tore in einer Halbzeit erzielt, bei seinem ersten Auftritt im Ali-Sami-Yen-Stadion netzte er beim 7:0 gegen Erzurumspor ganz locker fünfmal ein.

So ging das weiter, Jardel traf und traf, auch wenn er von Kritikern immer wieder als Stehgeiger bezeichnet wurde. »So etwas habe ich in meinem Leben noch nicht gesehen«, sagte Kadri Sancak von Siirtspor, nachdem sein Gegenspieler Jardel die Partie mit einem Doppelpack entschieden hatte. »Der Mann steht die ganze Zeit rum, hat keine Aktionen und macht trotzdem zwei Tore.«[70]

Nach 17 Ligaspielen hatte Jardel bereits 17 Tore auf dem Konto, am Ende waren es bei insgesamt 43 Einsätzen für Gala 34 Treffer. Auch in der Champions League traf er nach Belieben und war mit neun Treffern im Wettbewerb maßgeblich daran beteiligt, dass Gala das Viertelfinale erreichte.

Nur leider war die Zeit von »Super Mario«, wie Jardel von den Gala-Fans gerufen wurde, viel zu schnell beendet. Denn obwohl Jardels Statistiken für ihn sprachen, galt er als schwieriger Charakter, dem ein zerrüttetes Verhältnis zu seinen Mitspielern nachgesagt wurde. Rückblickend hatte sich der Verein zudem mit dem Transfer Jardels übernommen, denn nachdem die Türkei im Februar 2001 von einer schweren Finanzkrise getroffen worden war, kam man kaum mit dem Gehalt des Spitzenverdieners hinterher. Hinzu kam Jardels in Istanbul unzufriedene Ehefrau, die eine Rückkehr nach Portugal befürwortete.

So war man sich am Ende der Saison darüber einig, die Wege zu trennen. Nach monatelangen Verhandlungen mit verschiedenen europäischen Vereinen einigte man sich schließlich mit Sporting Lissabon. Für den im Vorjahr für 17 Millionen Euro geholten Jardel bekam Gala sechs Millionen Euro plus drei Spieler.

Im Rückblick der wohl schlechteste Deal der Vereinsgeschichte: Denn während Jardel im darauffolgenden Jahr Lissabon zum Double schoss und mit 42 Saisontreffern erneut bester Torschütze Europas wurde, kam das für ihn gekommene Trio Mbo Mpenza, Robert Špehar und Pavel Horváth zusammen auf ganze vier Einsätze für Gala.

Doch auch für Jardel lief es nach seinem ersten Jahr in Lissabon nicht mehr ganz erfolgreich, mit den Jahren wurden die Stationen immer mehr und die Tore immer weniger, bevor er 2011 die Schuhe schließlich an den Nagel hängte.

Er fühlt sich Galatasaray nach eigener Aussage heute noch verbunden. Als er in der spanischen Presse zum erneuten Aufeinandertreffen zwischen Gala und Real in der Champions League 2013 befragt wurde, sagte er: »Ich kenne Cristiano Ronaldo, seit er 17 war. Mourinho ist ein großer Trainer. Aber ich bin für Galatasaray.«[71] Der Gewinn des Supercups mit Gala war für ihn »der schönste Tag meines Lebens«.[72]

Die Schuhe, mit denen Jardel den Doppelpack gegen Real erzielte, stehen heute im Vereinsmuseum.

KAPITEL 8

DIE GESCHICHTEN (I)

ACTION UND ABENTEUER IN ISTANBUL

52. GRUND

Weil Hayrettin immer für einen Patzer gut war

»Yapma Hayrettin!« (etwa: »Bitte nicht, Hayrettin!«), dieser Ausruf von verzweifelten TV-Kommentatoren ist noch heute ein geflügeltes Wort in der Türkei.

Er war immer dann zu hören, wenn Torwart Hayrettin Demirbaş, der von 1986 bis 1996 bei Gala war, sich mal wieder einen vermeidbaren Treffer eingehandelt hatte.

»Hayro« war sicher kein schlechter Torhüter, rückblickend ist er aber eher für seine zahlreichen Aussetzer bekannt und steht für eine Periode Anfang bis Mitte der 90er-Jahre, in denen die Torhüterposition das große Problem bei Gala war.

Nachdem der langjährige Stammtorhüter Zoran Simović 1990 nach sechs Jahren bei Gala seine Karriere beendet hatte, begannen die Jahre der Inkonstanz im Kasten. Hayrettin war der Nachfolger von Simović und hütete mit Unterbrechungen bis Ende 1996 das Tor der Löwen, war aber aufgrund seiner Unzuverlässigkeit keinesfalls unangefochten.

Und so verpflichtete Gala jahrelang immer wieder neue Torhüter, um Hayrettin abzulösen und Stabilität in die so wichtige Position zu bringen, hatte aber wenig Erfolg. Keiner der verpflichteten Namen erwies sich als eine zufriedenstellende Lösung und jeder war schnell wieder weg. Der 1994 geholte Litauer Gintaras Staučė blieb nur ein Jahr, ebenso der US-Amerikaner Brad Friedel, der auf Staučė folgte.

Wie verzweifelt die Lage war, zeigt ein Blick auf die Statistiken der Saison 1996/97. Mit Hayrettin, Volkan Kilimci, Mehmet Duymazer und dem Deutschen Pierre Esser kamen über die Spielzeit verteilt ganze vier Keeper zum Einsatz, keiner brachte es auf mehr als 14 Spiele.

Da es die anderen nicht viel besser machten, stand über die Jahre also immer wieder Hayrettin bei Gala im Tor – und sorgte weiter munter für einige »Yapma Hayrettin!«-Momente. So gibt es eine schöne Momentaufnahme, die so aussieht, als hätte er den Kopf eines Gala-Abwehrspielers mit dem Ball verwechselt. Auf dem Bild ist nämlich zu sehen, wie Hayrettin von hinten den Kopf seines Mitspielers fest mit beiden Händen packt und diesem die Augen verschließt, während sich der echte Ball vor der Brust des Spielers befindet.

Auch in der türkischen Nationalmannschaft hütete Hayrettin das Tor und kam auf 18 Einsätze. In Spielen gegen die eher als Fußballzwerge bekannten Nationen Faröer Inseln und San Marino kassierte er jeweils ein Tor, und in der Türkei wird ihm nachgesagt, dass er der einzige Torhüter ist, dem dieses Kunststück gelang.

Den Tiefpunkt erreichte er in seinem letzten halben Jahr bei Gala in der Saison 1996/97. Im Achtelfinale des Europapokals der Pokalsieger führte Gala im Achtelfinale gegen Paris Saint-Germain zu Hause mit 2:0, doch Paris glich durch zwei klassische Hayrettin-Patzer wieder aus. Gala gewann zwar noch mit 4:2, doch spätestens als man nach einem 0:4 im Rückspiel die Segel streichen musste, war Hayrettin der Buhmann. Nachdem Gala dann noch im türkischen Pokal im Elfmeterschießen gegen Gençlerbirliği ausgeschieden war und Hayrettin von 17 Elfern keinen einzigen halten konnte, entschied er sich für einen Wechsel und verließ Gala in der Winterpause in Richtung Zeytinburnuspor.

Hayrettin ist heute Kult und bleibt nicht nur bei Gala-Fans unvergessen. Nicht zuletzt durch zahlreiche Mythen, Geschichten und Anekdoten, die sich um ihn ranken – auch wenn nicht immer klar ist, ob sie tatsächlich so stattgefunden haben.

So sind von einem Spiel der Nationalmannschaft folgende Worte eines türkischen Kommentators in den Anfangsminuten überliefert: »Mit der Eins im Tor ist Hayrettin, mit der Zwei spielt Recep, Semih trägt die Drei, die Vier … (Die Türkei kassiert derweil bereits ein Tor) Yapma Hayrettin, ich bin noch nicht mal der Aufstellung durch!«

53. GRUND

Weil man sich nicht von Transferflops beirren lässt

Im türkischen Fußball gehören mehr oder weniger namhafte Transfers aus dem Ausland zum guten Ton. Die Fans sind seit jeher besessen von internationalen Spielern, und steht ein Neuzugang mit exotisch klingendem Namen fest, wird ihm grundsätzlich erst einmal unterstellt, der neue Heilsbringer zu sein.

Der nächste Schritt ist dann der Empfang am Flughafen, wo sich je nach Wow-Faktor des Transfers Dutzende, Hunderte oder Tausende Anhänger versammeln, um dem neuen Helden einen gebührend fanatischen Empfang zu bereiten. Unvergessen beispielsweise, wie 3.000 Ankaragücü-Fans im Sommer 2009 den englischen Profi Darius Vassell singend, tanzend und Bengalos-zündend empfingen und dieser dann von einem hupenden Konvoi aus 50 Bussen und 250 Autos durch die Stadt begleitet wurde. Dass Vassell nach 22 Spielen und vier Toren schon wieder weg war? Kleiner Betriebsunfall, der Nächste macht es bestimmt besser.

Auch bei Gala wird in so gut wie jeder Sommer- oder Winterpause der weltweite Transfermarkt sondiert, um den Fans einen Leckerbissen zu servieren. Das ging oft genug gut, manchmal aber auch kräftig schief. Denn für jeden Kracher wie Gheorghe Hagi, Faryd Mondragón oder Milan Baroš gab es in der Vergangenheit auch mehrere Megaflops, die nach kurzem, erfolglosem Engagement wieder das Weite suchten.

Eine komplette Auflistung würde den Rahmen sprengen, deshalb sind hier einige repräsentative Fehlgriffe aus der Gala-Vergangenheit:

Haim Revivo. Wurde 2003 unter großem Tamtam und viel Aufsehen verpflichtet, da der Spielmacher direkt vom Erzrivalen Fenerbahçe kam. Noch mehr Aufsehen gab es, als Revivo in seinem ersten Spiel im Gala-Trikot Bursaspor mit einem lupenreinen Hattrick abschoss. Danach gab es leider kein Aufsehen mehr und nach zwölf Einsätzen trennten sich die Wege mit dem Israeli wieder.

Giovani dos Santos. Kam aus der Jugendschmiede des FC Barcelona und hatte dort sehr früh mit guten Auftritten auf sich aufmerksam gemacht. Dazu noch wendig und trickreich – genug für Gala-Fans, um sich bei der Leihe Anfang 2010 auf den nächsten Leo Messi zu freuen, zumal Dos Santos bei Gala auf seinen früheren Trainer Frank Rijkaard traf. Konnte dann aber leider nie sein Spiel auf die körperbetonte Gangart in der türkischen Liga umstellen und musste deshalb nach nur sechs Monaten seine Koffer wieder packen.

Jô Alves. Kam zur gleichen Zeit wie Dos Santos, doch während der sich mit Einsatzwillen und Hingabe bei den Fans durchaus Sympathien erspielte, wurde Jô bereits nach zwei Monaten bei einer Einwechslung vom kompletten Ali-Sami-Yen-Stadion ausgebuht. Der von Manchester City ausgeliehene Stürmer ging seinen Aufenthalt in Istanbul nämlich ähnlich lässig an wie ein frischgebackener Abiturient auf einem Lloret-Trip und fand vor allem durch sein ausschweifendes Nachtleben den Weg in die Schlagzeilen. Seine Bilanz bei Gala: 15 Spiele, drei Tore, zwei Vorladungen bei der Polizei nach Ruhestörung durch nächtliche Partys.

Sergio Almaguer. Warum nicht mal was Neues wagen? Dachte sich Gala, und dachte sich Sergio Almaguer. Also fand man 2003 zueinander. Der Transfer schien ungewöhnlich, denn der Mexikaner hatte seine ganze vorherige Karriere in seinem Heimatland verbracht, bevor er mit 34 Jahren den Sprung nach Europa und zu Gala wagte. Der Mut zum Risiko beider Seiten wurde leider nicht belohnt, und nach nur vier Einsätzen für Almaguer war man um die Erkenntnis reicher, dass nicht jeder Neuanfang ein guter ist.

Die Liste lässt sich endlos weiterführen, im Laufe der Jahre hat sich eine hübsche und exotische Anzahl an Namen angesammelt, die leider hinter den Erwartungen der Gala-Fans zurückblieben:

Marek Heinz, Junichi Inamoto, Christian Corrêa Dionisio, Ali Lukunku, Mbo Mpenza, Marcelo Carrusca, Frank de Boer, Barry

Venison, Elano, Adrian Knup, und ein gewisser Klodian Duro (?) – wie man sieht, da war wirklich alles dabei.

54. GRUND

Weil Abramczik der erste deutsche Spieler in der Türkei war

Als Gala im Sommer 1984 Rüdiger Abramczik vom 1. FC Nürnberg verpflichtete, wurde der Stürmer damit zum ersten deutschen Spieler überhaupt, der in die Türkei wechselte.

Den Kontakt hatte Erdal Keser hergestellt, der zur gleichen Zeit zu Gala ging und den Abramczik aus drei gemeinsamen Jahren in Dortmund kannte, wohin die Schalker Legende 1980 aufgrund von finanziellen Problemen der Königsblauen verkauft worden war.

»Abi« konnte sich zunächst zwar unter Galatasaray und türkischem Fußball nicht viel vorstellen, war aber in Nürnberg unglücklich, also beschloss er, zu Verhandlungen nach Istanbul zu reisen. Dort angekommen, war er zuerst vor allem von Istanbul beeindruckt: »Die Stadt hat mich von Anfang an unheimlich fasziniert, das konnte man mit unserem Gelsenkirchen oder Dortmund gar nicht vergleichen«, erzählt er. Und auch nach den ersten Gesprächen mit Gala hatte er ein gutes Gefühl. »Das waren alles sehr korrekte Leute, mit denen man sich gut unterhalten konnte und die klare Ziele hatten.«

So habe er sich noch am selben Tag dann gesagt: »Das ist eine neue Herausforderung, das würde ich gerne machen.« Also unterschrieb Abramczik einen Zweijahresvertrag und wurde Gala-Spieler.

Damals war es für ihn ein Sprung ins Unbekannte, bereut hat er es aber nie. »Mir gefiel der Verein, die Stadt, die Menschen, und ich war ganz glücklich dort. Auch meine Frau und meine Kinder haben sich sehr wohlgefühlt.« Die ersten drei Monate verbrachten die Abramcziks im Hotel, bevor es in eine Wohnung im Zentrum Istanbuls ging, gleich am weltberühmten Taksim-Platz.

Bei Gala traf Abramczik auf den deutschen Trainer Jupp Derwall, der zur gleichen Zeit geholt wurde wie er, und neben Erdal Keser spielte er unter anderem gemeinsam mit Gala-Legende Fatih Terim in einer Mannschaft, dazu lernte er Burak Dilmen kennen, der in Abramcziks späterer Trainerkarriere bei drei verschiedenen Stationen sein Co-Trainer wurde.

Gemeinsam mit dem ebenfalls neu gekommenen Torwart Zoran Simović war Abramczik in der Saison 1984/85 der einzige Ausländer im Team. Der Gelsenkirchener verpasste während der Saison fast kein Spiel, kam auf 44 Einsätze, erzielte elf Tore und gewann am Saisonende mit Gala den türkischen Pokal. Nach der Saison zog es ihn dann aus familiären Gründen zurück nach Deutschland. »Ich wäre sehr gerne ein weiteres Jahr geblieben«, erinnert er sich. »Aber da unsere Tochter ins Schulalter kam, sind wir nach langem Überlegen zurückgegangen, damit sie auf eine deutsche Schule gehen konnte.«

Auf die Unterschiede zwischen der Bundesliga und dem Fußball in der Türkei angesprochen, fällt Abramczik vor allem das Derby zwischen Gala und Fenerbahçe ein. Als langjähriger Schalker, der danach auch in Dortmund spielte, war er in Sachen Derby-Rivalität einiges gewohnt, doch die Feindschaft im Istanbul-Derby, »die war noch mal um einiges intensiver. In Deutschland spielen sich die Rivalitäten eher unter den Fans ab«, sagt er. »Bei Galatasaray gegen Fenerbahçe gab es aber auch bei den Spielern einen regelrechten Hass gegen die Spieler der anderen Mannschaft, und dafür umso mehr Liebe für den eigenen Verein.«

Seine Zeit bei Gala behält Abramczik in guter Erinnerung: »Ich habe mich immer sehr wohlgefühlt bei Galatasaray und werde auch heute noch hin und wieder zu Feierlichkeiten eingeladen. Und wenn ich nach Istanbul fliege und mich mit alten Bekannten wie unseren damaligen Präsidenten Faruk Süren oder Alp Yalman unterhalten kann, ist das immer eine schöne Sache.«

Neben Gala verfolgt er heute noch einen weiteren türkischen Verein sehr intensiv, nämlich Antalyaspor, wo Abramczik in der Saison 1999/00 seine erste Trainerstation hatte. Er hatte mit der jungen Mannschaft Erfolg und führte sie bis ins Pokalfinale, nur um zwei Tage vor der Partie nach Unstimmigkeiten mit dem Vorstand entlassen zu werden. Der Gegner im Finale damals: sein Ex-Verein Galatasaray, mit seinem früheren Mitspieler Fatih Terim als Trainer. Eine Sache, die ihn noch heute nicht ganz loslässt: »Ich bin noch heute davon überzeugt, dass wir das Spiel gewonnen hätten.«

55. GRUND

Weil man einen Hagi nicht verärgern sollte

Wurde hier eigentlich schon erwähnt, dass Gheorghe Hagi einfach der Beste war? Kurz mal nachgeschaut, komme ich nach meiner Rechnung auf über 20 Mal.

Das ist natürlich viel zu wenig, also kommt hier noch eine Hagi-Story: Es war das Achtelfinale des türkischen Pokals in der Saison 1999/00, Gala empfing im Ali-Sami-Yen-Stadion den Liga-Konkurrenten Samsunspor, und Gheorghe Hagi saß nur auf der Bank und wurde von Fatih Terim geschont.

Von der Bank aus sah Hagi dann dabei zu, wie alles gegen Gala lief. Bereits nach 13 Minuten lagen die Hausherren mit 0:1 zurück, Ilhan Mansız brachte Samsun nach einem Konter in Führung. Gala fand trotz Überlegenheit gegen die diszipliniert verteidigenden Gäste kein Mittel, obwohl diese nach einer Roten Karte nach 30 Minuten dezimiert waren.

Gleich nach der Halbzeit folgte noch eine Rote Karte für Samsuns Ali Akdeniz, Gala spielte nun also gegen neun Mann. Und kurz darauf kam die große Chance zum Ausgleich, als Gheorghe Popescu zu einem Foulelfmeter antrat. Hagis Landsmann, der Monate später den entscheidenden Elfer zum UEFA-Pokalsieg schießen würde, scheiterte hier aber an Torwart Göksel Gencer. Galas Schicksal schien nun endgültig besiegelt zu sein.

Der langjährige Samsun-Torwart Göksel bejubelte seine Parade ausgelassen und zog sich damit den Unmut Hagis auf sich, der in der Zwischenzeit von Terim zum Warmmachen geschickt worden war und sich deshalb gerade hinter dem Tor befand. Dort bekam er die ausgelassene Freude des gegnerischen Torwarts aus nächster Nähe mit – und war nicht erfreut.

Der damalige Gala-Stürmer Arif Erdem erzählte später, dass er vor dem folgenden Eckball gleich neben Göksel stand und mitbekam, wie Hagi diesem zurief: »Hey Torwart! Hör auf, so blöd zu grinsen, gleich werde ich ins Spiel kommen und dann mach ich ein Tor gegen dich!«[73]

Fünf Minuten später wurde Hagi eingewechselt.

Dann die 68. Minute: Hagi hat den Ball noch nicht berührt und steht 30 Meter schräg vom gegnerischen Tor entfernt, als er von rechts einen kurzen Pass bekommt. Er legt ihn sich mit der Ballannahme bereits in Richtung Gehäuse vor, schaut schnell hoch, holt dann aus und jagt die Kugel beinahe aus dem Stand am verdutzten Göksel vorbei ins lange Eck zum 1:1-Ausgleich.

Kurz darauf erzielte der Brasilianer Capone den 2:1-Siegtreffer für Gala, der spätere Pokalsieger stand damit im Viertelfinale. Zu verdanken hatte er es wieder einmal dem großen Zehner, der den Unterschied ausmachte.

Er war einfach der Beste.

56. GRUND

Weil Kalli sagt, was Sache ist (III)

Ein Gespräch mit dem früheren Gala-Trainer Karl-Heinz Feldkamp – über das Leben in der Türkei, Fan-Liebe, und Helmut Kohl.

Herr Feldkamp, um Sie herrschte schon kurz nach Ihrer Ankunft in Istanbul 1992 ein regelrechter Personenkult, die Fans himmelten Sie an und gaben Ihnen den Spitznamen »Beyaz Tilki« (»Weißer Fuchs«). Der SPIEGEL schrieb damals: »Die Bewunderung für Karl-Heinz Feldkamp ist so groß, daß kleine Gesten ausreichen, um die Fans in Verzückung zu versetzen«. Wie fühlte sich diese Bewunderung für Sie an?

Es ist klar, wenn du den Erfolg hast, bist du bei den Fans natürlich total beliebt, aber ich wusste das auch immer einzuordnen. Ich wusste, dass ich mir in erfolgreichen Zeiten von meinem Vorstand ein Boot wünschen konnte, aber sobald der Erfolg weg gewesen wäre, hätte ich durch den Bosporus schwimmen müssen. Trotzdem war diese Zuneigung, die wir dort von den Menschen erfuhren, für mich und meine Familie das Allerschönste. Wenn ich abends durch die Straßen ging, sind viele Menschen zu mir gekommen und haben gesagt: »Es ist sehr schön, dass du hier bei uns bist«, und das waren nicht nur Galatasaray-Fans. Das war für mich das größte Kompliment und hat mir sehr gutgetan. Ich denke, dass die Leute gespürt haben, dass ich die Türkei, als Land und von der Kultur her, von Anfang an mochte und heute noch sehr mag.

Viele Menschen, die in die Türkei kommen, sind überrascht, wie wenig die Türken den gängigen Klischees im Ausland entsprechen. Auch Ihr damaliger Spieler Falko Götz erzählte mir, dass das Bild von Türken in Deutschland viel zu negativ sei und er in Istanbul seine schönste Zeit erlebt habe. Ging es Ihnen ähnlich?

Türken sind von Natur aus gastfreundlich, das ist der Unterschied zu anderen Kulturen. Andere Mentalitäten, auch wir Deutsche, müssen uns zwingen, zu Fremden freundlich zu sein. Der

Türke bietet als Mensch sehr viel an und er erwartet von seinem Gegenüber, dass man das honoriert und auch etwas zurückgibt. Und genau das war auch meine Einstellung, dieses Geben und Nehmen im Zusammenleben. Ich bin nicht einfach nur da gewesen, sondern habe mich für das Land Türkei interessiert. Wir waren als Familie nicht nur auf Fußball ausgerichtet, sondern haben viele kulturelle Dinge in Istanbul aufgenommen und uns sehr wohlgefühlt. Auch die Probleme des Landes waren uns nicht egal.

Als es zur damaligen Zeit in Deutschland zu den Brandanschlägen in Mölln und Solingen von Rechtsradikalen auf türkische Familien kam, nahmen Sie öffentlich die deutsche Politik mit in die Verantwortung und sagten der BILD-Zeitung: »Ich schäme mich, ein Deutscher zu sein.« Sie und Ihre Frau sollen sogar überlegt haben, die türkische Staatsbürgerschaft anzunehmen.

Ich war gut informiert über alles, was so vor sich ging, und ich war nicht bereit, das einfach so hinzunehmen. Danach habe ich ja auch die große Verärgerung von Bundeskanzler Helmut Kohl zu spüren bekommen. Den kannte ich privat aus meiner Zeit in Kaiserslautern, da wir uns damals in der Meistersaison kurz vor einem entscheidenden Spiel in Köln sehr lange privat unterhalten hatten. Meine kritischen Äußerungen über Deutschland haben ihn aber so geärgert, dass ich nicht zum Empfangsfrühstück eingeladen wurde, als er in der Türkei zu Besuch war. Erst bei einem späteren Staatsempfang musste er mir dann doch die Hand schütteln.

57. GRUND

Weil Metin Oktay ein Loch ins Tor schoss

Am 10. Januar 1959 traf Gala im ausverkauften Inönü-Stadion auf Fenerbahçe, und wie immer ging es hoch her. Die Partie trug noch mehr Brisanz als in den Jahren zuvor, da es die erste Saison in der neu gegründeten türkischen Profiliga war und die zwei Erzrivalen in zwei entscheidenden Finalspielen den Meister unter sich ausmachen sollten.

Dementsprechend angespannt war die Stimmung, und schon in der Anfangsphase eskalierte das Ganze.

Nach einem Luftkampf zwischen Galas Superstar Metin Oktay und Fener-Torwart Özcan Arkoç kam dieser bei der Landung unglücklich auf und krümmte sich vor Schmerzen auf dem Boden. Seine Mitspieler dachten, Metin hätte ihrem Torhüter einen Tritt verpasst, eilten herbei und stellten ihn deshalb zur Rede. Es kam zur Rudelbildung zwischen beiden Teams, bei der Metin vom Fener-Spieler Avni Kalkavan einen Tritt verpasst bekam und sich umgehend mit einem Faustschlag revanchierte.

Nun kam es kurzzeitig zu regelrechten Tumulten auf dem Platz: Der Schiedsrichter forderte Metin auf, den Platz zu verlassen, dessen Mitspieler protestierten vehement, von den Rängen hagelte es Pfiffe und Beschimpfungen für Galas Star, während dieser aus Enttäuschung über seinen Aussetzer in Tränen ausbrach.

Das Pfeifkonzert des Publikums wurde immer lauter, bis Metin auf dem Weg zur Kabine vor der Haupttribüne schließlich haltmachte. Er führte die Hand ans Herz, machte eine entschuldigende Geste und senkte den Kopf, um damit seinen Fehler einzugestehen, und erntete dafür Applaus vom gegnerischen Publikum. Und auch der Schiedsrichter ließ sich am Ende noch erweichen, sodass Galas Nummer 10 doch noch weiterspielen durfte.

In der 37. Minute erlief Metin dann einen langen Ball. Er ließ im Dribbling zwei Gegenspieler stehen, wurde dabei aber immer mehr nach links abgedrängt, sodass der Winkel zum Tor recht spitz war, als er endlich freie Bahn zum Torschuss hatte. Mit dem linken Fuß zog er trotzdem ab und traf mit einem fulminanten Schrägschuss ins lange Eck, wo der Ball im Winkel einschlug – und durch das Netz hindurchflog.

Ein Ball, der so hart geschossen wird, dass er ein Loch ins Netz reißt? Klingt schwer zu glauben, aber ist in diesem Fall hinreichend belegt. Durch Vorher-Nachher-Fotos, die das Tor kurz vor dem Schuss im intakten Zustand zeigen und auf denen kurz darauf ein großes Loch zu sehen ist. Und durch Augenzeugenberichte, wie diese damals live im Radio erfolgte Beschreibung der Szene:

»Metin dribbelt in Richtung Tor weiter … Im Tor steht Özcan. Metin zieht ab … Der Ball fliegt in Richtung Tor … Und Tor! Fenerbahçe 0, Galatasaray 1, in einem unerwarteten Moment ein unerwartetes Tor … Die Fenerbahçe-Spieler beschweren sich und sagen, dass der Ball ins Aus geflogen ist, der Ball hat aber das Netz durchrissen und ist durchgeflogen! Özcan kann es nicht glauben, die Fans können es nicht glauben! Doch Galatasaray führt mit 1:0.«[74]

Galatasaray gewann am Ende durch den Treffer mit 1:0. Das siegbringende Tor Metin Oktays mit dem Loch im Tornetz ging in die türkische Fußballgeschichte ein und bleibt bis heute sein berühmtestes Tor.

58. GRUND

Weil Adnan Polat vor Serkan flüchten musste

In der Saison 2010/11 lief es bei Gala alles andere als geschmeidig. Frank Rijkaard, der eine Saison zuvor gekommen war und im ersten Jahr mit der Mannschaft Platz drei geholt hatte, wurde nach vier Niederlagen in den ersten acht Spielen entlassen, sein Nachfolger war Vereinslegende Gheorghe Hagi, der damit seine zweite Amtszeit als Gala-Coach begann.

Doch auch unter Hagi lief es nicht. Der Verein machte finanziell schwierige Zeiten durch, das Geld für notwendige Transfers fehlte, und die Mannschaft zeigte keinen guten Fußball. Hagi konnte wie sein Vorgänger keine Ergebnisse liefern und nach fünf Partien unter seiner Leitung standen nur fünf Punkte sowie ein katastrophaler zehnter Tabellenplatz.

Dementsprechend angespannt war die Stimmung im Umfeld, als Stadtrivale Beşiktaş am 14. Spieltag zum Derby gebeten wurde. Da das Ali-Sami-Yen-Stadion in der Winterpause von der neuen Türk Telekom Arena abgelöst werden sollte, war es das letzte Derby in der langen Geschichte der alten Sportstätte.

Die Gäste waren überlegen, sie besiegten Gala durch Tore von Guti und Mert Nobre mit 2:1 und die Stimmung bei den Fans war am Tiefpunkt angelangt. Als Harry Kewell in der Nachspielzeit noch den Ehrentreffer erzielte, ging das im Stadion fast schon unter, da die Heimfans bereits lautstark den Rücktritt des Vorstands forderten.

Wie sehr die sportliche Misere bei den Anhängern auf den Magen drückte, musste Präsident Adnan Polat nach dem Spiel vor laufenden Kameras erfahren. Als er das Stadion verließ, warteten bereits zahlreiche Pressevertreter, um eine erste Reaktion des Präsidenten einzufangen und nach Erklärungen für die schlechten Ergebnisse zu fragen.

Das Blitzlichtgewitter und die zahlreichen TV-Kameras waren auf Polat gerichtet, der gab sich äußerlich souverän und führte aus: »Natürlich kann ich mit den Ergebnissen nicht zufrieden sein. Das ist ein Tabellenstand, den Galatasaray nicht gewohnt ist. Wir haben unsere Anhänger enttäuscht. Ich mache aber keine Einzelnen für die Entwicklung verantwortlich, wir sind alle mitverantwortlich. Es werden aber sicher bessere Zeiten folgen, wir müssen nur durchhalten.«[75]

Bevor Polat noch weiter demonstrieren konnte, wie viele Standardfloskeln er für solche Situationen auf Lager hat, folgte plötzlich ein Zwischenruf aus der umstehenden Pressemeute:

»Von den Anhängern wurden Sie bereits zum Rücktritt aufgefordert.«

Polat reagierte unbeeindruckt: »Schauen Sie, ein Galatasaraylı zu sein, das heißt nicht, dass man weint, wenn man hinfällt. Es heißt, aufzustehen, zu kämpfen und stärker daraus hervorzugehen ...«

Dumm nur, dass genau in dem Moment plötzlich ein in Tränen aufgelöster Mann vor Polat auftauchte, der seine Ehefrau im Schlepptau hatte und den Präsidenten mit seiner Enttäuschung über die Mannschaft konfrontierte.

»Was sollen wir noch alles durchmachen, wir weinen jede Woche! Meine Frau ist hochschwanger, wie soll das alles weitergehen, Herr Präsident?«

Sportliche Krise, aufgebrachter Fan, schwangere Ehefrau - kein Wunder, dass Herrn Polat die Sache zu heiß wurde. Er wünschte allen Umstehenden einen schönen Abend, stieg im Getümmel schnell in seinen Dienstwagen und ward nicht mehr gesehen.

Also stürzten sich die Journalisten auf den Fan, der seiner Enttäuschung weiter Luft machen durfte: »Wir geben jede Woche Geld für die Tickets aus, ist das gerecht? Meine Frau hier ist schwanger! Dabei sollte dieses Spiel doch der Wendepunkt werden!« Was die wiederholt betonte Schwangerschaft mit der Gala-Krise genau zu tun hatte, wurde nicht ganz deutlich, aber der Mann war nun mal frustriert. »Serkan, lass uns gehen«, flehte die Ehefrau zwischendurch, der die Sache sichtlich unangenehm war, doch Serkan beschwerte sich weiter und stellte unter anderem fest, dass »die Spieler wie Mädchen schießen!«

Adnan Polat war derweil schon längst über alle Berge.

Die sportliche Talfahrt ging bis zum Saisonende weiter. Nach einer weiteren Derbyniederlage gegen Fenerbahçe am 26. Spieltag (1:2) wurde Hagi entlassen, unter Interimstrainer Bülent Ünder beendete Gala die Saison auf dem achten Platz, was die schlechteste Platzierung seit 1982 war.

59. GRUND

Weil Güneş der erste Rivale war

Die Feindschaft zwischen Gala und Fenerbahçe ist weltbekannt, doch noch bevor sich das Verhältnis der zwei Stadtnachbarn verschärfte, hatte Gala einen anderen, großen Erzrivalen. Und der kam sogar aus den eigenen Reihen.

Um das Jahr 1930 kamen im noch relativ jungen Verein erste Unstimmigkeiten unter den Mitgliedern auf. Das Streitthema war die weitere Zukunft. Sollte das Gala-Team wie bisher überwiegend nur aus Schülern des Galatasaray-Gymnasiums bestehen, oder sollte man die Mannschaft durch Transfers verstärken und damit einen Schritt in Richtung Professionalität machen?

Nach lang anhaltenden Unruhen und Streitigkeiten sollte eine Mitgliederversammlung im Jahre 1933 endlich Ruhe einbringen, doch dort eskalierte dann die Situation. Die Traditionalisten und die Gegenseite kamen auf keinen grünen Zweig, beide Seiten beschimpften sich lautstark, und eine Trennung war unumgänglich. Angeführt von Galas-Ex-Präsident Yusuf Ziya Öniş traten daraufhin insgesamt 63 Mitglieder aus dem Verein aus und entschlossen sich, einen neuen Verein zu gründen.

Dieser sollte zunächst »Sarı-Kırmızı« (»Gelb-Rot«) heißen, was bei der Registrierung durch die zuständige Behörde aber abgelehnt wurde, weshalb man sich für »Ateş-Güneş« (»Feuer-Sonne«) entschied. Am Ende hieß der neue Verein dann offiziell »Güneş Spor Kulübü«, und ein neuer Rivale für Gala war geboren.

Güneş nahm ab 1935 an der Istanbuler Fußballliga teil, bediente sich mit finanzieller Unterstützung großzügig bei der Konkurrenz und stellte eine Mannschaft zusammen, die so ziemlich aus den besten Spielern der drei großen Mannschaften Istanbuls – Galatasaray, Fenerbahçe und Beşiktaş – bestand. Es dauerte auch gar nicht lange, bis die etablierten Vereine vom Neuankömmling übertrumpft wurden. Im ersten Jahr holte Güneş den fünften Platz, im zweiten wurde man hinter Fener Zweiter, und bereits im dritten Vereinsjahr holte man die Meisterschaft und war damit der erste türkische Verein in der Geschichte, der in einer Liga mit den drei Großen an den Start ging und Meister wurde. Damals gab es noch eine weitere Liga, in der Gala, Fener und Co. zeitgleich spielten, die »Millî Küme«, und auch hier holte Güneş im gleichen Jahr den Titel.

Gala musste mit ansehen, wie frühere Spieler des Vereins nun woanders die Mannschaft der Stunde stellten, was am Selbstvertrauen rüttelte und die Verantwortlichen hinterfragen ließ, ob sie sich nicht doch für den falschen Weg entschieden hatten. Noch schlimmer wurde es dadurch, dass man in den umkämpften und aufgrund der Vorgeschichte brisanten Duellen gegen Güneş mitunter empfindliche Niederlagen einstecken musste. Allein in der Saison 1937/38 setzte es mit einem 0:6 und einem 0:7 schwere Klatschen. Heute wird die Sache mit Güneş als Auftakt einer der schwersten Abschnitte in der Vereinsgeschichte gesehen, durch den bald darauf beginnenden Zweiten Weltkrieg wurde der erfolgsverwöhnte Verein noch mehr zurückgeworfen und musste insgesamt 18 Jahre auf die nächste Meisterschaft warten.

Dabei war das Abenteuer Güneş schon nach drei Jahren wieder beendet, der Verein konnte die hohen Ausgaben für Spielergehälter und weitere Kosten nicht mehr stemmen und wurde 1938 bereits wieder aufgelöst. Danach wurden die alten Differenzen begraben, ein Großteil der Spieler und Funktionäre kehrte zurück zu Gala und man einigte sich darauf, in Zukunft gemeinsam unter professionelleren Strukturen zu arbeiten. Beide Seiten hatten von den vergangenen drei Jahren gelernt. Galas Verantwortliche hatten gesehen, was man durch sinnvolle Verstärkungen von außen erreichen konnte, und die zurückgekehrten Mitglieder wussten nun ebenfalls, dass ein Verein ohne solides Fundament nicht langfristig bestehen kann.

Wie sehr die Trennung Gala trotz der relativ kurzen Zeit zugesetzt hatte, lässt sich anhand der Reaktion von Galas Gründungsmitglied

Refik Cevdet Kalpakçıoğlu erahnen, der das Ende von Güneş durch ein Telegramm mit einer kurzen Botschaft erfuhr: »Güneş battı« war darauf zu lesen, also »die Sonne ist untergegangen«.

»Er rief meine Mutter, sie umarmten sich und weinten«, erinnert sich Kalpakçıoğlus Sohn Özdemir.[76] »Ich war damals acht oder neun Jahre alt, und mein Vater sah wohl, dass ich verängstigt war. Er drehte sich zu mir und sagte: ›Keine Angst, mein Sohn, es ist eine schöne Nachricht. Unser Galatasaray ist gerettet.‹«

KAPITEL 9

DIE FANS

TREUER, LAUTER, VERRÜCKTER ALS DER REST

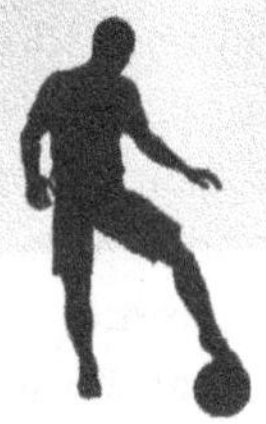

60. GRUND

Weil Mourinho auf Galas Fans neidisch ist

Gala hat die geilsten Fans der Welt. Mit Abstand und ganz sicher. Warum? Weil sie nicht wie bei anderen Vereinen bloß außenstehende Begleiter und Unterstützer sind, sondern ein ganz elementarer Bestandteil des Klubs, durch ihre hohe Anzahl und durch ihre unnachahmliche Leidenschaft sowie durch ihre jahrzehntelange Tradition wurden sie selbst zu einer Art Institution im Verein.

In der Türkei ist Galatasaray heute der beliebteste Fußballverein. Wann immer es empirische Umfragen und Untersuchungen zu dem Thema gab, schnitt Gala an erster Stelle ab. Zuletzt ergab eine von der Tageszeitung *Hürriyet* in Auftrag gegebene Umfrage im Jahre 2010, dass 36,3 Prozent aller türkischen Fußballfans Gala die Daumen drücken, an zweiter Stelle folgte Fenerbahçe mit 26,6 Prozent. Man geht davon aus, dass in der Türkei insgesamt 25 Millionen Menschen die Daumen drücken.

Wann immer und wo immer Galatasaray spielt, reicht ein Blick auf das, was auf den Rängen vor sich geht, um ein Bild davon zu bekommen, was dieser Verein den Menschen bedeutet. Schon zu Spielbeginn geht es los:

Sobald beide Mannschaften auf dem Feld und auf den Anpfiff des Schiedsrichters warten, schreien Gala-Fans ihr lang gezogenes und immer lauter werdendes »Oooooooh«, um zu demonstrieren, wie sehr sie den Anstoß herbeisehnen.

Dann pfeift der Schiri endlich an, und die Fans legen den Finger auf die Lippen und zischen sekundenlang ein langes »Schhhhhhhhhh«, als wollten sie gemeinsam ein Riesenbaby beruhigen.

Und dann eskaliert der Lautstärkepegel. »Cim Bom Bom! Cim Bom Bom!« hallt es durch das Stadion, gefolgt vom Gesang »Laylaylaylay, haaaay Cim Bom Bom!«

Es ist seit Jahren das gleiche Prozedere, sorgt aber noch immer jedes Mal für Gänsehaut. Genauso wie der einzigartige Schlachtruf »Rerere, rarara!«, der schon um 1920 bei Gala-Spielen skandiert wurde und als ältester Schlachtruf der Türkei gilt.

Wer auf echte, unverfälschte Fan-Stimmung beim Fußball steht, der ist bei Gala einfach perfekt aufgehoben, denn die Lautstärke der Fans, die riesigen Fahnen, die rot-gelben Bengalos, das alles sorgt im Gesamtpaket für eine unvergleichliche Atmosphäre bei den Spielen. Früher im Ali-Sami-Yen, heute in der Türk Telekom Arena, im Grunde aber überall da, wo es den Verein hin verschlägt. Egal wo, egal gegen wen, Gala wird nie allein gelassen. »Was mich immer wieder verwundert, ist, dass unsere Fans auch auswärts die Tribünen füllen. Egal wohin wir gehen, empfangen sie uns am Flughafen. In meiner Laufbahn habe ich so was noch nie erlebt«, sagt der 2011 vom FC Arsenal gekommene Emmanuel Eboué.[77]

Klar, bei so viel Leidenschaft kann die Stimmung auch mal kippen. Allgemein gibt es in der Türkei beim Thema Fußball oft nur Schwarz und Weiß, und so kann es vorkommen, dass die Gala-Spieler schnell von Helden zu Buhmännern werden, wenn sie nicht die gewünschten Ergebnisse liefern. Dann fliegen halt mal die Fetzen, werden die Spieler während des Trainings von aufgebrachten Fan-Massen zur Rede gestellt oder wird nach einer Derby-Niederlage das eigene Stadion verwüstet. Muss nicht sein, ist aber so, gehört dazu. Südländisches Temperament ist hier Programm, Zurückhaltung gibt es woanders.

Selbst José Mourinho, der im Weltfußball alles gesehen und erlebt hat, war beeindruckt, nachdem er mit dem FC Chelsea im Achtelfinale der Champions League 2014 bei Gala zu Gast war.

Im Interview nach der Partie richtete Mourinho mit Hinblick auf das Rückspiel eine Bitte an die eigenen Fans: »Wenn wir an der Stamford Bridge nur zehn Prozent von dem bekommen, was dieses Publikum ihnen gab, wäre es fantastisch für uns. Ich bitte nur um zehn Prozent von der Stimmung, die dieses Stadion für Galatasaray erzeugt.«[78]

61. GRUND

Weil ultrAslan der größte Fanklub der Welt ist

Ennepetal, das Städtchen in Nordrhein-Westfalen mit 30.000 Einwohnern, wusste nicht, wie ihm geschah, denn da war plötzlich diese gelb-rote Menschenmenge und verursachte einen Rabatz, den man dort wohl selten gehört hatte.

Das war im Juni 2014, und die Lärmenden, das waren die Mitglieder des Galatasaray-Fanklubs ultrAslan. Sie waren vor Ort, um die U-19 des Vereins bei einem internationalen Jugendturnier anzufeuern, und sie legten sich dabei so ins Zeug, mit Choreos und Gesängen und Bengalos, dass die Partien immer wieder unterbrochen werden mussten.

So ist das seit Jahren, sobald irgendein Vertreter von Gala irgendwo auf der Welt in einen sportlichen Wettbewerb geht, ist ultrAslan mit Hunderten oder Tausenden Fans unterstützend am Start. Egal ob Fußball, Basketball, Volleyball, Wasserball oder Rollstuhlbasketball, Hauptsache Gelb-Rot, Hauptsache Galatasaray.

ultrAslan wurde 2000 gegründet und wuchs mit den Jahren derart an, dass es heute als größte Fangruppierung der Welt gilt. Laut Veysel Giley waren es 2013 weltweit bereits über zehn Millionen Mitglieder.[79] Giley ist einer der Mitgründer und der Nachfolger von Alpaslan Dikmen, der ebenfalls Gründungsmitglied war und ultrAslan jahrelang als Hauptkoordinator vorstand, bevor er 2008 bei einem Autounfall verstarb.

Inzwischen ist ultrAslan keine bloße Fangruppierung mehr, vielmehr handelt es sich um eine global organisierte Bewegung. »Wir haben uns aufgeteilt, die größte Gruppe befindet sich in Istanbul«, erzählte Deutschland-Chef Levent Alkan dem Magazin *11 Freunde*, »Dazu gibt es aber überall auf der Welt ultrAslan-Gruppen: In 60 Ländern, auf fünf Kontinenten. Wir sind organisiert in Sportschulen, in Gymnasien, in Sekundarstufen, in Universitäten.«[80]

Die Gruppe, die sich als unpolitisch bezeichnet und jegliche Form der Gewalt ablehnt, verteilt sich auf alle Gesellschaftsschichten, die sich alleine in der Türkei in 82 Städten organisieren. Sowohl im Inland als auch im Ausland sind die Mitglieder straff untereinander strukturiert, es gibt klare Zuordnungen und Aufgabenverteilungen, Auswärtsfahrten werden gemeinsam geplant, Tickets für Europapokalbegegnungen werden organisiert und nach bestimmten Richtlinien und Verdiensten unter den Mitgliedern verteilt.

Wie diese Richtlinien aussehen, erklärte Europa-Co-Koordinator Ilker Sezgin so: »Wir haben eine Datenbank angelegt, in der jeder Fan mitsamt allen Spielen, die er sich angeguckt hat, vermerkt ist. Wenn es also ein begrenztes Kartenkontingent gibt wie jetzt beim Spiel auf Schalke, wird derjenige bevorzugt behandelt, der kürzlich harte Auswärtstouren auf sich genommen hat.«[81]

Wie uneingeschränkt die Unterstützung durch ultrAslan ist, zeigte sich unter anderem im Februar 2011, als mit einem riesigen, 315 Meter langen Banner ein Weltrekord gesetzt wurde. Grund für die Aktion war es, dem Verein, der gerade eine der sportlich schlechtesten Spielzeiten erlebte, symbolisch zur Seite zu stehen. »Wenn das die schwärzeste Zeit ist, schreien wir noch lauter als sonst Galatasaray«, war darauf unter anderem zu lesen.

62. GRUND

Weil Gala-Fans die lautesten sind

Am 18. März 2011 kam es zum ersten Derby in der neu erbauten Türk Telekom Arena zwischen Galatasaray und Fenerbahçe, und natürlich wurde es sehr laut, als die Mannschaften einliefen. Diesmal war es aber ein besonderer Lärm, denn wie sich herausstellen sollte, war er in seiner Lautstärke sogar historisch.

Noch während der Partie war auf dem Videowürfel im Stadion nämlich Folgendes abzulesen: »Der Weltrekord für die durch Fangesänge erreichte höchste Lautstärke gehört unserem Galatasaray – Glückwunsch ihr Löwen!«

Die Verantwortlichen hatten nämlich vorgesorgt und offizielle Rekordrichter von Guiness World Records eingeladen, die überprüfen sollten, ob der seit 2000 bestehende Bestwert von 128,7 Dezibel, der im American Football bei der Partie zwischen den Denver Broncos und den New England Patriots erzielt wurde, vom Gala-Publikum übertroffen werden konnte. Die Messgeräte beim Derby zeigten einen Wert von 131,76 Dezibel an – damit waren die Gala-Fans offizielle Weltrekord-Halter!

Zum Vergleich und zum Einordnen: 100 Dezibel hören sich an wie ein Disco- oder Konzertbesuch, 110 Dezibel wirken auf das menschliche Ohr wie ein Hubschrauber in der Nähe, 120 Dezibel sind mit einem Düsentriebwerk vergleichbar, und ab 130 Dezibel spricht man von der »Schmerzschwelle«; alles, was darüber liegt, ist bei längerer Einwirkung gesundheitsschädigend. Die 131,76 Dezibel aus dem Gala-Stadion sind also eine ganz schöne Hausnummer.

Der Rekord für das lauteste Stadion der Welt ist hart umkämpft; nachdem die Gala-Fans ihn errungen hatten, blieben Versuche in verschiedenen Stadien und Sportarten lange erfolglos, unter anderem scheiterten die Fans von Real Madrid und der brasilianischen Nationalmannschaft im Maracanã-Stadion in Rio de Janeiro. Im Fußball ist die von den Gala-Fans erzeugte Stimmung nach wie vor konkurrenzlos, doch nach über zwei Jahren musste man sich einem Vertreter des American Football ganz knapp geschlagen geben.

Im September 2013 gelang es den Fans der Seattle Seahawks in der Partie gegen die San Francisco 49ers, den Rekord hauchdünn um 0,1 Dezibel zu erhöhen. Nachdem dann der NFL-Konkurrent Kansas City Chiefs zwischenzeitlich den Rekord an sich reißen konnte, haben ihn die Fans der Seahawks inzwischen wieder inne, der aktuelle Bestwert liegt seit dem 02. Dezember 2013 nun offiziell bei 137,6 Dezibel.

Das nächste Derby in der Arena kommt aber bestimmt.

63. GRUND

Weil Sezgin der Vorzeigefan war

Nach langem Hickhack vor Gericht und bei den Behörden hatte es Sezgin Kaçmaz im Jahre 2008 endlich geschafft. Er durfte ganz offiziell seinen Nachnamen ändern, und aus Sezgin Kaçmaz wurde Sezgin Özcimbomlu. »Öz« bedeutet so viel wie »rein«, in Verbindung mit »Cimbomlu«, was die Bezeichnung für alle ist, die »Cimbom«, also Galatasaray, die Daumen drücken, drückt das Namensgebilde also eine »reine« Vereinsliebe aus und beschreibt den echten Anhänger, den Vorzeigefan.

Beim nächsten Heimspiel von Gala im Ali-Sami-Yen-Stadion hielt er dann seinen neuen Pass stolz in die Kameras und wurde wie immer von den restlichen Fans vor Spielbeginn mit »Sezgin, Sezgin«-Sprechchören gefeiert.

»Galatasaray gibt mir das Gefühl, laufen zu können.« Mit diesem Satz veranschaulichte der fanatische Gala-Fan einst seine tiefe Liebe zum Verein, denn Sezgin war von Geburt an gelähmt und deshalb zeit seines Lebens an den Rollstuhl gefesselt. Das erste Mal live bei einem Spiel war er bereits als Kind Anfang der 70er-Jahre, als ihn sein älterer Bruder Engin zum Derby gegen Fenerbahçe ins Ali-Sami-Yen-Stadion mitnahm.

In den folgenden Jahren und Jahrzehnten verpasste Sezgin dann so gut wie kein Spiel mehr, sowohl bei Heim- als auch bei Auswärtsspielen saß er unten am Spielfeldrand und wurde somit zu einer Institution im Verein und bei den Fans. Bereits in den 80er-Jahren wurde es zum Ritual, dass Sezgin vor und nach den Spielen von den Fans in die Kurve gerufen wurde, sich dann mit seinem gelb-roten Rollstuhl vor die Tribüne begab und die Gesänge der Anhänger mitkoordinierte, indem er mit Armbewegungen Tempo und Rhythmus vorgab.

So wurde Sezgin im Laufe der Zeit zum wohl bekanntesten aller Gala-Fans. Begünstigt wurde dies auch durch das sich jahrelang haltende Gerücht, Sezgin sei mit 16 Jahren bei einem Europapokalspiel im Jahre 1983 gegen die finnische Mannschaft FC Kuusysi Lahti beim Torjubel von einer Tribüne im Ali-Sami-Yen gefallen und sei erst seitdem gelähmt.

Jeder kannte Sezgin, die Fans auf den Tribünen sowieso, aber auch die Vereinsverantwortlichen, die Presse sowie die Spieler auf dem Feld. Vor den Spielen drehte er in seinem Rollstuhl eine Runde um den Platz, um die Fans zu begrüßen, Spieler bejubelten oft ihre Tore und Siege mit ihm, und besonders mit Cevad Prekazi, dem berüchtigten Gala-Linksfuß in den 80er-Jahren, verband Sezgin eine innige Freundschaft. Prekazi war Sezgins Lieblingsspieler und dieser stattete ihm vor jedem Heimspiel immer als Erstes einen kurzen Besuch ab, bevor er sich auf den Rasen begab.

Die Aufmerksamkeit war wohlverdient, denn in Sachen Identifikation mit dem Verein machte Sezgin keiner etwas vor. Selbst das vereinseigene Magazin klang erstaunt, als es einst ein längeres Porträt von Sezgin enthielt, in dem es hieß: »Egal, welche Frage wir ihm auch stellten, am Ende kam Sezgin immer wieder zurück zum Thema Galatasaray. Man muss wirklich sagen, dass sein Leben voll und ganz Galatasaray gewidmet ist«[82].

Er trug stets nur gelb-rote Kleidung und ließ an seiner Wohnung die Eingangstür, den Bordstein vor der Wohnung und sogar die Baumstämme in seinem Vorgarten in den Vereinsfarben streichen. Als er 2006 heiratete, verzichteten Sezgin und seine Braut auf die klassischen Hochzeitsoutfits, statt in Anzug und Brautkleid wurde in Gala-Trikots geheiratet.

Den Hintergrund seines selbst gewählten Nachnamens, für den er so lange hatte kämpfen müssen, erklärte Sezgin so: »Damit habe ich sichergestellt, dass auf meinem Grabstein ›Cimbom‹ stehen wird. Denn alles, was ich habe, ist Galatasaray.«[83]

Nach anhaltenden Herzproblemen verbrachte Sezgin Özcimbomlu im Sommer 2013 drei Tage auf der Intensivstation im Istanbuler Güngören-Krankenhaus und verstarb schließlich am 28. Juni. Bei der Trauerfeier am folgenden Tag wurde er von zahlreichen Gala-Fans und Vereinsverantwortlichen auf seinem letzten Weg begleitet.

64. GRUND

Weil Promis in aller Welt Gala-Fans sind

Laut einer Analyse des deutschen Forschungs- und Beratungsunternehmens SPORT+MARKT hatte Galatasaray im Jahr 2010 in Europa 6,8 Millionen Fans. Das ist zahlenmäßig mehr als die Bevölkerung von elf EU-Ländern, zum Beispiel von Dänemark, Finnland oder der Slowakei. Ein weiteres Anzeichen für die globale Gala-Begeisterung ist die Tatsache, dass der GS Store, der offizielle Fanshop des Vereins, Bestellungen aus bereits 41 Ländern erfasst hat.

Und so ist es kein Wunder, dass auch der eine oder andere Promi aus dem Ausland Gala inzwischen die Daumen drückt.

Kobe Bryant beispielsweise. Der berühmte US-Basketballer der Los Angeles Lakers schaute 2011 bei einer Trainingseinheit von Gala vorbei und lernte den damaligen Trainer Fatih Terim und die Spieler kennen, die ihm ein Gala-Trikot mit seiner Rückennummer 24 überreichten. Bryant forderte dann Gala-Torwart Ufuk Ceylan zu einem Elfmeterduell auf. Anders als auf dem Parkett machte der

1,98 Meter-Mann dabei keine allzu glückliche Figur und ließ alle drei gegen ihn geschossenen Elfer ins Tor. »Ich fühlte mich im Tor wie ein Fisch auf dem Trockenen, es war unmöglich!«, sagte Bryant danach lachend. Die Mannschaft huldigte ihrem weltberühmten Stargast trotzdem, Tormann Fernando Muslera ließ seine Handschuhe signieren, seine Mitspieler standen Schlange, um sich mit Bryant gemeinsam fotografieren zu lassen, Terim unterhielt sich mit ihm lange auf Italienisch.

Zum Abschied hinterließ Bryant ein Versprechen: »Ihr habt definitiv einen neuen Fan. Sicherlich keinen neuen Spieler, denn wenn ihr weiterhin Spiele gewinnen wollt, bleibe ich lieber bei Basketball, aber ich bin ein neuer Anhänger.«

Ein weiterer Gala-Fan aus den USA ist die Moderatorin und Schauspielerin Cassidy Gard. Die lebt in Los Angeles, hat nach eigener Aussage in ihrer Jugend selbst Fußball gespielt und kam durch türkische Freunde, die hartnäckige Gala-Fans sind, zum ersten Mal mit dem Verein in Berührung. Seitdem ist sie ebenfalls Anhängerin und verpasst kein Spiel. Dass sie selbst bei gewöhnlichen Liga-Partien gegen kleinere Teams der türkischen Liga Fotos davon twitterte, wie sie im Gala-Trikot vor dem Fernseher mitfieberte, machte sie zum Liebling der Fans. Und als dann ein Video davon auftauchte, wie Gard die Arbeit schwänzte, um sich zu Hause eine wichtige Gala-Partie anzusehen, war es um zahlreiche Anhänger geschehen.

Als sie nämlich in einer Show beim US-Sender Reelz erwartet wurde und nicht auftauchte, wurde Gard per Skype mit den anderen anwesenden Moderatoren im Studio verbunden, entschuldigte sich bei den Kollegen und erklärte ihre Abwesenheit mit der an jenem Tag stattfindenden Champions-League-Partie zwischen Gala und dem FC Chelsea: »Das Spiel ist lebenswichtig, und ich muss es unbedingt sehen!«[84]

Die Kommentare von Gala-Anhängern unter dem dazugehörigen YouTube-Video sagen alles: »Wir lieben dich, Cassidy!«, »Die ganze Galatasaray-Familie liebt dich!«, und: »Heirate mich.«

Frau Gard ist jedoch nicht die Einzige, deren Begeisterung für die Löwen für Aufsehen sorgte, denn sogar beim FC Bayern findet sich ein waschechter Gala-Fan – David Alaba.

Der war schon vor einigen Jahren dabei zu sehen, wie er sich mit Mitspielern aus der österreichischen U-17-Nationalmannschaft ein Derby zwischen Gala und Fener ansah und mit wiederholten »Cim Bom Bom, Cim Bom Bom!«-Rufen gemeinsam mit ihnen Gala anfeuerte.[85] Auch bei ihm hat die Sympathie für Gala nicht nachgelassen, immer wieder lässt er beispielsweise seine Twitter-Follower wissen, dass er sich gerade eine Gala-Partie ansehe und gerade mit den Gelb-Roten mitfiebere (»Watching Galatasaray!«[86], »Gooooooooooal Burak Yılmaz!«[87]).

Und auch bei jenem Chelsea-Spiel, für das Cassidy Gard die Arbeit schwänzte, postete Alaba ein Foto, das ihn in einer Galatasaray-Jacke mit zahlreichen Fans zeigte. Sein Kommentar dazu: »Watching Galatasaray with my Turkish friends!«[88]

65. GRUND

Weil die Fans zu Terim hielten

Wer wissen wollte, wie viel Fatih Terim, der 2011 zu seiner dritten Amtszeit als Trainer von Gala zurückgekehrt war, den Fans des Vereins bedeutet, musste sich nur unmittelbar vor dem Derby gegen Beşiktaş am 26. Februar 2012 das Spektakel auf der Tribüne ansehen.

Bevor die Mannschaften aus den Katakomben ins ausverkaufte Stadion kamen, wurde Terim von einem Mitglied des Fanklubs ultrAslan vor die Tribüne hinter einem der Tore geführt.

Durch die Stadion-Lautsprecher setzte die epische Musik aus dem Film *Braveheart* ein, und Terim sah, wie sein Ebenbild auf den Tribünen aufzuerstehen begann. An Seilen, die am Stadiondach befestigt waren, wurde eine riesige 3D-Figur Terims hochgezogen, die fast von den untersten bis zu den obersten Rängen reichte und ihn in bekannter Pose darstellte, mit weit aufgeknöpftem Hemd und erhobenem Zeigefinger, beim Dirigieren seiner Mannschaft, die zu seiner Rechten ebenfalls zu sehen war.

Eine beeindruckende und selten gesehene Choreografie, die Terim, der seine Hand ans Herz führte und sich bei den Anhängern mit Applaus bedankte, sichtlich rührte. Die Aktion war nicht nur eine spektakuläre Liebesbekundung der Anhänger, sondern auch ein Fingerzeig in Richtung Vorstand, da es in den Wochen zuvor zu ersten Spekulationen über Risse zwischen Terim und den Verantwortlichen gekommen war. Dass Terim bei der Choreo fast doppelt so groß abgebildet war wie seine Spieler, war also kein Zufall, sondern eine Botschaft.

Drei Monate später holte Terim mit Gala die zweite Meisterschaft in Folge, doch als es zu Beginn der folgenden Spielzeit zum endgültigen Bruch mit dem Vorstand kam und Terim entlassen wurde, gingen die Fans auf die Barrikaden, und es kam zu den größten Protesten, die der Verein seit Langem gesehen hatte.

Zahlreiche Fans versammelten sich vor dem Vereinsgelände in Florya, feierten Terim mit Sprechchören und forderten den Vorstand zum Rücktritt auf. »Wer den Trainer fallen lässt, den lassen wir fallen«, »Niemand kann uns vom Imperator trennen«, »Vorstand raus« – mit einem Slogan nach dem anderen wurde klargemacht, was die Fans von der Trennung hielten.

Noch in derselben Nacht versammelten sich um die 500 Fans vor Terims Wohnung im Stadtteil Tarabya, um ihn lautstark zu feiern und ihre Solidarität auszudrücken. Sie mischten die ganze Nachbarschaft auf, brachten den Straßenverkehr zum Erliegen – und rührten Terim, der vor die Menge trat, um sich zu bedanken und sich zu verabschieden, zu Tränen.

Kurz nach Terims Entlassung wurde Roberto Mancini als sein Nachfolger verpflichtet. Die Fans waren aber nicht zu besänftigen und noch Wochen nach der Trennung wurde Terim bei Gala-Spielen von den Tribünen lautstark gefeiert.

66. GRUND

Weil der kleine Bertuğ hart blieb

Sagen wir es, wie es ist, *Inan Bana* ist eine recht seltsame TV-Sendung. Die vom türkischen Sender Star TV ausgestrahlte Show basiert auf dem alterprobten Konzept, kleine Kinder aus ihrem Leben erzählen zu lassen und darauf zu hoffen, dass dabei Lustiges herauskommt.

Der Moderator sitzt dann immer mit seinem jeweiligen kleinen Gast an einem Tisch, das Kind bekommt eine Krone aufgesetzt und wird mit einem vermeintlichen Lügendetektor verbunden, der Moderator fragt verschiedene Sachen, das Kind antwortet, meistens schlägt der Detektor an, und dann gibt es eingespielte Soundeffekte, die ein anwesendes Publikum simulieren sollen. Und am Ende kriegt das Kind dann immer ein Geschenk.

Das sieht dann ungefähr so aus:

Moderator: Bist du zu Hause manchmal unanständig?
Kind: Nein.
Detektor: Piep piep piep.
Soundeffekt: Aaaaah!
Moderator: Die Maschine sagt etwas anderes! Überleg es dir noch mal.
Kind: Okay, ich hab schon mal zu Hause Fußball gespielt.
Moderator: Sehr schön, die richtige Antwort! Bravo!
Soundeffekt: Ooooh!

Und so weiter. Ein absolutes Highlight war aber die Teilnahme des kleinen Bertuğ. Von Moderator Serhat Kılıç wurde Bertuğ gefragt, was er später werden wolle, und er sagte, er wolle Fußballer werden – bei Galatasaray.

Das gefiel Fener-Fan Kılıç nicht so sehr, und von nun an konzentrierte sich das Spiel darauf, aus Bertuğ einen Fener-Anhänger zu machen. Kılıç lockte Bertuğ mit einem Deal: Bertuğ sollte zu Fener wechseln, dann würde er ein schön eingepacktes Geschenk bekommen. Kılıç gab alles, doch der Kleine blieb stur.

Er beantwortete die unaufhörlichen Versuche einfach mit einem kurzen »Nein!«, ganze 18 Mal in zwei Minuten. Kılıç gab nicht auf: »Auch wenn du nur für fünf Minuten so tust, als wärst du Fener-Fan, bekommst du das Geschenk. Ich frage ein letztes Mal, Galatasaray oder Fenerbahçe?« Doch keine Chance, »Galatasaray!« rief Bertuğ jedes Mal. Irgendwann gab Kılıç es auf, Bertuğ bekam trotzdem sein Geschenk, und ein kleiner Held war geboren.

Denn kurz darauf wurde Bertuğ vom Fanklub ultrAslan zu einer Stadiontour eingeladen, bekam zahlreiche Fan-Artikel geschenkt und durfte dem Vereinssender ein Interview geben, von dem er als »unglaublicher Fan« angekündigt wurde. »Er hielt allen Versuchen und Geschenken stand und blieb seiner Liebe für das gelb-rote Trikot treu«, hieß es.[89]

Der ultrAslan-Vorsitzende Veysel Giley hatte die Sendung gesehen und war davon so gerührt, dass er sofort Bertuğ und seine Familie ausfindig machte, um den kleinen Fan kennenzulernen. »Als ich es sah, sind mir fast die Tränen gekommen«, so Giley. »Mit Spielzeug kann man Kinder ja oft umstimmen, doch er schritt keinen Zentimeter von seiner Überzeugung ab. Das hat mich sehr berührt.«[90]

Um den Nachwuchs müssen sich Gala-Fans also keine Sorgen machen.

KAPITEL 10

DIE TRIUMPHE (II)

UNVERGESSENE MEISTERSCHAFTEN

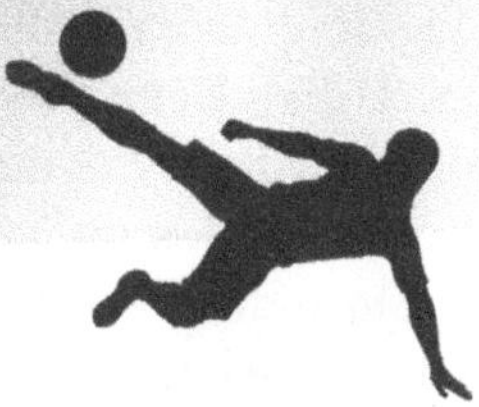

67. GRUND

Weil Brian Birch Gala zum Erfolg schleifte

Neugierig und nichts ahnend muss sie auf dem Trainingsplatz gestanden haben, die Gala-Mannschaft um Stürmer Gökmen Özdenak, die Ende August 1970 ihren neuen Trainer kennenlernen sollte. Er hieß Brian Birch und kam aus England, viel mehr wusste in der Türkei damals keiner über den neuen Gala-Coach, der die Mannschaft nach enttäuschendem Saisonstart und einem noch enttäuschenderen achten Platz in der Vorsaison wieder auf Vordermann bringen sollte.

Und so dachten Gökmen und Co. wohl, dass sie eine ganz normale Trainingseinheit erleben würden, so wie es damals an der Tagesordnung war: Bisschen Ball laufen lassen, Hacke, Spitze, eins, zwei, drei. Denn Sachen wie Fitness und Lauftraining wurden in der damaligen Zeit noch nicht großgeschrieben, Technik und Spielfreude standen noch deutlich im Vordergrund.

Doch dann kam Birch. Der Brite war ein harter Hund, der für sein fast schon unmenschliches Training bekannt war, und genau deswegen war er auch geholt worden. Als die gewünschten Ergebnisse ausgeblieben waren, hatte sich der damalige Vereinspräsident Selahattin Beyazıt auf der Suche nach einem neuen Trainer nämlich nach England begeben, um bei einem namhaften Bekannten in einem persönlichen Gespräch um Rat zu fragen.

»Euer größtes Problem ist die Kondition«, sagte Sir Alf Ramsey, der legendäre Nationaltrainer Englands, der die Three Lions zum Weltmeistertitel 1966 geführt hatte, und schlug Beyazıt die Verpflichtung von Brian Birch vor, der bei den Blackburn Rovers als Jugendtrainer arbeitete und auch in England als Trainer ein recht unbeschriebenes Blatt war. »Birch wird die Konditionsprobleme beheben. Glaube mir, eure Mannschaft wird alle Siege nach der 70. Minute sicherstellen«, sagte Sir Ramsey zu Beyazıt.[91]

Beyazıt war überzeugt und reiste mit Birch im Gepäck zurück nach Istanbul, woraufhin bei Gala ab sofort ein neuer, rauerer Wind wehte. Vorbei die Zeiten des türkischen Tiki-Taka, stattdessen ging es nun im Training zu wie in einem strammen Militärcamp: Birch ließ seine neue Mannschaft bis zum Umfallen Kondition bolzen, arbeitete mit Hürden und Gewichten, ließ sie sogar sprichwörtlich durch den Matsch kriechen.

Schon nach kurzer Zeit wurde in den Zeitungen über die Unzufriedenheit der Spieler mit dem harten Training unter dem neuen Trainer berichtet, und wie Özdenak später erzählte, dachte man zunächst sogar daran, zu meutern und gegen den Trainer zu spielen. Nur durch die Überredungskunst von Co-Trainer Coşkun Özarı sei es nicht dazu gekommen. »Das Training war kaum auszuhalten«, sagte Özdenak.[92]

Fatih Terim, der zur Saison 1973/74 von Adana Demirspor zu Gala wechselte, erzählte später, er habe schon nach den ersten paar Trainingseinheiten unter Birch überlegt, das Geld, das er für den Transfer bekommen habe, zurückzugeben und sofort nach Adana zurückzukehren: »So ein Training hatte ich noch nie erlebt. Nach einer Laufeinheit im Ali-Sami-Yen bin ich vor dem Kabineneingang zusammengesackt, und vor dem Duschen habe ich um einen Stuhl gebeten, weil ich nicht mehr stehen konnte.«[93]

Die Birch'schen Methoden waren berüchtigt, doch sie hatten Erfolg. Gala stellte durch die neu gewonnene Laufstärke und Ausdauer die meisten Siege durch späte Tore im letzten Drittel der Partie sicher, als den gegnerischen Mannschaften die Luft auszugehen begann. Von 1971 bis 1973 gewann man unter Birchs Leitung drei Meisterschaften in Folge, was vorher noch keiner anderen türkischen Mannschaft gelungen war.

Der Trainer wurde in jenen Jahren im Grunde zum größten Star bei Gala, vor den Spielen reckte er auf dem Weg zu seinem Platz auf der Bank den Anhängern siegessicher die rechte Faust entgegen, was zu seinem Markenzeichen wurde. Dabei war er auch immer wieder für Eskapaden gut, weil mitunter das Temperament mit ihm durchging. So kam es vor, dass er bei Rudelbildungen und Auseinandersetzungen zwischen den Spielern einfach auf den Platz rannte und munter mitmischte. Und als nach einer Niederlage gegen Boluspor ein Funktionär des Gegners Birchs Siegespose mit der Faust imitierte, fühlte sich dieser so provoziert, dass es zur Schlägerei und einem anschließenden Gerichtsverfahren kam.

Nach den drei herausragenden Jahren lief es dann auch nicht mehr ganz so rund. In der Saison 1973/74 reichte es nur noch zum fünften Platz, und Birch musste gehen. Auch ein zweites Engagement in der Saison 1980/81 war nicht von Erfolg gekrönt.

Durch den Titel-Hattrick, den er auf seine Art und Weise errang, bleibt Birch bei Gala jedoch unvergessen, zumal nach seinem Abgang eine beispiellose Flaute begann.

68. GRUND

Weil 1973 die längste Durststrecke begann

Nachdem Brian Birch Gala im Jahre 1974 verlassen hatte, setzte Gala weiterhin auf eine Reihe englischer Trainer in der Hoffnung, sie würden die von Birch errungenen Erfolge wiederholen. Doch dazu kam es nicht.

Don Howe, Jack Mansell, Malcolm Allison – keinem gelang es, den Titel zu holen. Der Verein wandte sich deshalb wieder türkischen Trainern zu und vertraute früheren Spielern wie Turgay Şeren oder Coşkun Özarı, doch der Knoten wollte einfach nicht platzen. Der absolute Tiefpunkt folgte in der Saison 1981/82, als es am Saisonende nur zum elften Platz reichte, der schlechtesten Platzierung der Vereinsgeschichte.

Die Gründe für die Erfolglosigkeit lagen vor allem in der Infrastruktur des Vereins. So musste Gala das ursprünglich bereits 1943 errichtete Ali-Sami-Yen-Stadion immer wieder verlassen, da es damals aufgrund der Lage außerhalb des Stadtzentrums noch schwer zu erreichen war und der Rasen sich in einem katastrophalem Zustand befand. Zwischen 1972 und 1980 blieb es ganze acht Jahre lang geschlossen. Hinzu kam, dass Gala in jenen Jahren noch kein eigenes Trainingsgelände hatte, die Mannschaft musste ständig auf andere Plätze in Istanbul ausweichen.

Da diese Planungen von Vereinsseite aus eher spontan verliefen, kam es sogar vor, dass manchmal auf die Schnelle kein Trainingsplatz ausfindig gemacht werden konnte und man deshalb notgedrungen eine Laufeinheit im Wald einlegen musste. »Wir gingen jeden Tag um zehn aus dem Haus, ohne zu wissen, wann wir trainieren werden und wo das Training stattfinden wird«, erinnerte sich Fatih Terim später.[94]

Galatasaray war ein Verein ohne sportliche Heimat geworden, und bei solchen Bedingungen war es kein Wunder, dass der Erfolg ausblieb. So begann nach den drei Meisterschaften der Birch-Ära für Gala die längste Durststrecke der Vereinsgeschichte, denn bis 1987 blieb der Verein ganze 14 Jahre ohne eine einzige Meisterschaft.

Ein wichtiger Schritt zur sportlichen Wiedererstarkung gegen Ende der 80er-Jahre war die Fertigstellung des Vereinsgeländes im Istanbuler Stadtteil Florya, das 1982 eröffnet wurde und noch heute in Gebrauch ist.

Dass Gala endlich ein professionelles Gelände besaß, mit eigenem Trainingsplatz und allem Drum und Dran, war laut Terim für die Spieler, die in den Jahren zuvor Tag für die Tag durch die Stadt geistern mussten, das größte Geschenk: »Auf einmal hatten wir unser eigenes Gelände. Es gab ein Restaurant, Duschen, einen eigenen Rasen. Wie viel uns das alles bedeutete und wie glücklich uns das machte, ist nicht in Worte zu fassen.«[95]

69. GRUND

Weil am 7. Juni 1987 der Fluch besiegt wurde

Am 7. Juni 1987 war für Gala die große Chance gekommen, dem langen Fluch endlich ein Ende zu setzen. 14 Jahre nach der letzten Meisterschaft traf die Mannschaft von Jupp Derwall im letzten Saisonspiel auf Eskişehirspor, nachdem sie sich fast die gesamte Saison über ein Kopf-an-Kopf-Rennen mit Beşiktaş geliefert hatte. Im Jahr zuvor war es bereits zum Titelrennen zwischen beiden Mannschaften gekommen, damals behielt Beşiktaş bei gleicher Punktzahl durch das bessere Torverhältnis noch die Oberhand. Nun drohte das gleiche Szenario, denn falls Gala nur unentschieden spielen und Beşiktaş das letzte Spiel gewinnen sollte, wäre der Stadtnachbar erneut durch die bessere Tordifferenz Meister. Um sicher Meister zu werden, musste also gegen Eskişehir dringend ein Sieg her.

Man musste sich vor dem Spiel nur im Stadion umhören, um zu merken, wie sehr sich der Verein nach diesem Titel sehnte. Die Ränge waren lange vor Anpfiff restlos gefüllt, und die Zuschauer wiederholten vor allem immer wieder folgenden Gesang, der sich in der Rückrunde, als die Meisterschaft immer mehr in Reichweite kam, etabliert hatte:

Wir werden auf den Tribünen durchdrehen/
Du wirst Pokale gewinnen/
Wer dich nicht liebt, soll sterben/
Dieser 14 Jahre lange Schmerz/
Soll dieses Jahr endlich zu Ende gehen/
Du wirst heute Meister/
Wer dich nicht liebt, soll sterben!

Es war nicht nur gewöhnliche Anfeuerung, sondern eine Botschaft der Fans: Wir wollen diesen Titel, wir brauchen ihn, es gibt keinen anderen Ausweg, zu lange haben wir darauf gewartet: Du wirst heute Meister.

35.800 Zuschauer waren da – nach inoffiziellen Schätzungen noch viel mehr –, nie waren es mehr in der Geschichte des Ali-Sami-Yen.

Eins vorneweg: Beşiktaş gewann das zeitgleiche Spiel gegen Bursaspor, also musste für Gala dringend ein Sieg her. Und bereits nach 19 Minuten erlöste Cevad Prekazi die Fans mit einem gefühlvollen Freistoß, den er aus 16 Metern über die Mauer ins Netz hob. Muhammet Altıntaş besorgte dann nach der Halbzeit die Vorentscheidung. Eskişehir kam durch Nedim Demirbilek kurz danach zum 1:2, am Ende stand aber der Sieg für Gala und damit der erste Meistertitel nach 14 Jahren fest. Trainer Jupp Derwall und sein Assistent Mustafa Denizli lagen sich in den Armen, die Zuschauer stürmten jubelnd den Platz. »Ich habe fast keine Worte«, sagte Derwall im ersten Interview und stellte die Meisterschaft in ihrer Bedeutung für ihn auf eine Stufe mit dem Gewinn der Europameisterschaft mit Deutschland 1980.

Das damals auf den Rängen gesungene Lied hat bis heute überdauert und wird noch immer von den Gala-Fans gesungen. Nur die Stelle, die sich auf die damalige 14-jährige Durststrecke bezog, wurde gestrichen, denn mit dem Titel 1987 war der jahrelange Schmerz auf einen Schlag verflogen.

70. GRUND

Weil Gala mit einem 8:0 die Meisterschaft 1993 klarmachte

Historischer Erfolg oder Wachablösung? Das war die Frage vor dem letzten Spieltag der Saison 1992/93, an dem die Meisterschaft zwischen Gala und Beşiktaş entschieden werden sollte.

Beşiktaş war in den Jahren zuvor die tonangebende Mannschaft der Liga gewesen, hatte drei Meisterschaften in Serie gefeiert und wollte mit der vierten Meisterschaft hintereinander für ein Novum sorgen, da es das zuvor noch nie in der türkischen Liga gegeben hatte.

Gala wollte genau dies verhindern und hatte selbst den ersten Titel nach fünf Jahren vor Augen. Vor der Saison war Karl-Heinz Feldkamp als Nachfolger von Mustafa Denizli als Trainer geholt geworden und unter seiner Regie hatte die Mannschaft eine starke Saison gespielt, doch Beşiktaş ließ einfach nicht locker, und beide Mannschaften wechselten sich im letzten Saisondrittel immer wieder an der Tabellenspitze ab.

Am vorletzten Spieltag kam es zum direkten Duell, das aber keiner der Kontrahenten für eine Vorentscheidung nutzen konnte, am Ende stand es 1:1. Dadurch war die Konstellation vor dem letzten Spieltag dann denkbar knapp: beide Mannschaften mit 63 Punkten, Gala nur aufgrund eines um zwei Treffer besseren Torverhältnisses im Vorteil.

Beşiktaş traf zu Hause auf Gençlerbirliği und gewann mit 3:1, was bedeutete, dass man bei einem Punktverlust von Gala Meister sein würde. Der Tabellenführer war in der Hauptstadt zu Gast, wo er auf Ankaragücü traf – und Feldkamps Truppe ließ wahrlich nichts anbrennen.

Schon zur Halbzeit lag sie komfortabel mit 5:0 in Führung, am Ende stand ein deutlicher 8:0-Sieg, an dem die damaligen deutschen Legionäre Falko Götz und Torsten Gütschow mit zwei beziehungsweise drei erzielten Treffern einen großen Anteil hatten. Somit war die jahrelange Dominanz des Stadtnachbarn gebrochen und die neunte Meisterschaft der Vereinsgeschichte stand fest.

Ein solch hoher Sieg sorgte bei der Konkurrenz schnell für hochgezogene Augenbrauen, und bis heute hält sich das nie belegte Gerücht, Rade Zalad, der damalige Ankara-Torwart, der zuvor auch bei Beşiktaş im Tor stand und 120 Spiele für den Verein machte, habe sich von Gala bestechen lassen, was der Serbe bis heute aber vehement bestreitet. Obwohl Zalad sich damals aus Enttäuschung über die eigene Leistung bereits in der Halbzeit auswechseln ließ und seine Mannschaft auch ohne ihn drei weitere Treffer kassierte, und obwohl Ankara Wochen zuvor auch gegen Beşiktaş bereits mit einem deutlichen 0:6 unter die Räder gekommen war, ist die These bis heute vor allem beim schwarz-weißen Klub verbreitet. Als Beşiktaş 2003 das hundertjährige Vereinsjubiläum feierte und spezielle Trikots anfertigen ließ, auf denen der Name von jedem Spieler stand, der je für Beşiktaş gespielt hatte, war Zalads Name der einzige, der weggelassen wurde.

Und viele Jahre nach dem damaligen Meisterduell sollte es zwischen Gala und Beşiktaş erneut zu einer entscheidenden Begegnung im Meisterschafts-Endspurt kommen, in der Zalads Name erneut eine wichtige Rolle spielen sollte.

71. GRUND

Weil Lucescu den dritten Stern holte

Als Mircea Lucescu vor der Saison 2000/01 als neuer Trainer von Gala verpflichtet wurde, trat er ein sehr schweres Erbe an, denn er übernahm Gala als frischgebackenen UEFA-Cup-Sieger und musste Klublegende Fatih Terim ersetzen.

Lucescu war in der Türkei damals zwar nur den wenigsten ein Begriff, doch der Rumäne mit der schwarzgrauen Lockenpracht war zu dem Zeitpunkt bereits eine echte Trainer-Koryphäe. Schon in den 80er-Jahren hatte er die rumänische Nationalmannschaft trainiert, in den 90er-Jahren folgten Engagements in Italien, unter anderem bei Inter Mailand, und eine erfolgreiche Ära bei Rapid Bukarest, in der er den Verein zum ersten Meistertitel nach 32 Jahren führte.

Nun sollte er bei Gala die Erfolge der letzten Jahre bestätigen und möglichst ausbauen, der Druck war also hoch. Der Einstand gelang aber perfekt, denn im ersten Pflichtspiel unter Lucescus Leitung holte die Mannschaft gegen Real Madrid in Monaco den europäischen Supercup.

Und auch der danach gezeigte Fußball und die erzielten Ergebnisse zeigten recht schnell, dass der rumänische Coach seiner Aufgabe gewachsen war. Gala verbrachte einen Großteil der Hinrunde auf dem ersten Tabellenplatz und holte die Herbstmeisterschaft, erst am 32. Spieltag gab man durch eine 1:2-Heimniederlage gegen Ankaragücü den Vorteil aus der Hand und zog im Titelrennen gegen Fenerbahçe knapp den Kürzeren. Auf internationaler Ebene sorgte die Truppe von Lucescu nach den zwei gewonnenen Titeln weiter für Furore und erreichte als erste türkische Mannschaft das Viertelfinale der Champions League.

Noch bemerkenswerter war, was Lucescu in seinem zweiten Jahr bei Gala erreichte. Nach seiner ersten Saison kam es in der Mannschaft zu einem Einschnitt, zahlreiche Leistungsträger der glorreichen Vorjahre verließen den Verein: Gheorghe Hagi (Karriereende), Gheorghe Popescu (AC Lecce), Cláudio Taffarel (AC Parma), Ümit Davala (AC Mailand), Mário Jardel (Sporting Lissabon), dazu die Eigengewächse Emre Belözoğlu und Okan Buruk (beide Inter Mailand). Lucescus Stamm war also mal eben leergekauft worden, und was er im Gegenzug dafür bekam, war nicht gerade spektakulär; der für 2,5 Millionen Euro von Gençlerbirliği geholte Stürmer Ümit Karan war hierbei noch der teuerste Transfer.

Mit dem stark abgespeckten Kader sollte Lucescu also den Titel von Fener wieder zurückerobern und eine weitere erfolgreiche Champions-League-Saison spielen lassen. Und er tat genau das: 30 von 34 Spieltagen stand Gala an der Tabellenspitze, erlitt die wenigsten Niederlagen, stellte den besten Sturm und die beste Abwehr der Liga und holte damit eine völlig verdiente Meisterschaft, die eine besondere Bedeutung trug und heute noch hat.

Für fünf Meisterschaften bekommt jede türkische Mannschaft nämlich das Recht, einen Stern im Vereinswappen zu tragen, ein wichtiges Statussymbol, das den Erfolg des Vereins widerspiegeln und ihn dazu von der Konkurrenz abheben soll. Dass Gala mit der Meisterschaft 2002 als erster Verein den dritten Stern bekam, machte jeden stolz. Rote T-Shirts, auf denen drei große, gelbe Sterne auf der Brust prangten, wurden damals zum Verkaufsrenner unter den Fans.

Auch in der Champions League konnte Lucescu dann den Erfolg der Vorsaison bestätigen, indem die Mannschaft die Gruppenphase überstand und in der zweiten Gruppenphase gegen die namhaften Gegner FC Barcelona, AS Rom und FC Liverpool bis zum letzten Spieltag ungeschlagen blieb und nur aufgrund einer 0:1-Heimniederlage gegen Barça im letzten Spiel knapp am Viertelfinale vorbeischrammte.

Lucescu war unter den Spielern aufgrund seiner geschickten Mannschaftsführung, aber auch als Taktikfuchs äußerst beliebt und geschätzt. Dass er mit allen Wassern gewaschen war, bewies er bei einer Champions-League-Partie gegen Deportivo La Coruña: Als sich seine Mannschaft gerade einer Druckphase des Gegners ausgesetzt sah und sich kaum befreien konnte, betrat Lucescu plötzlich den Platz und beschwerte sich ohne ersichtlichen Grund wild gestikulierend beim Schiedsrichter. Als er von Journalisten nach dem Grund für seine Aktion gefragt wurde, antwortete er: »Meine Mannschaft war eingeschlafen.« Seine Mannschaft überstand die Angriffswelle und gewann am Ende mit 1:0.

Lucescu machte also so gut wie alles richtig, doch nach seiner zweiten Saison wurde ihm trotz der gerade geholten Meisterschaft von Vereinsseite der Laufpass gegeben, um für die Rückkehr seines Vorgängers Fatih Terim Platz zu machen. Dass dies sportlich gesehen nicht die beste Entscheidung war, zeigt Lucescus Bilanz in den darauffolgenden Jahren: Meister mit Beşiktaş 2003, danach acht Meisterschaften, fünf Pokalsiege und ein UEFA-Cup-Gewinn mit Shakhtar Donetsk in der Ukraine.

Galas langjähriger Kapitän Bülent Korkmaz ist einer von vielen, die die damalige Entlassung Lucescus einen Fehler nennen: »Er hat eine Mannschaft, der niemand etwas zugetraut hat, unter sehr schweren Bedingungen zum Meister gemacht und Galatasaray zu nationalen und internationalen Titeln geführt. Wenn Lucescu ein paar Jahre geblieben wäre, hätten wir mit ihm vielleicht sogar die Champions League gewonnen.«[96]

72. GRUND

Weil Gala keinen Rade Zalad braucht

Nach der Meisterschaft 1993 und den damaligen Gerüchten um Rade Zalad kam es 13 Jahre später erneut zu einem Kopf-an-Kopf-Rennen zwischen Galatasaray und Beşiktaş, und nach wie vor war die Sache mit Zalad vor allem bei den Beşiktaş-Fans noch unvergessen.

Der 33. Spieltag der Saison 2005/2006: Gala ist bei Beşiktaş zu Gast, in einem Derby, dessen Ergebnis möglicherweise vorentscheidend im Kampf um die Meisterschaft sein würde.

Gala befindet sich nämlich wieder einmal in einem knappen Meisterschaftsrennen, diesmal geht es gegen den anderen Stadtrivalen Fenerbahçe. Eine Woche vor Saisonschluss haben beide Vereine gleich viele Punkte auf dem Konto, aufgrund der besseren Tordifferenz ist Fener noch Erster. Um am letzten Spieltag noch realistische Chancen auf den Titel zu haben, muss Gala also möglichst einen Auswärtssieg beim Tabellendritten Beşiktaş holen.

Lange Zeit sieht es aber schlecht aus. Durch Tümer Metin geht Beşiktaş nach der Halbzeit in Führung. Gala-Stürmer Hasan Kabze besorgt zwar gleich drei Minuten nach seiner Einwechslung den Ausgleich, doch selbst das ist zu wenig, um die Ausgangsposition für den letzten Spieltag nicht erheblich zu verschlechtern, denn zur gleichen Zeit führt Konkurrent Fener bereits deutlich mit 4:1 gegen Kayseri Erciyesspor.

In der Schlussphase wirft Gala alles nach vorne, doch die Beşiktaş-Abwehr hält dicht, und auf den Rängen kommt langsam Schadenfreude auf. Als bereits die Nachspielzeit läuft, ist auf den Rängen des Inönü-Stadions dann ein ungewöhnlicher Slogan zu hören. Die Beşiktaş -Fans rufen ihn alle mit, und bei jeder Wiederholung scheinen die Worte lauter zu werden, also ungefähr so:

»Zalad gelsin, sizi kurtarsın!«

»Zalad gelsin, sizi kurtarsın!!«

»Zalad gelsin, sizi kurtarsın!!!«

Übersetzt bedeuten diese Worte: »Zalad soll kommen, um euch zu retten«, eine direkte Anspielung also auf das Titelduell im Jahr 1993, das Gala mit dem 8:0 in Ankara für sich entschieden hatte und das noch immer für Verärgerung beim Rivalen sorgt.

Die Botschaft hinter den Rufen: Damals hat euch die schlechte Leistung von Zalad gerettet, heute kommt ihr nicht mehr davon. Das war's wohl mit dem Titel, schade!

Die 93. Minute, die letzte der Nachspielzeit: Gala rennt weiterhin unaufhörlich an, die Gäste stehen mit dem Rücken zur Wand, dem Heimpublikum gefällt das, die Zalad-Rufe auf den Rängen werden immer lauter. Doch dann, in wenigen Sekunden, zeigt die Mannschaft, dass sie keine Schützenhilfe braucht, und zieht sich am Schopf aus dem Schlamassel.

17 Sekunden vor Ablauf der Spielzeit schlägt Sabri Sarıoğlu einen letzten langen Ball in den Sechzehner, wo Hakan Şükür den Ball per Kopf an die Strafraumlinie auf Hasan Kabze ablegt. Der verzögert einen Moment, um den perfekten Zeitpunkt für den Abschluss abzuwarten, und jagt dann den Ball unhaltbar volley ins lange Eck.

Das Stadion erstummt, bis auf den in lautem Jubel ausbrechenden Gala-Fanblock, Hasans Last-Minute-Treffer bringt den Glauben an den Titel zurück. Und diesmal muss dafür keiner als

Sündenbock oder Ausrede herhalten, kein Zalad, keine haltlosen Gerüchte über Bestechungen, die Erklärung ist einfach und sie heißt: Hasan Kabze.

Durch seinen Doppelpack ist Gala im Titelrennen noch am Leben, und Gala und Fener gehen punktgleich in ein Saisonfinale, das am Ende sogar noch einmal um einiges dramatischer werden sollte.

73. GRUND

Weil die 16. Meisterschaft erst nach 16 Minuten Nachspielzeit feststand

Eine Woche nach Hasan Kabzes Treffer, der das Inönü-Stadion in allerletzter Sekunde verstummen ließ, kam es zum Showdown am letzten Spieltag der Saison 2005/06 mit Fenerbahçe.

Beide Mannschaften spielten eine starke Saison und hatten vor dem letzten Spieltag jeweils 80 Punkte auf dem Konto, sodass es am letzten Spieltag zu einem Fernduell um den Titel kam.

Das von Christoph Daum trainierte Fener trat bei Denizlispor an und hatte den Vorteil auf seiner Seite, denn die bessere Tordifferenz sprach nach wie vor für Galas Konkurrenten. Ein Sieg beim Abstiegskandidaten Denizli hätte in jedem Fall die Meisterschaft für Fener bedeutet, ganz unabhängig davon, wie das Heimspiel von Gala gegen Kayserispor ausgehen sollte.

Galas damaliger Vizepräsident Adnan Polat gab sich im Vorfeld des Spieltags trotz der schwierigen Ausgangslage zuversichtlich. Mehr noch, er versprach die Meisterschaft öffentlich: »Es wird nicht leicht, doch am Sonntagabend um 20.45 Uhr werden wir der Meister sein.«[97]

Die Ankündigung war mutig, denn die Statistiken sprachen für Fener. Noch nie zuvor war in der Süper Lig eine Mannschaft als

Tabellenführer in den letzten Spieltag gegangen und hatte dann noch die Meisterschaft verspielt.

Und dann ging es los. Gala hatte mit Kayseri wenig Probleme, das frühe 1:0 durch Saša Ilić in der 18. Minute ließ die Fans durchatmen, und Sabri Sarıoğlu stellte nach der Halbzeit mit einem Doppelpack sicher, dass die Pflichtaufgabe erfüllt wurde. Doch nach wie vor hing alles davon ab, was sich in Denizli abspielte. Denizli musste dringend gegen den Favoriten gewinnen oder einen Punkt holen, um Gala zum Meister zu machen, doch lange Zeit tat sich nichts.

Dann die denkwürdige 88. Minute im Ali-Sami-Yen-Stadion: Galas Cihan Haspolatlı bekommt rechtsaußen den Ball und flankt flach in den Strafraum auf Stürmer Necati Ateş. In dem Moment kommt es plötzlich auf den Rängen zu einem unglaublichen Lärm. Necati ist davon so überrascht, dass er den einfachen Pass bei der Annahme verstolpert, auch seine Mitspieler sind für einen Moment verwirrt und schauen sich fragend um. Was war passiert?

Ganz einfach: Tornachricht aus Denizli! Dort hat Mustafa Keçeli nämlich soeben einen Denizli-Konter zum 1:0 abgeschlossen und Gala damit dem Titel ganz nahe gebracht. Die Meldung verbreitet sich in Sekundenschnelle, Galas Mittelfeldspieler Hasan Şaş rennt über den Platz und wedelt jubelnd mit den Armen, um das eigentliche Spiel gegen Kayseri kümmert sich plötzlich niemand mehr.

Als die Partie schließlich abgepfiffen wird und der 3:0-Sieg für Gala feststeht, weiß keiner so recht, was das nun zu bedeuten hat. Ist Gala jetzt Meister oder nicht? Zumindest nicht sofort. Denn da die Zuschauer in Denizli die Partie immer wieder durch auf den Platz geworfenes Konfetti unterbrochen haben, muss dort viel länger nachgespielt werden.

Also wird im Ali-Sami-Yen-Stadion weiter gewartet und gebangt, und wo Minuten vorher ob des Treffers für Denizli ausgelassener Jubel war, herrscht jetzt angespannte Stille. Die Mannschaft, Trainer Eric Gerets und zahlreiche Verantwortliche versammeln sich im Innenraum der Haupttribüne und sehen sich an einem kleinen Fernseher live die Schlussphase in Denizli an. Sie sehen, wie Fener alles nach vorne wirft und in der 90. Minute durch Tuncay Şanlı zum Ausgleich kommt.

Jetzt wird es noch mal eng. Ein weiterer Treffer für Fener, und die Meisterschaft wäre für Gala futsch. Die Anspannung steigt weiter an, die Spieler schreien immer wieder in Richtung Bildschirm: »Pfeif ab! Pfeif doch endlich ab!« Gerets bleibt dagegen äußerlich ruhig und starrt ruhig auf den Bildschirm. Kapitän Hakan Şükür kauert währenddessen mit seinen zwei kleinen Töchtern auf dem Rasen und wartet auf die endgültige Nachricht, der emotionale Hasan Şaş läuft orientierungslos und unter Tränen über den Platz, und Torwart Faryd Mondragón murmelt leise Gebete vor sich hin.

Dann, nach geschlagenen 16 Minuten Nachspielzeit in Denizli, ist es endlich so weit: Abpfiff! Fener holt nur einen Punkt, Gala ist Meister. Jetzt gibt es kein Halten mehr. Die Spieler schreien, jubeln, rennen los in Richtung Rasen, der vorher noch stoische Gerets schreit ebenso seine Freude heraus, alle liegen sich in den Armen, Tränen fließen, unendliche Freude überall.

Das Besondere an der Meisterschaft ist zum einen die unglaubliche Dramatik des Endspurts, zum anderen natürlich die Tatsache, dass man sich im Kräftemessen gegen den Erzrivalen Fener durchgesetzt und ihm im letzten Moment die schon sicher geglaubte Meisterschaft aus der Hand genommen hat.

Dann kommt der große Auftritt des Adnan Polat. Er schnappt sich ein Mikrofon, geht in den Mittelkreis und stellt den jubelnden Anhängern eine kurze, aber vielsagende Frage: »Wie spät ist es?« Und von den Rängen schallt es zurück: »20.45!«

Die Uhrzeit ist für Gala-Fans seitdem zu einem geflügelten Wort geworden. Sie steht symbolisch für eine in allen Belangen denkwürdige Meisterschaft.

74. GRUND

Weil Nonda zur Meisterschaft einköpfte

2007 kehrte Karl-Heinz Feldkamp nach 14 Jahren als Trainer zu Gala zurück, und das Comeback sorgte für großes Aufsehen. Bei seiner Ankunft am 22. Juni wurden Feldkamp und seine Ehefrau Helma von einem Blitzlichtgewitter empfangen, doch nicht bei allen Beteiligten sorgte die Rückkehr des damals 73-Jährigen als Trainer für Begeisterung. Die Entscheidung darüber war im Vorstand nicht einstimmig getroffen worden, sechs von 15 Gremiumsmitgliedern blieben deshalb Feldkamps offizieller Vorstellung fern.

Erschwert wurde der Auftakt in die zweite Amtszeit von »Kalli« zudem durch eine Hypothek aus der Vorsaison, denn nachdem die Fans bei einer Derby-Niederlage gegen Fenerbahçe das Stadion verwüstet hatten, musste Gala ganze fünf Spiele ohne Zuschauer absolvieren.

Die mit Transfers wie Lincoln, Shabani Nonda und den aus Deutschland geholten Talenten Barış Özbek und Serdar Çalık verstärkte Truppe startete trotzdem sehr gut in die Runde und verbrachte 14 der 17 Spieltage in der Hinrunde auf dem ersten Platz.

Der große Aufreger, der den Verein und vor allem die Medien wochenlang in Aufruhr versetzte, ereignete sich am 7. Spieltag: Am Abend vor dem Derby gegen Beşiktaş übernachtete die Mannschaft wie üblich vor wichtigen Spielen im Vereinsgelände in Florya. Als sich herausstellte, dass die Spieler Hakan Şükür und Lincoln Besuch von Angehörigen auf dem Gelände hatten, wurden sie von Feldkamp für die Beşiktaş-Partie suspendiert, da sie gegen die Regeln verstoßen hatten.

Dass die zwei großen Stars im Kader das Derby von der Tribüne aus mitverfolgen mussten, wurde kontrovers diskutiert, doch auch ohne Şükür und Lincoln gewann Gala das Derby mit 2:1.

In der Liga war Gala danach konstant und blieb oben dabei, im UEFA-Cup gab es aber mit dem 2:3 gegen Helsingborg IF und vor allem dem 1:5 bei Bayer Leverkusen empfindliche Niederlagen.

Im März 2008 wurde Adnan Polat zum Präsidenten gewählt, und nur Tage später stand ihm der erste Krisenherd ins Haus: Am 5. April, die Mannschaft befand sich gerade im Titelrennen gegen Fenerbahçe, erklärte Trainer Feldkamp für die Öffentlichkeit völlig überraschend seinen sofortigen Rücktritt. In der offiziellen Stellungnahme des Vereins war von »unterschiedlichen Auffassungen zwischen Trainer und Vorstand« die Rede.

Für Feldkamp übernahm Assistent Cevat Güler, der schon unter Fatih Terim als Konditionstrainer gearbeitet hatte. Gala gewann die nächsten drei Spiele hintereinander, und zwei Spieltage vor Schluss kam es zum vorentscheidenden Derby gegen Fener.

Beide Mannschaften waren punktgleich, der Sieger müsste also nur noch die restlichen zwei Wochen schadlos überstehen, um Meister zu werden. Im Derby im Ali-Sami-Yen wurde Stürmer Nonda der glückliche Matchwinner: In der 37. Minute kam es zum Missverständnis in der Fener-Abwehr zwischen Torwart Volkan Demirel und Abwehrspieler Edu, Nutznießer war Nonda, der den Ball ins leere Tor köpfte und damit für den 1:0-Sieg sorgte.

Mit dem Sieg im Derby war die Meisterschaft entschieden, Gala gewann die restlichen Partien in Sivas (5:3) und gegen Gençlerbirliği (2:0) und holte sich die 17. Meisterschaft.

75. GRUND

Weil Kalli sagt, was Sache ist (IV)

Ein Gespräch mit dem früheren Gala-Trainer Karl-Heinz Feldkamp – über sein Comeback 2007.

Herr Feldkamp, Sie kehrten zur Saison 2007/08 mit 73 Jahren als Galatasaray-Trainer zurück, was für viele überraschend kam. Wie kam das zweite Engagement zustande?

Im Februar 2007 war ich für eine Gala in Istanbul und wurde von Adnan Polat, den ich von meiner ersten Amtszeit kannte, zu einem Gespräch gebeten. Er erzählte mir, dass er Präsident werden wolle, und legte seine Zielsetzungen dar: neue Mannschaft aufbauen, natürlich Meister werden und den Bau des neuen Stadions vorantreiben. Und am Ende sah er mich dann an und sagte: »Und du musst bitte der neue Trainer werden.«

Ich habe mir zwei Monate Bedenkzeit erbeten, in denen ich mir Gedanken machte, ob ich körperlich noch fit genug war, und die Sache gemeinsam mit meiner Familie abgewogen. Ende März stand dann die Entscheidung fest, und wir sagten uns: Wir machen das.

Sie blieben auch bei Ihrer zweiten Amtszeit Ihren Prinzipien treu und machten auch nicht vor großen Namen halt. Für viel Aufsehen sorgte die Suspendierung von Kapitän Hakan Şükür und Spielmacher Lincoln vor dem wichtigen Derby gegen Beşiktaş. Hatten Sie bei der Entscheidung von Vereinsseite aus immer volle Unterstützung oder gab es auch Widerstand?

Das sind für mich Dinge, die kann man nicht vorher mit dem Vorstand diskutieren. Dieses Risiko bin ich über die Jahre immer wieder eingegangen, ich habe immer meine eigenen Entscheidungen getroffen. Hinterher, als wir das Spiel gegen Beşiktaş gewonnen hatten, sagten die Leute vom Vorstand: »Wunderbar, das hast du gut gemacht!« Ich sage immer, als Trainer muss man von zehn Entscheidungen acht richtige treffen. Und diese Entscheidung war eine davon, die war absolut richtig.

Lincoln kam genau wie Sie vor der Saison zu Gala, als er von Schalke 04 geholt wurde. Er galt ja nie als der pflegeleichteste Spieler. Waren Sie in den Transfer schon mit involviert, und wie kamen Sie mit ihm als Spielertyp zurecht?

Der Vertrag mit Lincoln war bereits unterzeichnet, als ich kam, in die Entscheidung war ich also nicht mit eingebunden. Ich kannte ihn aber ja bereits aus Deutschland und war deshalb der Meinung, dass Galatasaray wirtschaftlich viel zu viel für ihn investieren musste.

War Lincoln vielleicht auch ein Kauf für die Fans, die sich seit Gheorghe Hagi nach einem Nachfolger auf der Zehnerposition sehnten?

So habe ich das gesehen, ja. Um eins klarzustellen: Er ist ein hervorragender Fußballer. Aber für das, was er den Verein kostete, hätten wir aus meiner Sicht einen auf lange Zeit gesehen besseren bzw. einen besser zu Galatasaray passenden Spieler bekommen können. Man hat ja dann auch gesehen, dass es auf Dauer nicht geklappt hat und nicht länger gut ging als ein Jahr.

Sportlich hatten Sie nach Ihrer Rückkehr erneut Erfolg, erklärten dann aber im April 2008 Ihren Rücktritt, der völlig unerwartet kam und für Spekulationen sorgte. Gemunkelt wurde über gesundheitliche Probleme Ihrerseits, aber auch über Differenzen mit der Vereinsführung.

Bis dahin hatten wir alle gemeinsam ausgegebenen Ziele erreicht. Herr Polat wurde mit riesigem Abstand zum Präsidenten gewählt, er bekam fast 90 Prozent der Stimmen. Die Mannschaft funktionierte und spielte um die Meisterschaft. Dann kam es aber zum Bruch zwischen Polat und mir, da meine Kompetenz als Trainer von ihm überschritten wurde, indem er sich in sportliche Fragen einmischen wollte und beispielsweise auf eigene Faust eine Spielersitzung abhielt. Natürlich durfte er mit der Mannschaft sprechen, aber es gibt Themen, die kann ein Präsident nicht mit der Mannschaft besprechen. Mit meiner Gesundheit hatte meine Entscheidung gar nichts zu tun, ich war top drauf und hellwach, hatte keine Probleme. Andere wären vielleicht geblieben, um die Meisterschaft noch mitzunehmen, doch ich konnte so etwas einfach nicht akzeptieren.

KAPITEL 11

DIE RIVALITÄT

WARUM GALA BESSER, STÄRKER, COOLER ALS FENER IST

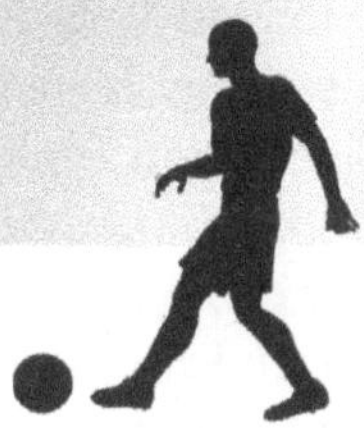

76. GRUND

Weil Gala gegen Fener das heißeste Derby der Welt ist

Galatasaray gegen Fenerbahçe ist das größte, umkämpfteste, heißeste Derby der Welt! Und das mit Abstand. Nichts gegen Dortmund gegen Schalke, nichts gegen Glasgow Rangers und Celtic Glasgow oder Manchester United gegen Manchester City, und auch kein Vorwurf an Real gegen Barça oder River Plate gegen die Boca Juniors. Natürlich sind das alles weltbekannte Aufeinandertreffen, in denen es hoch hergeht, aber gegen Gala vs. Fener ist das meiste davon einfach harmlos.

Dabei ging es zwischen Gala und Fener eigentlich noch recht harmonisch los. In den Anfangsjahren herrschte nämlich noch ein freundschaftliches Verhältnis zwischen den zwei Nachbarn, Gala hatte mit dem zwei Jahre später gegründeten Verein freundlichen Kontakt, Spieler und Funktionäre kannten und schätzten sich, und 1912 stand sogar kurzzeitig eine Zusammenführung der Vereine im Raum – eine dahin gehende Einigung zwischen Ali Sami Yen und dem damaligen Fener-Präsidenten Hulusi Bey ist belegt.

Dazu kam es aber nicht, und am 23. Februar 1934 eskalierte das Verhältnis schlagartig, als beide Mannschaften im Istanbuler Taksim-Stadion aufeinandertrafen. Schuld daran war folgende Szene in der 60. Minute: Gala-Spieler Kadri Dağ foult Mehmet Reşat Nayır, und danach kommt es zur Rudelbildung zwischen beiden Mannschaften, die schnell zu einer Massenschlägerei ausartet, in die Spieler, Betreuer und Zuschauer verwickelt sind.

Die Partie wird abgebrochen, kurz darauf werden 17 Spieler auf beiden Seiten für lange Zeit gesperrt. Beşiktaş ist der lachende Dritte und schnappt sich die Meisterschaft, während Gala und Fener von da an erbitterte Feinde sind.

Warum sich der Konflikt heute, also 80 Jahre nach dem Vorfall, nicht abgekühlt hat, sondern seither eher noch um ein Vielfaches angewachsen ist, hat mehrere Gründe. Zum einen handelt es sich natürlich traditionell um die zwei stärksten Klubs der Türkei, bei denen die Meisterschaft Jahr für Jahr das Minimalziel ist, was jedes Derby sportlich bedeutsam macht und für den Nachbarn ein Hindernis auf dem Weg zu Titeln und Erfolg darstellt.

Hinzu kommt, dass die Vereine zwar aus der gleichen Stadt kommen, dafür aber auf zwei verschiedenen Kontinenten zu Hause sind. Gala befindet sich auf der europäischen Seite des Bosporus, Fener ist in Asien zu Hause. Das ist eine einzigartige Konstellation, denn es handelt sich um zwei unmittelbare Nachbarn, die aber im Grunde aus zwei verschiedenen Welten kommen.

Am meisten wird das Derby aber angefeuert durch die Fans. Dass die Türkei eine absolute Fußballnation ist, weiß man, und kaum etwas verdeutlicht das so sehr wie das Drumherum vor, während und nach jedem Spiel zwischen Gala und Fener. Derby-Tag heißt in Istanbul immer Ausnahmezustand, dann wird schon der in Richtung Stadion aufbrechende Mannschaftsbus von Tausenden Fans mit Anfeuerungsrufen, Trommeln und Feuerwerkskörpern auf die Reise geschickt, und nach dem Spiel warten die Anhänger erneut auf die Mannschaft. Wenn sie gewonnen hat, wird sie umso lauter abgefeiert, wenn sie verloren hat, kann es sein, dass sie versuchen, den Bus zu stürmen. Jeder neue Gala-Spieler weiß schon kurz nach seiner Ankunft, dass ihn erst ein Tor gegen Fener zum wahren »Galatasaraylı« macht, und ein Sieg im Derby ist genauso wichtig wie die Meisterschaft. Bei beiden Vereinen ist es mit das Hauptziel, besser zu sein als der große Rivale, Tag für Tag, Woche für Woche, Saison für Saison, und vor allem Derby für Derby. Wenn Gelb-Rot und Gelb-Blau aufeinandertreffen, zählt in der Türkei für 90 Minuten nichts anderes mehr.

Und wenn es ein Derby gibt, das mit einem deutlichen, denkwürdigen oder sonst wie außergewöhnlichen Sieg über den Erzrivalen endet, dann wird es mit dem Abpfiff zu einem unvergessenen Bestandteil der Vereinsgeschichte, egal auf welcher Seite.

77. GRUND

Weil sieben Mann mit 7:0 gewannen

Sportlich gesehen begann die Geschichte zwischen den Gelb-Roten und den Gelb-Blauen mit der klaren Dominanz von Gala. Mit einem 2:0-Erfolg im ersten Aufeinandertreffen am 17. Januar 1909, bei dem das Gründungsmitglied Emin Bülent Serdaroğlu beide Tore erzielte, ging es los. Insgesamt gewann Gala die ersten sieben Derbys, und das jeweils zu null. Bis Fener gegen Gala ein Tor erzielen und eine Partie gewinnen konnte, dauerte es fünf Jahre.

Unter die anfängliche Siegesserie fiel auch ein Derby, das aufgrund der Umstände und des Endergebnisses in die Geschichte eingegangen ist:

Am 12. Februar 1911 trafen beide Teams in der Istanbuler Fußballliga aufeinander, Gala hatte gerade den zweiten Titel in Folge hinter sich, war auf dem Weg zur dritten Meisterschaft und hatte bereits die erste Partie gegen Fener in jener Saison mit 5:0 gewonnen. Diesmal aber waren die Vorzeichen nicht so gut. Wie alle damaligen Spiele der Liga fand die Begegnung auf dem »Papazın Çayırı« genannten Spielfeld statt, das sich im Stadtteil Kadıköy befand und an dessen Stelle heute das Şükrü-Saraçoğlu-Stadion von Fener steht.

Gala musste also den Bosporus überqueren, um zum Spielort zu kommen, da aber ein heftiges Unwetter tobte, schafften es nur sieben Mann bis zum Anpfiff. Das hinderte sie aber nicht daran, den Nachbarn mit 7:0 abzuschießen, und erneut war mit dem vierfachen Torschützen Celal Ibrahim ein Gründungsmitglied hauptverantwortlich für den Sieg.

Am Saisonende feierte Gala mit einer überzeugenden Statistik die dritte Meisterschaft in Folge, mit acht Siegen in acht Spielen, 26 geschossenen und nur zwei kassierten Toren, während Fener die erste Saison nach der Gründung mit sechs Niederlagen als Tabellenletzter abschloss.

Der 7:0-Sieg von damals bleibt bis heute der höchste Sieg, den es in einer Begegnung zwischen Gala und Fener je gab.

78. GRUND

Weil Fener die Gala-Pose imitiert

Am 9. Spieltag der Saison 2013/14 gewann Gala bei Kayserispor mit 4:2. Das zwischenzeitliche 2:0 erzielte Aurélien Chedjou in der 25. Minute, und der Torjubel des Kameruners war der Auftakt zu einem weiteren Streitthema in der ewigen Feindschaft zwischen Gala und Fener.

Der kamerunische Innenverteidiger, vor der Saison für 6,3 Millionen Euro von OSC Lille geholt, rannte nach seinem Treffer zur Eckfahne, hinter der sich der Gala-Fanblock befand, und posierte dort gemeinsam mit Felipe Melo und Didier Drogba, in erstarrter Pose und mit strengem Blick.

Die drei Gala-Legionäre sahen aus wie drei Fußballerstatuen in einer Reihe. Ein interessanter Torjubel, der einige Aufmerksamkeit in Medien und der Öffentlichkeit erhielt. »Wo schauen diese Männer denn hin?«, fragte beispielsweise die Zeitung *Akşam* in ihrem Online-Auftritt.[98]

Der Stadtrivale von der anderen Bosporus-Seite bekam recht schnell Wind von der Sache und entschied, auf den Zug mit aufzuspringen. Rund einen Monat später, Fener hatte gerade mit 2:1 gegen Çaykur Rizespor gewonnen, postete der offizielle Twitter-Account des Vereins Bilder aus der Fener-Kabine, die stark an den Chedjou-Melo-Drogba-Jubel erinnerten. Denn darauf war die gesamte Fener-Truppe zu sehen, ebenfalls geschlossen in einer Wir-haben-gewonnen-und-sehen-jetzt-aus-wie-Statuen-Pose.

Wenige Tage später gewann Gala in der Champions League gegen Juventus mit 1:0 und erreichte dadurch das Achtelfinale der Königsklasse. Danach posierte die Mannschaft wiederum nach dem Spiel in der Kabine in der beschriebenen Art für ein Foto.

Und so ging das auch in den folgenden Wochen weiter. Die Medien wurden schnell auf das Posen-Hickhack aufmerksam (»Der Foto-Streit wird immer größer«[99], »Galatasaray schickt eine Botschaft an Fenerbahçe«[100]), und auch die Spieler stichelten öffentlich munter drauflos. Fener-Stürmer Pierre Webó postete auf Twitter ein Foto der Gala-Mannschaft, das mit »Fälschung«[101] betitelt war, »Wer keine Persönlichkeit hat, kopiert andere«[102], ließ daraufhin Melo wissen, ebenfalls per Twitter.

Es ging also wieder einmal rund, ein weiteres Kapitel in der jahrzehntelangen Rivalität, das ganz klassisch zeigt, dass jede noch so kleine Sache zum Wetteifern führen kann und man sich zwischen diesen Vereinen nichts schenkt.

Dabei war das ganze Hin und Her im Grunde zwecklos, denn ein Blick in alte Archivaufnahmen zeigt, auf welcher Seite die strittige Pose wirklich ihre Herkunft hat: Wenn man sich die Fotos der Kader ansieht, die jeweils für Gala und Fener die erste Meisterschaft holten, sieht man, dass es schon vor über hundert Jahren in Mode war, nach sportlichen Erfolgen diese mit möglichst coolen Posen auf dem Mannschaftsfoto zu feiern – die Aufnahmen erinnern an die heutigen Kabinen-Bilder, um die gestritten wird.

Der Knackpunkt: Das angesprochene Meisterschaftsfoto von Gala stammt von 1908, das von Fener wurde erst drei Jahre später aufgenommen, nämlich als Fener 1911 zum ersten Mal Meister wurde. Also: Streitfall gelöst, Vorteil für Gala. Sorry, Fener!

79. GRUND

Weil Christian Vieri Fenerbahçe nicht kennt

Die folgende Anekdote ist nicht nur eine wirklich lustige, sondern vor allem aus Gala-Sicht eine sehr schöne. Leider ist sie nicht einwandfrei belegt, hält sich aber in der Türkei nun schon seit mehreren Jahren und soll deshalb an dieser Stelle nicht unerwähnt bleiben.

Anno 1998 ging in türkischen Zeitungen das Gerücht herum, Fenerbahçe sei an Christian Vieri interessiert.

Der italienische Stürmer, damals noch bei Lazio aktiv, soll daraufhin von Journalisten auf einer Pressekonferenz auf den Interessenten Fenerbahçe angesprochen worden sein und darauf nur folgende Antwort gegeben haben:

»Wer ist Fenerbahçe? Spielt der bei Galatasaray?«

80. GRUND

Weil Gala Fener einen einzigartigen Pokal wegschnappte

Mustafa Kemal Atatürk, der Staatsgründer der Türkei, wird wie in der ganzen Türkei auch bei Galatasaray tief verehrt. Nicht nur weil er die moderne Türkei begründete, sondern auch weil er dabei wie Galatasaray sowohl für die Besinnung auf die türkische Identität und Tradition als auch für die Öffnung gegenüber westlichen Einflüssen stand.

Und so kommt es, dass, obwohl sich im Galatasaray-Vereinsmuseum heute Unmengen von Pokalen und anderen Erinnerungsstücken befinden, wenige bis gar keine von ihnen in ihrer symbolischen Bedeutung für den Verein an eine Trophäe herankommen, die 1928 gewonnen wurde.

Atatürk richtete nämlich im August 1928 eine Partie zwischen Galatasaray und Fenerbahçe aus, deren Gewinner eine eigens hergestellte Trophäe bekommen sollte und deren Einnahmen der türkischen Luftfahrvereinigung zugute kommen sollte.

Es war schon im Vorfeld eine äußerst prestigeträchtige Veranstaltung, die Zeitungen berichteten im Vorfeld tagelang über die mit Spannung erwartete Partie, und der berühmte italienische Bildhauer Pietro Canonica zeichnete für die Herstellung der Trophäe verantwortlich, die der Gewinner einheimsen sollte. Er entschied sich für eine Büste, die Atatürk darstellte und »Gazi-Büste« genannt wurde.*

Schon allein, dass das Spiel von Atatürk ausgerichtet wurde und der Staatsgründer auf der Trophäe zu sehen war, gab der Begegnung einen sehr hohen symbolischen Wert und stellte bereits sicher, dass dieses Derby noch umkämpfter sein würde als sonstige Aufeinandertreffen zwischen den zwei Lokalrivalen.

Als es so weit war, erwischte Fener im Istanbuler Taksim-Stadion den besseren Start und war auf bestem Wege, den Pokal mit heimzunehmen, denn bis zur 77. Minute lag Gala mit 1:3 hinten. Dann aber trafen Muslihittin Peykoğlu und Latif Yalınlı zum Ausgleich, und ein Wiederholungsspiel musste her.

Erst drei Wochen später, am 31. August 1928, kam es dann zur entscheidenden Revanche. Da Fener im ersten Spiel lange Zeit die bessere Mannschaft war, gingen sie als Favorit in das Rückspiel, zumal bei Gala zwei Spieler in der Startelf standen, die kurz davor noch in der dritten Mannschaft spielten – einer von ihnen war Stürmer Necdet.

Doch im zweiten Spiel hatte das damals vom englischen Coach Billy Hunter trainierte Gala mit dem Konkurrenten wenig Mühe und gewann recht deutlich mit 4:0. Der überraschend aufgebotene Necdet war mit drei Treffern dafür hauptverantwortlich. Wie

* *Gazi = Ehrentitel für Feldherren*

am nächsten Tag in der *Cumhuriyet* zu lesen war, schlug die hohe Niederlage bei den Fener-Spielern schon während der Partie stark auf die Stimmung: »Als sie merkten, dass die Niederlage unumgänglich war, versuchten sie, Unruhe zu stiften«, war zu lesen, die Spieler hätten »regelrecht eine Ausrede dafür gesucht, einen Kampf mit den Galatasaray-Spielern anzufangen«.[103]

Den Löwen war es egal, sie nahmen die Atatürk-Trophäe mit nach Hause und stellten sie später ins Museum, wo sie heute noch zu bewundern ist und für den Verein einen der wichtigsten gewonnenen Pokale überhaupt darstellt.

81. GRUND

Weil Fener meistens einen Schritt hinterher ist

Liebe Fener-Fans, wir müssen reden. Also es geht um – wie sollen wir das sagen, ohne zu überheblich zu wirken?–, ja also um die Tatsache, dass Gala euch so gut wie immer und in allem einen Schritt voraus ist.

Doch! Ist so.

Ihr wollt Beispiele? Okay, schauen wir uns doch mal das Datum der Vereinsgründung an. Wir 1905, ihr 1907. Reicht das?

Nein? Gut, wie wärs mit der Anzahl an nationalen Erfolgen? Bei den Meisterschaft habt ihr 2014 gleichgezogen, aber wir hatten vorher die 19 voll. In Sachen türkische Pokalsiege könnt ihr nicht mithalten: 15 zu 6. Dito beim türkischen Supercup: Gala 13, Fener 8.

Und wenn wir uns die auf internationaler Ebene geholten Titel ansehen, steht bei uns der UEFA-Cup und der dazugehörige Supercup in der Vitrine, bei euch steht allenfalls der Ich-steh-hier-nur-damit-es-nicht-so-leer-aussieht-Pokal.

Immer noch nicht überzeugt? Dann probieren wir es zum Abschluss mal mit einer Anekdote aus den späten Neunzigern:

Gala war damals im Vormarsch und gewann mit Fatih Terim einen Titel nach dem anderen, Fener kam nicht mit. Einen großen Anteil an der Meisterschaft 1997 hatte der rumänische Stürmer Adrian Ilie, der im Januar kam, sich gleich gut einfand und mit sechs Treffern in der Rückrunde zur Meisterschaft beitrug. Ein halbes Jahr nach seiner Ankunft wurde sein jüngerer Bruder Sabin von Fener verpflichtet. Bis heute hält sich das Gerücht, dass Fener den Spieler einfach mal auf gut Glück holte, nach dem Motto: Der Bruder kann ja kicken, also wird der hier auch was auf dem Kasten haben.

Ob es stimmt oder nicht: Während Galas Ilie sofort einschlug und nach zwölf Treffern in einem Jahr gewinnbringend nach Valencia weiterverkauft wurde, wurde Feners Ilie recht schnell mit drei Toren im Gepäck zu Kocaelispor weiterverscherbelt.

Nehmen wir mal mit etwas Fantasie an, wir wären bei der Besprechung im Fener-Lager dabei gewesen, in der die Verpflichtung entschieden wurde:

Präsident: Mann, der Terim hat ja echt nicht geblöfft. Meister mit 82 Punkten, das ist schon harter Tobak. Wie viele Punkte hatten wir?

Sportdirektor: 73.

Präsident: Elf Punkte Rückstand? Verdammt!

Sportdirektor: Es sind neun Punkte.

Präsident: Ah ja, halt, stimmt. Trotzdem zu viel. Was jetzt?

Sportdirektor: Wir sollten neue Spieler kaufen. Ich hab da auch schon jemanden an der Angel. Der ist auch ganz günstig! Heißt Sabin Ilie.

Präsident (grübelt): Ilie … Ilie. Ilie? Moment, spielt nicht bei Gala seit Neuestem einer, der so heißt? Der schnelle rumänische Stürmer? Der ist 'ne Waffe.

Sportdirektor: Ja, genau. Der bei Gala heißt Adrian, und Sabin ist sein jüngerer Bru…

Präsident (schlägt mit der Faust auf den Tisch): Kaufen!

82. GRUND

Weil Emre erst bei Fener zum meistgehassten Spieler der Türkei wurde

Als Emre Belözoğlu noch bei Gala war, galt er als die Zukunft des Vereins und die große Hoffnung des türkischen Fußballs. Heute ist er der vielleicht meistgehasste Spieler in der türkischen Liga überhaupt. Wie konnte es so weit kommen?

Emre, der bei Zeytinburnuspor groß wurde, kam als Jugendlicher zu Gala und fuhr in den Anfangsjahren noch per Zug zum Training im Istanbuler Stadtteil Florya. Der kleine Mittelfeldspieler machte den damaligen Trainer Fatih Terim schnell auf sich aufmerksam und wurde bereits mit 17 zu den Profis hochgezogen. Dort stieß Emre zu einem herausragenden Kader, wurde von den Routiniers aufgrund seines großen Talents schnell akzeptiert und an die Hand genommen. Besonders Gheorghe Hagi wurde schnell zu Emres Mentor und legte nach dem Training oft Extra-Schichten mit dem Youngster ein. Nachdem Emre jahrelang mit dem Zug ins Training gefahren war, holten Arif Erdem, Okan Buruk und Hakan Ünsal ihren neuen Mitspieler schließlich in ihre gemeinsame WG.

Schon in seiner zweiten Saison eroberte sich Emre einen Stammplatz und wurde zu einem der Leistungsträger. Und da Gala in jenen Jahren international für viel Furore sorgte, dauerte es auch nicht lange, bis die großen Vereine Europas hinter Emre her waren. Als Emre 2001 schließlich seinen Wechsel zu Inter Mailand bekannt gab, hatte er mit Gala vier Meisterschaften, zweimal den türkischen Pokal, den UEFA-Cup und den Europäischen Supercup gewonnen.

Nach seinem Wechsel kündigte Emre an, bei einer Rückkehr in die Türkei nur für Gala spielen zu wollen: »Wenn ich irgendwann in die Türkei zurückkehre, möchte ich unbedingt zurück zu Galatasaray. Ich liebe Galatasaray sehr.«[104]

Nach vier Jahren in Mailand wechselte Emre nach England zu Newcastle United, wo er für einige negative Schlagzeilen sorgte. Die damaligen Everton-Spieler Joleon Lescott und Tim Howard legten Anfang 2007 beim englischen Verband nach einer Partie zwischen Newcastle und Everton Beschwerde ein und gaben an, Emre habe ihren Mitspieler Joseph Yobo rassistisch beleidigt. Kurze Zeit später tat es ihnen Alhassan Bangura vom FC Watford gleich und gab ebenfalls an, während einer Partie von Emre rassistisch beleidigt worden zu sein. Emre konnten die Beleidigungen nicht nachgewiesen werden und er wurde vom Verband freigesprochen, doch Lescott und Co. blieben vehement bei ihren Anschuldigungen.

Im Sommer 2008 folgte dann die Rückkehr in die Türkei, und dadurch, dass Emre sich für seine Rückkehr nicht wie angekündigt seinen früheren Verein Gala, sondern den Erzrivalen Fenerbahçe aussuchte, war er bei den Gala-Fans für immer unten durch.

Auch bei Fener kam Emre immer wieder in die Schlagzeilen: Mal drohte er einem Gegenspieler, der ihn vorher gefoult hatte, indem er mit dem Finger symbolisch über die eigene Kehle fuhr, mal drohte er einem aufdringlichen Journalisten an, ihn »bis zum Morgengrauen zu verprügeln«[105], und erneut kam es zu einem Rassismus-Vorfall, als Trabzons Didier Zokora Emre vorwarf, ihn einen »dreckigen Neger«[106] genannt zu haben. Diesmal ging die Sache bis vor Gericht, und im Juni 2014 wurde Emre zu einer zweieinhalbmonatigen Haftstrafe verurteilt, die zur Bewährung ausgesetzt wurde.

Sportlich gesehen ist Emre bei Fenerbahçe über jede Zweifel erhaben, doch nach all den Vorfällen ist er bei fast jedem Auswärtsspiel in der Türkei für die gegnerischen Fans ein rotes Tuch. Und auch international sorgten vor allem die Rassismus-Vorfälle oft für Aufsehen. Als die US-Webseite Bleacher Report im November 2013 die zehn meistgehassten Fußballer der Welt auflistete, landete Emre auf dem sechsten Platz[107].

83. GRUND

Weil Özhan Canaydın dem Erzrivalen applaudierte

Özhan Canaydın, der 33. Präsident der Vereinsgeschichte, der von 2002 bis 2008 das Sagen hatte, war ein überaus fairer Sportsmann. Er war sogar so fair, dass er sich einst kurz nach seiner Wahl dadurch sogar den Unmut einiger Gala-Fans zuzog.

Es war im November 2002, etwas mehr als ein halbes Jahr nach seiner Wahl zum Vereinsboss, als Gala im Derby im Şükrü-Saracoğlu-Stadion bei Fener zu Gast war. Jede große Mannschaft hat ja einmal ihre Aussetzer, die Gala-Abwehr hatte an diesem Tag derer leider gleich sechs und erlitt eine 0:6-Klatsche, die bis heute die empfindlichste Derby-Niederlage der Vereinsgeschichte ist und bei Fener noch immer häufig als Ausrede und Rettungsanker herhalten muss. Und zwar nach dem Motto: »Dann ist Gala halt mal wieder Meister geworden und wir dürfen nicht an der Champions League teilnehmen, weil wir von der UEFA gesperrt wurden. Na und? Dafür haben wir vor Jahren mal ein Derby deutlich gewonnen, hahaha!«

Zurück zum Thema. Für Canaydın war es damals das erste Derby, dem er beiwohnte, er saß neben Fener-Präsident Aziz Yıldırım. Dass er diesem nach dem Sieg gratulierte und darüber hinaus jedes Tor des Gegners mit Applaus bedachte, war für Teile der Anhängerschaft eine Katastrophe. So hatte es sich der frühere Basketballer und erfolgreiche Textilunternehmer schon recht früh nach seiner Wahl ziemlich mit den Fans verscherzt. Denn dass man dem Erzrivalen derart öffentlich Respekt zollte, das war nach Jahrzehnten der Feindschaft zwischen den Vereinen außergewöhnlich.

Das Verhältnis zwischen beiden Seiten ist nicht nur auf dem Platz angespannt, immer wieder gibt man sich durch giftige Pressemitteilungen gegenseitig eins auf die Mütze, und die meisten Funktionäre würden lieber nackt über den Taksim-Platz in Istanbul laufen, als den Erzrivalen öffentlich für irgendetwas loben zu müssen.

Das alles war Canaydın egal, für ihn stand der sportliche Gedanke im Vordergrund. Dabei ließ er sich auch nicht von der immer wieder aufkommenden Kritik beirren, und für sein Verhalten im Derby 2002 bekam er im gleichen Jahr in Paris eine Auszeichnung des Internationalen Fair-Play-Komitees.

Canaydın stand sechs Jahre lang an der Spitze des Vereins, in denen Gala zwei Meisterschaften und einen Pokalsieg holte und er vor allem die Entwicklung der Pläne für ein neues Stadion vorantrieb. 2004 und 2006 wurde er jeweils wiedergewählt, musste aber 2008 aus gesundheitlichen Gründen zurücktreten, da er an Bauchspeicheldrüsenkrebs erkrankt war.

2010 verstarb Canaydın mit 67 Jahren schließlich an seiner Erkrankung. Sein Tod sorgte nicht nur in den eigenen Reihen für große Trauer. Vor einer Partie zwischen Fenerbahçe und Manisaspor wurde eine Trauerminute für Canaydın abgehalten. Die Fener-Fans sahen aber eine Minute Schweigen als nicht ausreichend an und so klatschte das ganze Stadion die ganze Trauerminute hindurch. Auf einem Banner hieß es: »Ruhe in Frieden, fairer Präsident«.

84. GRUND

Weil Tugay Gerüchte auf seine Art beendete

Anfang 1996 gab es ein Gerücht, das bei Gala-Fans für Angst und Schrecken sorgte: Mittelfeldspieler Tugay Kerimoğlu, der aus der eigenen Jugend stammte und seit Jahren nicht aus der Mannschaft zu denken war, sollte kurz vor dem Weggang stehen, und zwar zu Fenerbahçe.

Tugay in Gelb-Blau? Der Tugay, der Jahre zuvor zum Helden auf Lebenszeit wurde, als er in der Meistersaison 1992/93 beim 4:1 in Feners Stadion zwei Tore erzielt hatte? Der Gedanke allein sorgte bei eingefleischten Gala-Anhängern für Angstzustände, doch ganz aus der Luft gegriffen schien es nicht zu sein. Die Presse berichtete schon seit Monaten über das starke Interesse des Erzrivalen am Mittelfeldmann, dessen Vertrag am Saisonende auslief und der, wenn man den Gazetten glauben durfte, sich bereits per Handschlag mit den Fener-Verantwortlichen geeinigt hatte.

Als es dann am 26. Spieltag der Saison im Ali-Sami-Yen zum direkten Aufeinandertreffen zwischen den zwei Rivalen kam, stand Tugay natürlich besonders im Mittelpunkt. Er ließ sich aber von den Gerüchten nicht ablenken und spielte als einer der besten bei Gala, sodass die Löwen am Ende durch Tore von Hakan Şükür (65.) und Arif Erdem (88.) das Derby mit 2:0 für sich entscheiden konnten.

Auch nach Abpfiff drehte sich alles um den Mittelfeldmann mit der Nummer 5, der von den Fans auf der Gegengeraden im Ali-Sami-Yen lautstark gerufen wurde, um den Sieg mit ihnen gemeinsam zu feiern, mit einem Prozedere, das eine ewig alte Tradition in türkischen Stadien und am besten mit »Die dreifache Faust« zu beschreiben ist:

Die Fans rufen einen ausgewählten Spieler vor die Tribüne, der der Aufforderung nachkommt, sich vor die Fans begibt und dreimal die Faust in die Luft schleudert, worauf die Fans jede der drei Bewegungen mit einem »Oley!« begleiten und sich danach Spieler und Fans gegenseitig Applaus spenden.

Tugay tat diesmal auch genau das, blieb dann aber vor der Tribüne stehen, legte den Finger auf die Lippen und forderte die Fans auf, leise zu sein. Er wartete, bis die ganze Tribüne verstummte, und keiner wusste so recht, was er vorhatte. Wie sich herausstellen sollte, wollte er die andauernden Gerüchte auf seine Art beenden.

Er deutete mit dem Finger auf den Rasen, schrie »Ich bin hier geboren«, fuhr dann mit dem Finger über seine Kehle und schrie noch mal: »Und werde hier sterben!«[108]

Die Fener-Sache war erledigt, und die Fans flippten völlig aus. Ein Fan, der damals dabei war, schrieb über die Freude, die Tugays Worte bei den Fans auslösten, in einem Internet-Forum: »An den

Lärm, der im nächsten Moment entstand, reicht wohl nur der Jubel über den UEFA-Cup-Sieg 2000 heran.«[109]

85. GRUND

Weil Graeme Souness sich mit einer Fahne unsterblich machte

Graeme Souness hatte es von Anfang an nicht leicht in der Türkei. Als Gala im Sommer 1995 die Verpflichtung von Souness als Trainer bekannt gab, sorgte das bei den meisten Beobachtern für ein Fragezeichen. Graeme wer? Alles, was man über den Schotten in der Türkei bei seiner Ankunft wusste, war, dass er eineinhalb Jahre zuvor in Liverpool mitten in der Saison aufgrund anhaltender Erfolglosigkeit zurückgetreten war. Und dass er einen Schnauzer trug. Die Presse war von Anfang an kritisch; ein Fener-Funktionär, der mitbekommen hatte, dass Souness eine Herzoperation hinter sich hatte, fragte sich sogar öffentlich, warum Gala denn »einen Krüppel verpflichtet« habe.

Souness ließ sich jedoch nicht beirren, versprach schon vor Saisonbeginn frohen Mutes die Meisterschaft und gute Chancen auf den UEFA-Cup-Sieg – und scheiterte grandios. Die Prognose vom internationalen Titel erwies sich als recht optimistisch, da man nach dem Ausscheiden gegen Sparta Prag in der Qualifikation gar nicht am Wettbewerb teilnahm. Die Sportpresse, nie um eine vorschnelle Hetzjagd verlegen, ging nach dem Ausscheiden und weiteren durchwachsenen Auftritten in der Vorbereitung auf die Barrikaden und schrieb fortan gegen den Schotten an.

Auch in der Liga konnte Souness nur wenig Gegenargumente liefern. Die Defensive erwies sich als Hühnerhaufen, die von Souness vornehmlich aus Großbritannien geholten Spieler überwiegend als Flops, und hohe Niederlagen wie das 1:4 im Spitzenspiel gegen

Trabzonspor am 7. Spieltag rundeten das Fiasko ab. Der Titel geriet recht früh in weite Ferne und Gala verbrachte die gesamte Rückrunde auf dem vierten Platz.

Und dann kam das Pokalfinale. Gala hatte sich angesichts des schlechten Verlaufs in der Liga auf den Pokal konzentriert und das Finale erreicht, wo es in zwei Spielen gegen den späteren Meister Fener ging. Das erste Spiel gewann man zu Hause dank eines Treffers des walisischen Stürmers Dean Saunders mit 1:0, dadurch reiste man mit einem kleinen Vorteil zum Rückspiel auf die andere Seite des Bosporus. Doch Fener machte den Rückstand durch ein frühes Tor von Aykut Kocaman wett, und es ging in die Verlängerung, in der dann erneut Saunders mit einem fulminanten Schuss in der 116. Minute den Pokalsieg klarmachte.

Endlich Genugtuung für Souness, nach all den Turbulenzen und Rückschlägen hatte er den großen Rivalen in deren eigenem Stadion besiegt und den Pokal geholt. Als er im Freudentaumel auf den Rängen den Funktionär erblickte, der ihn vor der Saison öffentlich beleidigt hatte, fasste er einen spontanen Entschluss: »Ich erinnerte mich daran, wie unfreundlich er zu mir gewesen war, und dachte: Dir werde ich zeigen, wer ein Krüppel ist!«[110]

Er schnappte sich von seinen Spielern eine überdimensionale Fahne in den Vereinsfarben, rannte in den Mittelkreis und rammte die Fahne in den Anstoßpunkt wie ein Eroberer nach der entscheidenden Schlacht. Danach joggte er ganz nonchalant in die Katakomben, äußerlich völlig unbeeindruckt davon, dass er einen regelrechten Vulkanausbruch ausgelöst hatte und dass gerade Hunderte fanatische Fener-Fans versuchten, die Sicherheitskräfte zu überwinden, um sich Souness zu schnappen und ihm seine Aktion heimzuzahlen.

Irgendwie schaffte er es heil aus dem Stadion und ist seitdem bei Gala ein absoluter Vereinsheld. Die Fans verpassten ihm den Namen »Ulubatlı Souness« (»Eroberer Souness«) und tragen noch heute T-Shirts, auf denen der Moment der »Eroberung« zu sehen ist. Souness und die Fahne sind inzwischen absolute Ecksteine der Vereinsgeschichte. Längst vergessen, wie die Mannschaft zuvor durch die damalige Saison getaumelt war. Geschenkt, dass eine Woche nach dem Pokalgewinn mit dem 0:4 gegen Kocaelispor die höchste Heimniederlage der Vereinsgeschichte folgte und Souness am Saisonende entlassen wurde. Denn wen stört das alles schon, wenn man sich zwischendrin unsterblich gemacht hat?

KAPITEL 12

DIE STARS (II)

NOCH MEHR GELB-ROTE HELDEN

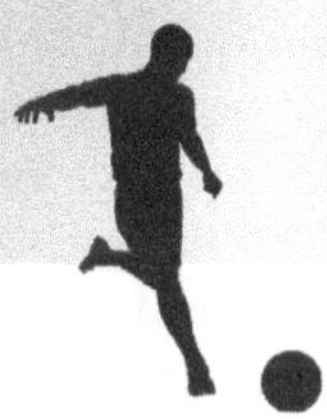

86. GRUND

Weil Simović durch einen Platini-Hattrick bei Gala landete

Michel Platini soll es zu verdanken sein, dass Zoran Simović bei Gala landete. Der Torwart trat mit der jugoslawischen Nationalmannschaft bei der Europameisterschaft 1984 an und wurde im Vorfeld als einer der besten Torhüter des Turniers angesehen. Als es im letzten Gruppenspiel dann gegen Frankreich mit Spielmacher Platini ging, saßen Vertreter von englischen Vereinen wie FC Liverpool oder Nottingham Forest auf der Tribüne, um Simović zu beobachten. Der erwischte aber wie schon in den zwei Gruppenspielen zuvor keinen guten Tag und ließ sich von Platini drei Tore einschenken. Damit hatte Simović in drei Spielen zehn Tore kassiert, Jugoslawien schied als Gruppenletzter aus, und die englischen Klubs sahen von einer Verpflichtung ab.

So konnte Gala zuschlagen und sicherte sich die Dienste des damals 29-Jährigen, der auch bei Gala zunächst nicht zu seiner Form fand: In den ersten drei Saisonspielen kassierte er sechs Treffer und musste einiges an Kritik einstecken. Jupp Derwall, der ebenso wie Simović nach der Europameisterschaft zu Gala gekommen war, vertraute seinem Schlussmann aber und setzte weiter auf ihn. In der Rückrunde konnte sich Simović dann stabilisieren und legte vor allem im Pokal überzeugende Auftritte hin; in zehn Partien auf dem Weg zum Pokalsieg hielt er sechs Mal seinen Kasten sauber. Vor allem im Viertelfinale gegen Fenerbahçe und im Halbfinale gegen Beşiktaş sicherte Simović mit zahlreichen Paraden und einem gehaltenen Elfmeter gegen Beşiktaş das Weiterkommen, wodurch der Vielgescholtene Selbstvertrauen für die weitere Zukunft bei Gala gewann: »Das waren die zwei besten Spiele meines Lebens. Die Galatasaray-Fans werden von nun an einen ganz anderen Simović sehen.«[111]

Er hielt Wort und wurde auf Jahre zum unangefochtenen Rückhalt der Mannschaft. Simović bestach nicht nur durch seine Reflexe und Paraden auf der Linie, sondern vor allem durch sein modernes Spielverständnis: Da Gala seinerzeit eine sehr offensiv denkende und agierende Mannschaft war, spielte Simović wie eine Art zweiter Libero und war bei langen Bällen auf gegnerische Stürmer immer zur Stelle, indem er zur richtigen Zeit seinen Kasten verließ und klärte. »Simović war von der Physis und Stärke her ein herausragender Torhüter«, sagt sein damaliger Teamkollege Tanju Çolak. »Seine Reflexe waren hervorragend, und im Eins-gegen-eins kenne ich keinen Besseren als ihn.«[112]

In seiner zweiten Saison kassierte Simović die wenigsten Treffer der Liga, musste aber weiterhin auf die Meisterschaft warten. Das gelang erst in seinem dritten und vierten Jahr, als er gemeinsam mit seinem besten Freund Cevad Prekazi zu den Eckpfeilern der Mannschaft zählte, die zwei Meisterschaften in Folge holte und mit dem Sieg gegen den AS Monaco in Köln 1989 das Halbfinale im Europapokal der Landesmeister erreichte.

Als er den Triumph über Monaco nach dem Abpfiff im Rückspiel und den damit verbundenen, für den türkischen Fußball historischen Erfolg feierte, indem er mit einer türkischen Fahne über den Platz rannte, machte ihn das endgültig zum Liebling der Fans.

Im August 1990 verkündete Simović nach sechs Jahren im Gala-Trikot sein Karriereende und wurde zum ersten ausländischen Spieler in der Türkei, für den ein Abschiedsspiel organisiert wurde, als der FC Everton zu Gast war und Simović ein letztes Mal sein Tor im Ali-Sami-Yen hütete.

87. GRUND

Weil Prekazi zum Glück zu faul für Real Madrid war

Nachdem Simović also durch einen Platini-Dreierpack bei Gala landete, sorgte er ein Jahr später selbst dafür, dass der Verein einen sehr wichtigen Spieler verpflichten konnte.

Dass Cevad Prekazi, der heute gemeinsam mit Gheorghe Hagi als bester Linksfuß der Vereinsgeschichte gilt, überhaupt bei Gala landete, ist nämlich das Verdienst des damaligen Gala-Keepers. Der rief im Sommer 1985 seinen alten Freund an, mit dem er bis ein Jahr zuvor noch bei Hajduk Split gespielt hatte, und fragte kurz und knapp: »Willst du bei Galatasaray spielen?«[113]

Prekazi musste nicht lange überlegen, denn nach erfolgreichen Jahren bei Partizan Belgrad und in Split war er im Fußall-Nirvana USA gelandet. Ein Berater hatte ihm Flausen in den Kopf gesetzt und ihn nach Baltimore gelockt, wo er ein halbes Jahr beim Hallenfußballverein Baltimore Blast kickte. Durch Simović wurde also der Kontakt hergestellt, Prekazi reiste mit seiner Frau nach Istanbul und zog zunächst mit ihr bei den Simovićs ein, bis sie eine eigene Bleibe gefunden hatten. Der damalige Gala-Coach Jupp Derwall war nach ein, zwei Trainingseinheiten von ihm überzeugt, und so wurde Prekazi verpflichtet.

Im Gala-Trikot erwischte Prekazi einen tollen Start und erzielte gleich im ersten Saisonspiel gegen Samsunspor einen Doppelpack. Er wurde schnell zu einem Leistungsträger im Team und erzielte in seiner ersten Saison insgesamt zwölf Treffer.

Im ersten Jahr reichte es noch zu keinem Titel, doch danach wurde Prekazi innerhalb von drei Jahren zur Gala-Legende. Der Mann mit den bis zu den Knöcheln heruntergezogenen Stutzen war vom linken Flügel nicht mehr wegzudenken, bestach durch Technik, präzise Flanken und seinen harten Schuss. »Der Ball hat auch Gefühle«, war ein berühmtes Zitat von Prekazi, das seine Spielweise auf den Punkt brachte. »Man muss ihn lieben und ihn streicheln wie eine Frau.«[114] Laufbereitschaft war dagegen nie so ganz sein Ding, und als er zwischendurch dafür kritisiert wurde, entgegnete Prekazi trocken: »Wenn ich mehr laufen würde, würde ich wohl für Real Madrid spielen.«[115]

Gut für Gala, dass er es etwas gemütlicher angehen ließ, denn so war er noch immer mehr als gut genug. Als Gala 1987 die lang ersehnte Meisterschaft nach 14 Jahren holte, war Prekazi mit einem Freistoßtreffer im letzten, entscheidenden Saisonspiel gegen Eskişehirspor der Wegbereiter. Und als zwei Jahre danach mit dem Halbfinaleinzug im Europapokal der Landesmeister der bis dahin größte Erfolg der Vereinsgeschichte folgte, war Prekazi eines der Gesichter des Erfolgs.

Unvergessen bleibt vor allem sein entscheidender Treffer im Viertelfinalrückspiel gegen den AS Monaco in Köln. In der 51. Minute entschied der Schiedsrichter auf Freistoß für Gala, in zentraler Position weit vom Tor entfernt. Bei Freistößen, egal von wo, war damals die Sache klar geregelt: Alle aus dem Weg, Prekazi an den Ball. Aber von dort aus? Der Ball lag immerhin an die 40 Meter vom gegnerischen Kasten entfernt. Doch sein langer Anlauf ließ die Zuschauer erahnen, was Prekazi vorhatte.

»Nach dem Spiel erzählte mir sogar meine Frau, sie dachte, ich sei verrückt geworden, weil ich von dort aus schießen wollte«, so Prekazi, der Gala 1991 nach sechs Jahren verließ und heute in Belgrad als Nachwuchstrainer arbeitet. »Doch wenn man an sich glaubt, dann ist es auch möglich.«[116] Also sprintete der Serbe dem ruhenden Ball entgegen, holte aus, hämmerte ihn unhaltbar ins rechte Eck, und bereitete damit den Weg ins Halbfinale. Ein Schuss ins Glück, schön anzuschauen und umso bedeutungsvoller, und heute eines der berühmtesten Gala-Tore aller Zeiten.

88. GRUND

Weil Tanju Çolak den Goldenen Schuh bekam

Um einen Eindruck von den Torjäger-Qualitäten des Tanju Çolak zu bekommen, reicht ein Blick auf die Statistiken der Saison 1987/88. Tanju, der vor der Saison von Samsunspor abgeworben wurde und dort bereits zweimal in Folge Torschützenkönig geworden war, schoss Gala in seiner ersten Saison im gelb-roten Trikot nämlich mit 39 Treffern zur erneuten Meisterschaft.

Dafür wurde er mit dem Goldenen Schuh als bester Torjäger Europas ausgezeichnet; bis heute ist er der einzige türkische Spieler, dem diese Ehre zuteil wurde. Tanju war eine regelrechte Tormaschine, er hatte den berühmten Instinkt, immer richtig zu stehen, war technisch stark, ein guter Kopfballspieler und enorm sicher im Abschluss. 1988 hatte er bereits 240 Treffer auf dem Konto und brach damit den Rekord von Gala-Ikone Metin Oktay, der insgesamt 217 Treffer in der höchsten türkischen Liga erzielt hatte und damit fast 20 Jahre lang Rekordhalter gewesen war.

Unvergessen bleibt der Stürmer vor allem deshalb, weil er in einer der glanzvollsten Spielzeiten in der Vereinsgeschichte einer der Stars der Mannschaft war und in wichtigen Spielen mit wichtigen Toren zur Stelle war. Als Gala 1989 das Halbfinale im Europapokal der Landesmeister erreichte, hatte er mit entscheidenden Treffern im Achtel- und Viertelfinale einen sehr großen Anteil daran. Für die Fans war der am laufenden Band treffende Stürmer ein Held, was sich unter anderem auch bei der Namenswahl für Neugeborene in der damaligen Zeit zeigte. Seit jeher ist es unter türkischen Fußballfans nämlich verbreitet, dass man sich für den Namen des Lieblingsspielers entscheidet, wenn man einen Sohn bekommt. Und so bekamen zur damaligen Zeit viele Neugeborene, deren Väter Gala-Fans waren, den Namen »Tanju«.

In der Saison 1990/91 holte sich Tanju mit 31 Treffern erneut die Torjägerkrone, bevor es zum völlig unerwarteten Bruch kam. Denn wie nach Saisonende bekannt wurde, hatte Tanju völlig überraschend einen Vertrag bei Fenerbahçe unterschrieben. Nun sind direkte Spielerwechsel zwischen den zwei Erzrivalen generell eine höchst seltene Sache, aber dass der Wechselnde auch noch der große Torjäger der vergangenen Jahre war, dem die Gala-Fans den Spitznamen »Bay Gol« (»Mr. Tor«) verpasst hatten, machte den Transfer umso heikler.

Warum genau es zur Trennung kam, blieb lange umstritten. Die Gala-Fans beschimpften Tanju als Söldner, da er nur des Geldes wegen zu Fener gegangen sei. Gleichzeitig wurde aber berichtet, dass Gala der Abgang des extrovertierten Stürmers gar nicht mal so unrecht war. Tanju selbst war 2012 beim TV-Sender CNN Türk zu Gast und schilderte, was aus seiner Sicht am entscheidenden Tag geschah.

An einem Montag ging Tanju auf die Geschäftsstelle, um einen neuen Vertrag zu unterzeichnen, wenige Tage zuvor war ihm von Vereinsseite ein bestimmtes Gehalt und das Kapitänsamt zugesichert worden. Dort angekommen, wurde ihm dann aber von den Verantwortlichen mitgeteilt, dass die Versprechungen nicht eingehalten werden können und sein Gehalt gekürzt werden müsse. Tanju war enttäuscht, erbat sich Bedenkzeit und ging nach Hause, wo er von Fener-Verantwortlichen angerufen wurde, die Wind von der Sache bekommen hatten und ihm das Doppelte boten.

Tanju sträubte sich und rief bis spätabends verschiedene Gala-Funktionäre an, berichtete ihnen vom Fener-Angebot und bot an, sich noch einmal zusammenzusetzen, um eine Einigung zu erzielen. Um 21 Uhr bekam er Besuch von Galas Sportdirektor Yurdeşen Karahasan. Als der mitbekam, dass Tanju nicht blöffte und sein Telefon nicht stillstand, da unaufhörlich die Anrufe von Fener eingingen, rief er kurz nach Mitternacht Präsident Alp Yalman an, berichtete ihm von der Lage und bat ihn, Tanju am Telefon umzustimmen. Als dieser aber ablehnte, war die Entscheidung gefallen. Tanju traf sich noch in der Nacht mit Feners Verantwortlichen und unterschrieb um 4.30 Uhr den Vertrag.

Auch bei Fener wurde er in seinem ersten Jahr Torschützenkönig, konnte aber keine Meisterschaft mehr feiern. Zwei Jahre später ging es zu Istanbulspor, bevor seine Karriere ein jähes Ende fand: Da sich ein von ihm gekaufter Mercedes als geschmuggelt herausstellte, wurde er 1994 zu neun Jahren verurteilt. Tanju flüchtete ins Ausland, wurde in Mazedonien gefasst und musste insgesamt 23 Monate hinter Gitter. Damit war es bereits im Alter von 31 mit der Karriere vorbei.

Im Rückblick auf seine Karriere und den aufsehenerregenden Wechsel zu Fener betont er heute immer wieder, dass er stets Gala-Anhänger war und dass ihm nach den Vorfällen damals nichts anderes übrig geblieben sei, als den Verein zu verlassen.

89. GRUND

Weil Sir Alex Ferguson Tugays größter Fan ist

Als Sir Alex Ferguson im November 2010 mit Manchester United zu Besuch in Bursa war, wo seine Mannschaft auf den damaligen türkischen Meister Bursaspor treffen sollte, wurde er in einem Interview mit dem türkischen Sender Lig TV gefragt, ob er einen türkischen Lieblingsspieler hätte, und falls ja, wen.

Der Reporter war so freundlich und bot einige mögliche Antworten an: »Ist es vielleicht Arda Turan, Tuncay Şanlı, oder Hamit Altıntop?« Ferguson musste nicht lange überlegen und nannte einen Spieler, den er 1993 zum ersten Mal gesehen hatte: »Meine Nummer eins ist Tugay. Er war ein fantastischer Spieler, ich liebte seine Spielweise.«[117]

Ob der Reporter überrascht war? Mag sein. Tugay Kerimoğlu stammte aus Galas Jugend, zog von 1987 bis 2000 die Fäden im Mittelfeld und ging dann ins Ausland, wo er zunächst bei den Glasgow Rangers und dann bis zu seinem Karriereende bei den Blackburn Rovers spielte. Trotz seines immensen Talents stand er aber in all den Jahren in der Türkei nie so richtig im Vordergrund. Das mag daran gelegen haben, dass es türkische Spieler im eigenen Land in Sachen Aufmerksamkeit gegen ausländische Stars generell ohnehin schwer haben und dass Tugay selbst nie ein Mann der großen Töne war.

Um seinen fußballerischen Wert nachzuvollziehen, sind deshalb Äußerungen von Außenstehenden wie Ferguson oder Tugays Weggefährten ganz nützlich, denn der Schotte ist nicht der Einzige, der für Tugay schwärmt.

»Bei Tugay war es wirklich so, dass er schon damals alles konnte, was man heute von einem Mittelfeldspieler erwartet«, erinnert sich Karl-Heinz Feldkamp, der ihn 1992/93 bei Gala trainierte. Auch Falko Götz antwortet auf die Frage, welcher seiner Mitspieler bei Gala ihm am positivsten in Erinnerung bleibe, sofort mit Tugay, der damals sein Zimmerpartner war und zu seinem besten Freund in der Mannschaft wurde. Tugays späterer Mitspieler Gheorghe Hagi bezeichnete ihn einst gar als einen der spielstärksten Mittelfeldspieler Europas.

Schon seit Beginn seiner Laufbahn galt Tugay als ein Kandidat für eine der großen Ligen Europas, im Alter von 19 Jahren hatte er den legendären früheren italienischen Nationalcoach Enzo Bearzot bei einer U-21-Partie zwischen der Türkei und Italien derart begeistert, dass der ihn zur Seite nahm und ihm einen Wechsel in die Serie A nahelegte: »Komm nach Italien, und in einem Jahr laufen dir alle großen Vereine hinterher. Deine Fähigkeiten und deine Technik sind auf europäischem Niveau, mit deinem Können kannst du große Erfolge feiern.«[118]

Tugay wollte sich aber bei Gala durchbeißen, und spätestens mit Feldkamps Ankunft war er gesetzt. Ein Jahr später kam es zum Champions-League-Duell gegen Manchester United, in dem Ferguson ihn das erste Mal sah und deshalb heute noch für ihn schwärmt.

Wenn man sich Tugays Auftritt von damals heute noch einmal anschaut, kann man es nachvollziehen, denn der junge Gala-Kapitän hatte fast die gesamte Spielzeit über das Mittelfeld im Griff. Er war technisch versiert, konnte den Ball auf engstem Raum behaupten und schaffte sich stets mit geschickten Körpertäuschungen Platz, war im Kurzpassspiel sicher, brachte lange Bälle an den Mann und hatte ein sehr gutes Auge für den richtigen Pass im richtigen Moment.

Ein Wechsel nach Europa schien nur eine Frage der Zeit, deshalb nahm es Tugay auch keiner übel, als er Anfang 2000, nach sechs Meisterschaften und vier gewonnenen Pokalen, nach 328 Einsätzen und 42 Toren im Gala-Trikot, den Schritt wagte. Zunächst verschlug es ihn zu den Glasgow Rangers, wo Galas Ex-Coach Graeme Souness das Sagen hatte. Ein Jahr später ging es weiter zu den Blackburn Rovers, wo Souness inzwischen angeheuert hatte und seinen Schützling erneut verpflichtete.

Dort wurde Tugay zum Publikumsliebling und machte vor allem mit spektakulären Weitschusstreffern von sich reden. Nach der Saison 2003/04 wurde er von den Fans der Rovers zum Spieler der Saison gewählt, insgesamt trug er bis 2009 acht Jahre lang das blau-weiße Trikot. Als er gegen West Bromwich Albion seine letzte Partie bestritt, trug ein Großteil der Fans eigens für den Abschied hergerichtete Tugay-Masken, auf den Rängen waren zahlreiche türkische Fahnen zu sehen – nach all den Jahren hatte man ihn in Blackburn also sehr ins Herz geschlossen. Bis heute ist Tugay einer von wenigen türkischen Spielern, die ins Ausland gewechselt und dort über Jahre in einem Verein gesetzt waren.

Nach seinem Karriereende arbeitete er zunächst bei Manchester City als Assistent seines früheren Blackburn-Trainers Mark Hughes, danach kam er zweimal zu Gala zurück, um als Co-Trainer zu arbeiten. Erst in der Saison 2010/11 unter Gheorghe Hagi, ab Oktober 2013 dann als Assistent von Roberto Mancini. Er ist bei den Fans noch immer sehr angesehen und gilt als aussichtsreicher Kandidat für die Position als Cheftrainer in der Zukunft.

90. GRUND

Weil Kubilay zur Stelle war, wenn es darauf ankam

Manchmal lügen Statistiken doch. Kubilay Türkyılmaz war Stürmer und verbrachte zweieinhalb Jahre bei Galatasaray. Der türkischstämmige Schweizer verbrachte zweieinhalb Jahre bei Gala und erzielte vergleichsweise wenige 13 Treffer, zählt aber trotzdem zu den beliebtesten Spielern der neueren Vereinsgeschichte.

Vor allem viele Gala-Fans, die Mitte der 90er-Jahre aufwuchsen und damals zum ersten Mal mit Fußball und dem Verein in Berührung kamen, erinnern sich an ihn als ihr erstes fußballerisches Vorbild.

Warum »Kubi« so geliebt wird? Weil er für eine erfolgreiche Ära steht und diese in entscheidenden Momenten mitformte. Der Linksfuß war ein Spieler für die entscheidenden Tore und Partien. Ihm wurden zwar ein leicht exzentrischer Charakter und Attribute wie Trainingsfaulheit und mangelnde Konstanz nachgesagt, doch wenn es darauf ankam, war er zur Stelle.

Im Sommer 1993 vom AC Bologna geholt, sicherte der im schweizerischen Bellinzona geborene Kubilay seiner neuen Mannschaft mit vier Toren in vier Spielen bei der ersten Teilnahme in der neu geformten Champions League gleich das Erreichen der letzten acht. Unvergessen ist davon vor allem sein Doppelpack beim 3:3 im Old Trafford gegen Manchester United, der am Ende entscheidend für das Weiterkommen war.

Als ein Jahr später mit dem FC Barcelona ein weiterer Hochkaräter in der Champions League wartete, war es erneut der Mann mit der Nummer 11, der im Camp Nou in der 14. Minute auf und davon lief und mit einem trockenen Schuss ins kurze Eck zum zwischenzeitlichen 1:0 erfolgreich war.

Dass Kubilay in Partien gegen die wirklich Großen Europas immer wieder voranging und wichtige Tore erzielte, machte ihn zu einem der Stars und Publikumslieblinge der damaligen Ära. Sein Markenzeichen, der »Flieger-Jubel« mit ausgebreiteten Armen, war Kult und wurde auf vielen türkischen Bolzplätzen nachgeahmt. Die große Stärke von Kubilay war sein begnadeter linker Fuß, mit dem er sowohl gefühlvolle als auch fulminante Schüsse abgeben konnte und immer für außergewöhnliche Aktionen gut war. Nachdem Gala einst in einem Heimspiel gegen Istanbulspor aus einem 0:2 ein 2:2 gemacht hatte, setzte Türkyılmaz mit einem direkt verwandelten Eckstoß den Schlusspunkt und sorgte für den Sieg.

In der Winterpause der Saison 1995/96 verließ er Gala in Richtung Grasshoppers Zürich, was bei vielen Fans für Unmut sorgte, da sie den begnadeten Linksfuß mit der Nummer 11, dem Flieger-Jubel und den wichtigen Toren ins Herz geschlossen hatten. Er begründete seinen damaligen Wechsel damit, dass er zurück ins Blickfeld der schweizerischen Nationalmannschaft müsse, um seine Teilnahme an der Euro 96 in England nicht zu gefährden. Als er einmal mit der Schweiz gegen die türkische Nationalmannschaft auflaufen sollte, weigerte er sich, um nicht als Verräter dazustehen.

Kubilay beendete seine aktive Karriere 2002 als damaliger Rekordtorschütze der Schweizer Nationalelf. Inzwischen arbeitet er als Kolumnist und TV-Analyst, und wie viele frühere Gala-Spieler fühlt auch er sich noch sehr mit dem Verein verbunden.

In einem Interview mit dem Vereinssender erzählte er, wie er zu einem Spiel der Volleyballmannschaft Galas in der Nähe seines Wohnorts in der Schweiz gegangen sei, nur um nach 20 Jahren die alten Gesänge der Fans von damals noch mal zu hören: »Ich habe von Volleyball keine Ahnung, aber da Galatasaray gespielt hat, bin ich sofort hingegangen. Galatasaray ist wie eine zweite Familie für mich.«[119]

91. GRUND

Weil Sabri der Chef ist

Er ist nicht kleinzukriegen. Über zehn Jahre ist es her, dass Sabri Sarıoğlu durch Fatih Terim in den Profikader bei Gala befördert wurde, und seitdem wird dem 1,70 Meter großen Kämpfer beinahe Jahr für Jahr das Ende seiner Zeit bei den Löwen vorausgesagt. Er wird kritisiert, teilweise sogar belächelt, beißt sich aber immer wieder durch.

Genau deshalb ist der in der Gala-Jugend groß gewordene Rechtsverteidiger, der zu Beginn seiner Karriere noch im defensiven Mittelfeld zu Hause war, bei den Fans eine absolute Identifikationsfigur. Sabri mag manchmal fußballerisch etwas limitiert wirken und auf dem Platz auch immer wieder für einen kapitalen Aussetzer gut sein, ist dafür aber umso einsatzfreudiger und findet zwischen den hinzugekauften Stars stets seinen Platz im Kader. Seit der Saison 2012/13 ist er sogar Kapitän bei Gala. Der bodenständige Kämpfer, der es aus der eigenen Jugend zum Kapitän von Sneijder, Drogba und Co. gebracht hat – das kommt an bei den Gala-Fans.

Wenn es etwas zu feiern gibt, egal ob Meisterschaft, Pokalsieg oder eine wichtige gewonnene Partie, wird Sabri nach dem Spiel von den Fans zum Mittelkreis gerufen, um von dort aus gestenreich die Gesänge auf den Tribünen zu koordinieren, ein direktes Zusammenspiel zwischen Spieler und Publikum, das die enorme Beliebtheit Sabris beweist.

Inzwischen hat er mit Gala fünf Meisterschaften errungen und drei Pokale gewonnen und war oft genug zur Stelle, wenn es wichtig wurde.

Zum Beispiel, als er 2006 im wichtigen letzten Saisonspiel gegen Kayserispor beim 3:0 einen Doppelpack erzielte und damit den Weg für die unvergessene Last-Minute-Meisterschaft ebnete. Oder als er 2009 im UEFA-Cup eine verrückte Partie gegen Girondins

Bordeaux in allerletzter Sekunde entschied. In der 90. Minute stand es 3:3, was nach dem 0:0 im Hinspiel in Frankreich das Weiterkommen für Bordeaux bedeutet hätte, als Sabri aus 20 Metern traf und das ganze Ali-Sami-Yen-Stadion in Ekstase versetzte.

Sabri ist bei den Fans Kult. Weil er sich immer voll reinhängt, aber auch weil er als Spieler und als Typ unterhaltsam ist. »Reis Sabri« wird er von den Fans augenzwinkernd genannt, was so viel heißt wie »Chef Sabri«. Zwischen all den Stars wirkt er wie ein Mann vom Volk, mit Macken und Schwächen wie jeder andere auch – und davon sind nicht wenige fußballerische: Seine Flanken sind dafür bekannt, hin und wieder fast auf dem Tribünendach zu landen, und manchmal verliert er beim Dribbling die Balance und fällt auf den Boden, ohne jegliche gegnerische Einwirkung. Es handelt sich dabei um keine Schwalben, mit denen er einen Pfiff zu schinden versucht, sondern er stürzt halt einfach.

Bei Freistößen aus dem Halbfeld hält er manchmal kurz inne, streckt dann den Arm hoch und formt mit den Fingern irgendwelche Symbole, um den Kollegen eine abgesprochene Variante anzukündigen – und jagt dann meistens den Ball ins Aus auf der anderen Seite. Und hin und wieder kommt es vor, dass er von der Mittellinie aus ohne große Bedrängnis auf einmal den 50 Meter langen Rückpass zum eigenen Torwart auspackt, der meistens verunglückt und zu einem Eckball für den Gegner führt.

Und ja, in Interviews redet er hin und wieder von sich selbst in der dritten Person: »Also wenn ich an der Stelle der Fans wäre, würde ich Sabri nicht kritisieren. Mir wäre nämlich bewusst, dass Sabri immer mit Hingabe und Willen spielt.«[120]

Aber all das zusammen macht ihn doch erst aus, unseren Chef Sabri.

KAPITEL 13

DIE GESCHICHTEN (II)

NOCH MEHR ACTION UND ABENTEUER

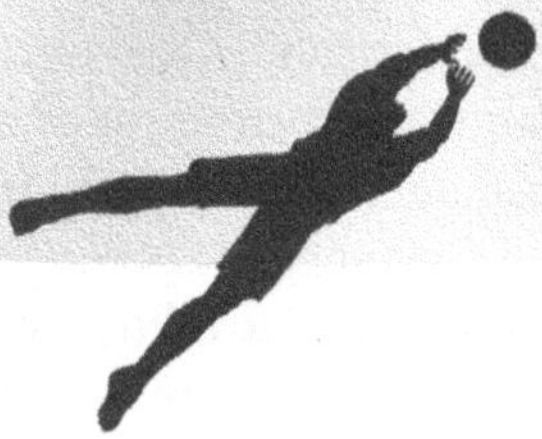

92. GRUND

Weil Iorfa seine eigenen Flanken verwerten konnte

Als Anfang der 90er-Jahre afrikanische Spieler auf dem europäischen Transfermarkt immer begehrter wurden, griff auch Gala zu und holte Ende 1991 den Nigerianer Dominic Iorfa, der damit der erste Afrikaner in der türkischen Liga wurde.

Für die damals recht hohe Ablösesumme von 500.000 Dollar wurde der Stürmer von den Queens Park Rangers geholt, was schon zu jener Zeit für Verwunderung sorgte, denn bei QPR hatte er es im Jahr zuvor auf nur acht Einsätze und keinen Treffer gebracht. In einem türkischen Zeitungsbericht wurde der damalige Nationaltrainer Nigerias Clemens Westerhof überrascht zitiert: »Da haben sie aber eine Menge Geld gezahlt. Galatasaray muss sich getäuscht haben, oder die Verantwortlichen wurden über den Tisch gezogen.«[121] Im selben Artikel stand, dass man auch mit drei nigerianischen Nationalspielern über Galas neuen Spieler gesprochen habe, und als diese die für Iorfa gezahlte Ablöse mitbekommen hätten, »waren sie wie erstarrt und ließen ihre Gläser mit Orangensaft auf den Boden fallen«.

Alles kein Problem für Iorfa, der die neue Aufgabe mit gesundem Selbstvertrauen anging, wie sein erstes Interview auf türkischem Boden zeigte: »Die Fans sollen darauf gespannt sein, mich zu sehen. Dann werden sie keinen Grund mehr haben, sich über das kalte Wetter zu beschweren.«[122]

Eine interessante Ankündigung, die schon vorwegnahm, dass es mit Iorfa nie langweilig werden würde. Der Nigerianer, der den damaligen Gala-Coach Mustafa Denizli bei einem einwöchigen Probetraining überzeugt hatte, bekam sportlich in fast sämtlichen Einsätzen leider nicht viel auf die Reihe, war dafür immer für eine Slapstick-Einlage gut.

So auch in seinem ersten Einsatz: Mit dem Versprechen im Hinterkopf, den Fans die Sorgen über das kalte Wetter auszutreiben, wurde Iorfa gegen Bakırköyspor in der zweiten Halbzeit eingewechselt, setzte bei seinem ersten Ballkontakt zu einem Sprint an, blieb mit dem Fuß im Boden hängen und schlug einen halben unfreiwilligen Salto. Als es danach Kritik für seine schwache Leistung zum Auftakt gab, wehrte er diese souverän ab: »Das war mein erstes Spiel, ich muss mich erst noch anpassen. Ich habe aber auch nicht so genaue Pässe bekommen.«[123]

Iorfa war pfeilschnell, und man sagte ihm nach, dass er die 100 Meter in zehn Sekunden schaffte, nur war er leider auch zu schnell für seine technischen Verhältnisse. Wenn er zu einem seiner gefürchteten Sprints ansetzte, blieb der Ball recht schnell auf der Strecke. Bald kamen Gerüchte auf, Iorfa sei in Wahrheit gar kein Fußballer, sondern ein Leichtathlet, der einfach nur mal sein Glück als Fußballer in Europa versuchen wollte.

Einige Highlights aus der Iorfa-Ära:

In einem Spiel schoss ein Mitspieler aufs Tor, während Iorfa im Strafraum auf den Abpraller wartete. Sein Kollege Hamza Hamzaoğlu stand etwas näher beim Tor, fand sich aber plötzlich auf dem Boden wieder: Iorfa hatte ihm kurzerhand den Fuß gestellt. Warum, wusste keiner. Der Ball flog übrigens ins Aus.

Es gibt mehrere Augenzeugen, die bis heute Stein und Bein schwören, dass Iorfa eine von ihm selbst geschlagene Flanke per Kopf verwertet hat. Es sei in einem Pokalspiel gewesen, und der sehr starke Wind habe zwar auch eine Rolle gespielt, trotzdem sei es schier unglaublich mitanzusehen gewesen.

Ebenso überliefert sind folgende Worte eines TV-Kommentators, der eine Eins-gegen-eins-Situation zwischen Iorfa und einem gegnerischen Torwart beschrieb: »Iorfa schießt! Und Einwurf.«

Ein halbes Jahr lang gelang Iorfa bei Gala kein einziger Treffer, bis er im letzten Saisonspiel aufblühte und im Rückspiel gegen Bakırköyspor zwei Tore erzielte. Sein trockener Kommentar nach dem Spiel: »Kaum habe ich mich an die Liga gewöhnt, ist sie auch schon zu Ende.«[124]

Nicht nur die Liga, auch seine Zeit im Gala-Trikot endete, und der unterhaltsame Iorfa musste leider die Koffer packen. In späteren Jahren wurde er zu einem echten Wandervogel und spielte in seiner Karriere für insgesamt 22 Vereine in zahlreichen Ländern, bei vielen wurde er ebenso schnell Kult wie bei Gala.

Die Fans seiner nächsten Station, Peterborough United, skandieren seinen Name bei Heimspielen bisweilen noch heute. Gegen Ende seiner Karriere spielte er 1999 in Irland für Waterford United. Dort ist er so beliebt, dass der Zeugwart noch heute die gelben Fußballschuhe Iorfas trägt, die dieser ihm zum Abschied geschenkt hat.

93. GRUND

Weil die Fans Wesley Sneijders Ehefrau per Twitter überredeten

Anfang 2013 stand die Gala-Welt still, ein einziges großes Fragezeichen schwirrte über dem Verein: Kommt er oder kommt er nicht? Es ging um Spielmacher Wesley Sneijder, damals noch in Diensten von Inter Mailand. Während sich der Verein mit Sneijder und Inter am Ende des Winter-Transferfensters in zähen Verhandlungen befand, geriet plötzlich auch Yolanthe Cabau, die Ehefrau des Holländers, in den Mittelpunkt und wurde Teil der Transfer-Saga.

Die hübsche Schauspielerin ist, wie sich das für die moderne Spielerfrau gehört, sehr aktiv in sozialen Netzwerken und ließ es sich auch im Zuge der Transferspekulationen nicht nehmen, diese mit ihren Twitter-Einträgen anzufeuern und gleichzeitig zu dementieren. Sie machte den Gala-Fans Hoffnung: »Istanbul ist eine fantastische Stadt! Ich war schon ein paar Mal dort und ich liebe die Türkei« – dämpfte sie aber auch gleich wieder: »Ich weiß nicht, was passieren wird, und Wesley liebt Inter auch noch immer sehr.«[125] Schließlich wurde sie immer kryptischer: »Manche Leute spielen ein schmutziges Spiel. Was hinter geschlossenen Türen vor sich geht, kann niemand wissen.«[126]

Frau Cabaus thematisch doch etwas lose Notizen sorgten bei den Gala-Fans für Fragezeichen und helle Aufregung. Keiner wusste so recht, woran er war, doch irgendetwas schien im Busch zu sein. Also entschlossen sich die Anhänger, die Initiative zu übernehmen und der unentschlossenen Ehefrau des umworbenen Stars einen Wechsel nach Istanbul schmackhaft zu machen. In der Hoffnung, dass sich dies irgendwie positiv auf die laufenden Verhandlungen auswirken möge.

Bei Twitter kam es zu einer Welle an Nachrichten, die Cabau von Gala-Fans erhielt, die ihr vor allem von der Lebensqualität der Metropole Istanbul vorschwärmten. »So werdet ihr hoffentlich bald durch Nişantaşı bummeln«, schrieb ein User und postete dazu ein Foto von den Sneijders beim Familienspaziergang.* Ein anderer Fan versuchte es auf die romantisch-mysteriöse Art: »Verliebt sein in Istanbul ist unvergleichlich, ich wollte nur, dass du es weißt.«[127] Und selbst Obhut wurde den Sneijders von einem Fan angeboten: »Schnapp dir bitte den Sneijder und bring ihn nach Istanbul. Macht euch keine Gedanken wegen einer Bleibe; bis ihr ein Haus findet, könnt ihr bei uns schlafen.«[128]

Die Bemühungen blieben nicht unerwidert und Cabau bedankte sich umgehend für die vielen »süßen Nachrichten«.[129] Doch auch im Netz gilt: Die Konkurrenz schläft nicht. Denn als die Fans des Erzrivalen Fenerbahçe Wind von den Überredungsversuchen im Netz bekamen, griffen sie zu Gegenmaßnahmen und berichteten Frau Cabau per Twitter unter anderem vom horrenden Straßenverkehr in Istanbul.

Am Ende wurde aus Gala-Sicht alles gut, denn am 22. Januar 2013 unterzeichnete Sneijder einen Dreijahresvertrag.

* *Nobles Einkaufsviertel in Istanbul*

Und wie seine Ehefrau schnell feststellte, war ihr vorher nicht zu viel versprochen worden. Schon nach wenigen Tagen in Istanbul schrieb sie, dass das Wetter toll sei und die Menschen sehr freundlich. »Aber der Verkehr ist hier wirklich verrückt!«[130]

94. GRUND

Weil Metin Kurt sich aus Protest einen Bart wachsen ließ

In der erfolgreichen Ära Anfang der 70er-Jahre, als Gala drei Meisterschaften in Serie holte, war Metin Kurt einer der besten Spieler der Mannschaft. Der 1970 im Alter von 22 Jahren zu Gala gekommene Metin erzielte in den drei Spielzeiten insgesamt die meisten Treffer, und das, obwohl er auf Linksaußen spielte.

Warum er auf der Außenbahn zu Hause war, erklärte er so: »Ich spiele an der Linie, um dem Volk nah zu sein.«[131]

»Çizgi Metin« (»Linien-Metin«), wie er genannt wurde, war seinerzeit einer der berühmtesten Gala-Spieler und kam über die Jahre auch in der Nationalmannschaft zu 26 Einsätzen, doch mit den Jahren hatte Metin bei Gala mit den Verantwortlichen immer häufiger Probleme – weil er einer war, der den Mund aufmachte.

Er lehnte sich immer wieder gegen die damaligen Zustände im Profifußball auf und störte sich daran, dass den Spielern so gut wie keine Entscheidungsfreiheit in eigener Sache zustanden, daran, dass die Verantwortlichen frei über die Spieler entscheiden und sie wie Ware hin und her schieben konnten. »Fußball macht auf dem Platz Spaß, nicht an der Börse« war ein weiterer berühmter Satz, den er schon zu aktiven Zeiten sagte.

Die erste Auseinandersetzung gab es bereits 1972. Als Metins erster Vertrag, der über zwei Jahre lief, zu Ende war, teilte der Verein ihm mit, dass sein Vertrag zu gleichen Konditionen verlängert werde. Der forderte aber mehr Mitspracherecht und wollte, dass das Gehalt gemeinsam bestimmt wird. Doch der Verein musste damals nur eine einseitige Option ziehen und konnte so den Spieler überstimmen. Als dies geschah, ließ sich Metin in den folgenden Wochen als stillen Protest einen Bart wachsen, was für viel Aufsehen sorgte. »Ich habe mich entschieden, mich so lange nicht zu rasieren, bis mir meine vollen Rechte zugestanden werden«, sagte er damals.[132]

Mit den Jahren wuchs der Konflikt, und 1976 kam es dann zum Bruch. Gala gewann damals im Pokal gegen Ankaragücü und erreichte das Finale, doch von der dafür vorgesehenen Prämie sahen die Spieler nichts. Auf Metins Initiative kam es dann zum Trainingsstreik, an dem neben ihm vier weitere Spieler teilnahmen, unter anderem mit den Özdenak-Brüdern Yasin und Gökmen zwei weitere absolute Leistungsträger in jener Zeit. Alle fünf teilnehmenden Spieler wurden daraufhin suspendiert.

Doch als sich alle bis auf Metin beim Verein entschuldigt hatten und begnadigt wurden, dieser aber bei seiner Meinung blieb, stand er am Ende als einziger Verantwortlicher für die Unruhe da und wurde deshalb am Saisonende nach Kayseri verkauft, wo er nach zwei Jahren seine Karriere beendete.

Schon zu aktiver Zeit träumte Metin Kurt immer von der Gründung einer Sportlergewerkschaft, diesen Traum konnte er sich erst 2010 erfüllen. Zwei Jahre, bevor er im Alter von 64 Jahren an einem Herzstillstand starb.

2011 widmete die türkische Rockband Kesmeşeker »Çizgi-Metin« ein Lied, es hieß *Metin Kurt yalnızlığı*, übersetzt bedeutet das: Die Einsamkeit des Metin Kurt.

95. GRUND

Weil Tromsø zum Trauma wurde

Falls man jemanden erschrecken will, der ein großer Gala-Fan ist, dann gibt es da ein ganz einfaches Mittel: Einfach mal ganz laut »Tromsööööö!« rufen, und schon sucht jeder treue Gala-Anhänger sofort verschreckt das Weite.

Denn ja, bei allen schönen Europapokal-Erinnerungen, Triumphen und Erfolgen gab es natürlich in den vergangenen Jahren auch unvergessliche Schlappen und Fehltritte, und das Ausscheiden gegen den norwegischen Klub in der ersten Runde des UEFA-Cups 2005/06 gehört sicherlich dazu.

Im Hinspiel unterlag Gala im rund 7.000 Zuschauer fassenden Alfheim-Stadion mit 0:1, was von allen Beteiligten schnell als Betriebsunfall abgehakt wurde. Kann schon mal passieren im Europacup, da verliert man halt ab und an irgendwo in der Provinz und macht es dann im Rückspiel wieder gut. Ein Vorstandsmitglied ließ sich zwischen dem Hin- und Rückspiel in der *Hürriyet* sogar zu der Aussage hinreißen: »Wenn wir ausscheiden, verlassen wir die Türkei!«[133] Eine etwas voreilige Aussage, wie sich herausstellen sollte.

Denn auch im Rückspiel gingen die Gäste aus der kleinen Stadt mit 70.000 Einwohnern nach 32 Minuten durch Stephan Ademolu in Führung, und zwar indem dieser einem Schuss seines Mitspielers Patrice Bernier ausweichen wollte, den Ball in die Hacken bekam und der Ball ins Tor kullerte. Und dabei stand Ademolu einen Meter im Abseits! Es war wie im Albtraum.

Der Ausgleichstreffer von Hakan Şükür in der 79. Minute kam zu spät, Gala musste gegen den norwegischen Underdog tatsächlich die Segel streichen. Schon in der Schlussphase hallte immer wieder ein lautes »Yönetim istifa!« (»Vorstand zurücktreten!«) von den Rängen, und Präsident Özhan Canaydın und weitere Vorstandsmitglieder wurden beim Verlassen des Stadions von aufgebrachten Fans zur Rede gestellt.

Für Gala steht der Name Tromsø bis heute symptomatisch für die schwache internationale Bilanz in jenen Jahren, in denen Gala nicht mehr wie zuvor gewohnt Stammgast in der Champions League war, sondern wenn überhaupt im UEFA-Cup spielte und sich wie gesehen auch da ziemlich schwertat. So zog man neben dem Tromsø-Desaster zwischen 2005 und 2011 gegen weitere nicht ganz so namhafte Gegner wie Helsingborgs IF, Metalist Charkiw oder Karpaty Lwiw den Kürzeren.

Während das damalige Aufeinandertreffen für Gala zum Trauma wurde, waren das Weiterkommen und das Erreichen der Gruppenphase für den Gegner ein historischer Erfolg. Auf der Tromsø-Homepage wird es rückblickend als »einer der besten Momente« der Vereinsgeschichte beschrieben.

96. GRUND
Weil Drogba zur Heldenfigur wurde

Die politische Rolle, die Didier Drogba ganz unverhofft und plötzlich im Sommer 2013 in Istanbul einnahm, steht sinnbildlich dafür, welche Bewunderung Fußballern in der Türkei zukommt und wie viel sie den Menschen bedeuten können.

In Istanbul gab es im Mai 2013 zunächst kleine Demonstrationen gegen ein geplantes Einkaufszentrum, das dort gebaut werden sollte, wo der Gezi-Park stand, eine der letzten Grünflächen im Stadtzentrum. Die Demonstrationen wuchsen in wenigen Wochen zu einer nationalen Protestbewegung an – und Drogba, der ein halbes Jahr zuvor zu Gala gewechselt war, wurde ihr Symbol. Da den Menschen, die gegen die Staatsgewalt protestierten, eine Führungsfigur fehlte, wandten sie sich dem Fußball zu, der größten Leidenschaft im Land, und machten Drogba einfach zu ihrem gemeinsamen, symbolischen Hoffnungsträger, der mit seinem Erfolg und seinem sympathischen Auftreten für all das stand, was man sich von den Staatsoberhäuptern wünschte.

»We have Drogba, they don't« hieß der berühmt gewordene Slogan, der auf einem großen Plakat zu lesen war, das am Taksim-Platz aufgehängt wurde. Dass die Befestigung des Plakats ein Fan in einem Fenerbahçe-Trikot vornahm, verdeutlichte die Popularität Drogbas über alle Lager hinweg. »Çare Drogba« (»Ausweg Drogba«) war ein weiterer Slogan, der an verschiedenen Ecken Istanbuls in jenen Tagen zu lesen war. Der zeigte sich geehrt und freute sich über seine Bedeutung und Wertschätzung, die sich innerhalb weniger Tage von einer rein sportlichen Bewunderung zum Dasein als politischer Hoffnungsträger und Symbol einer ganzen Bewegung gewandelt hatte.

»Wörter können so etwas nicht erklären …«, schrieb Drogba auf seinem Instagram-Account, auf dem das Plakat zu sehen war, genauso wie ein Gala-Fan und ein Fener-Fan, die Arm in Arm bei den Protesten dabei waren. »Das ist mehr als Fußball, das ist die Türkei!«[134]

97. GRUND

Weil Brad Friedel bei Gala fürs Leben lernte

Der US-amerikanische Torwart Brad Friedel war ein Jahr bei Gala und stand in der Saison 1995/96 im Kasten, nachdem er von Graeme Souness geholt worden war. Für den damals 25-Jährigen war es die erste richtige Profi-Station in Europa, und bis heute kann er seine Zeit in Istanbul nicht vergessen.

Inzwischen ist Friedel ein echter Routinier und seit fast 15 Jahren in der englischen Premier League zu Hause, im Juni 2014 unterschrieb er mit stolzen 43 Jahren noch einmal eine Vertragsverlängerung bei Tottenham Hotspur. Doch wie er immer wieder zum Ausdruck bringt, war es das eine Jahr am Bosporus, das ihn am meisten prägte: »Das beste Jahr meiner Karriere und meines Lebens« nennt Friedel es im Rückblick. »Ich war vorher nie mit anderen Kulturen in Berührung gekommen, bevor ich nach Istanbul kam. Ich gewann großartige Freunde dort, mit denen ich noch immer Kontakt habe. Die damalige Zeit war für mich persönlich bisher der wichtigste Reifeprozess.«[135]

Vor allem seine Nervenstärke und Abgeklärtheit als Torwart führt Friedel auf die Zeit im Gala-Tor zurück, in der ihm bewusst wurde, wie hoch es im Fußball hergehen kann. »Es war verrückt in Istanbul«, sagte Friedel der *Daily Mail* – »Das Ali-Sami-Yen-Stadion, ich glaube nicht, dass ich so eine Atmosphäre danach noch einmal erlebt habe. Bei Galatasaray zu spielen, war beeindruckend.«[136]

Spätestens nach einem bestimmten Zwischenfall sei ihm klar geworden, dass ihn als Profi wohl so schnell nichts mehr überraschen würde: Als Friedel nach einem Derby-Sieg mit Gala gegen Fenerbahçe nach Hause kam, sah er, dass jemand sämtliche Scheiben seiner Wohnung eingeschmissen hatte. Als Friedel hineinging, wusste er zumindest, welchem Verein die Übeltäter die Daumen drückten, denn die Ziegelsteine, mit denen die Scheiben kaputt geschmissen wurden, waren gelb-blau angemalt, in den Farben Feners.

Okay, positiver Lerneffekt für Friedel als Profi hin oder her, aber wer macht denn so etwas? Ziegelsteine, die vorher schön bunt gefärbt werden? Fener-Hooligan goes Bastelwerkstatt, oder wie?

Die letzte Teambesprechung der Täter muss sich ziemlich lustig angehört haben: »Ok, alles bereit, Jungs? Haben wir genug Ziegelsteine? Sehr gut! Den mischen wir mal so richtig auf, lässt der rotzfrech keinen Ball von uns ins Tor. Aber irgendetwas fehlt doch noch … Ach ja, holt die Filzstifte raus, wir müssen noch 'ne Runde malen.«

98. GRUND

Weil Hagi eine rumänische Welle auslöste

Durch Gheorghe Hagi entwickelte Gala zwischenzeitlich ein ganz schön exzessives Faible für rumänische Spieler.

Das fing bereits mit Hagis Ankunft im Sommer 1996 an. Sozusagen als Willkommensgeschenk stellte man ihm nämlich mit Rechtsverteidiger Iulian Filipescu und dem im Winter geholten Stürmer Adrian Ilie zwei Landsmänner an die Seite, um dem neuen Spielmacher die Akklimatisierung in Istanbul zu erleichtern. Ein Jahr später kam mit Gheorghe Popescu vom FC Barcelona ein echter Kracher hinzu, und bei Gala entstand ein kleiner Rumänien-Block.

Hagis drei Begleiter entpuppten sich als gute Verstärkungen und wurden schließlich zu echten Leistungsträgern. Ilie machte mit guten Auftritten europäische Klubs auf sich aufmerksam und wechselte nach eineinhalb Spielzeiten zum FC Valencia, mit dem er 2000 im Finale der Champions League stand und zwei Jahre später Meister wurde. Auch Filipescu machte sich in zwei Jahren bei Gala als zuverlässiger Allrounder einen Namen und hatte seinen Stammplatz unter Fatih Terim sicher, bevor er zu Betis Sevilla wechselte und Jahre später seine Karriere beim MSV Duisburg beendete. Popescu blieb hingegen vier Jahre und zeichnete mit dem entscheidenden Elfmeter im UEFA-Cup Finale 2000 für den größten Erfolg der Vereinsgeschichte verantwortlich.

Die Sache mit den rumänischen Transfers war also aus Sicht von Gala zunächst ein Volltreffer. Deshalb entschied man sich, auch weiterhin sein Glück in Rumänien zu suchen. Wann immer die Vereinsführung einen rumänisch klingenden Spielernamen aufschnappte, sah man einen potenziellen neuen Hagi vor sich, oder zumindest einen brauchbaren Rollenspieler.

Also fackelte man nicht lange. Radu Niculescu? Immer her damit. Gabriel Tamaş? Nehmen wir! Ovidiu Petre? Wird schon was draufhaben. Hinzu kam der zur Saison 2003/04 geholte Florin Bratu, ein pfeilschneller Stürmer, dessen bester Trick es war, mehrere Gegenspieler stehen zu lassen und dann leider den Torwart anzuschießen. Nach nur einem Jahr wechselte Bratu zum FC Nantes nach Frankreich, und auch die anderen rumänischen Talente konnten sich nicht behaupten – keiner hielt sich länger als eine Saison bei Gala.

Danach machten die traumatisierten Verantwortlichen bei den Transferüberlegungen jahrelang einen großen Bogen um den rumänischen Markt, bis man sich in der Winterpause der Saison 2010/11 dachte, ein weiterer Versuch könne nicht schaden.

Für fünf Millionen Euro kam Stürmer Bogdan Stancu, der wie Hagi, Popescu, Ilie und Filipescu vorher für Steaua Bukarest aktiv war und der bei Gala auf Hagi als seinen neuen Trainer traf. Doch allen guten Omen zum Trotz konnte auch Stancu nicht Fuß fassen. Nach einem halben Jahr wechselte der bislang letzte rumänische Spieler bei Gala im Sommer 2011 zu Orduspor, von wo es 2013 weiter zu Gençlerbirliği ging.

99. GRUND

Weil Gala ungeschlagen Vizemeister wurde

Am 30. Spieltag der Saison 2011/12 ergab sich in der Serie A in Italien beim Blick auf die Tabelle ein ungewöhnliches Bild: Juventus war als einzige Mannschaft ungeschlagen, lag aber trotzdem zwei Punkte hinter dem AC Mailand auf Platz zwei. Juve wurde zwar später Meister, doch zu diesem Zeitpunkt fragten sich Statistik-Freaks, die gerade nichts anderes zu tun hatten: Gab es so etwas schon mal? Dass eine Mannschaft eine ganze Saison ohne Niederlage überstand und am Ende trotzdem nicht Meister wurde? Ein Vizemeister mit weißer Weste also? Und wenn man die Geschichtsbücher des Weltfußballs aufschlägt, sieht man: Gab es, wenn auch nur höchst selten. Und leider gelang dieses Kunststück einst auch Gala. In der Saison 1985/86, die zweite unter der Leitung von Jupp Derwall, erspielte sich die Mannschaft um Cüneyt Tanman und Cevad Prekazi folgende Bilanz: 36 Spiele, 20 Siege, 16 Unentschieden, keine Niederlage. Und trotzdem musste man am Ende dem Konkurrenten Beşiktaş den Vortritt überlassen, der zwar zwei Niederlagen mehr, dafür aber vier Unentschieden weniger hatte und bei Punktgleichheit und einem besseren Torverhältnis Meister wurde. Eine bittere Vizemeisterschaft, die auch nicht durch den Trost des deutschen Bundespräsidenten besser wurde. Derwall erhielt nach dem Saisonfinale nämlich ein Telegramm von Richard von Weizsäcker, in dem dieser dem Ex-Bundestrainer zur guten Bilanz gratulierte: »Es ist nicht leicht, eine Saison ohne Niederlage zu überstehen. Auch wenn am Ende nicht die Meisterschaft heraussprang, so ist es doch ein ehrenwerter zweiter Platz.«[137]

Mit dem unwillkommenen Kunststück reihte sich Gala in folgenden kleinen und erlesenen Kreis ein, der ebenfalls einst ohne Niederlage am Titel vorbeischrammte: Spartak Sofia (1950/51), AC Perugia (1978/79), Benfica Lissabon (1977/78), Roter Stern Belgrad (2008/09), und ach ja, dem noch bemitleidenswerteren Jupiter SC aus Sri Lanka, der 1999 ungeschlagen nur Fünfter wurde – wie immer das auch kam.

Eine höchst seltene Angelegenheit also, deshalb ziehen wir mal das Positive daraus: Selbst wenn Gala Vizemeister wird, schreiben wir Geschichte. Und außerdem gab es für den Meister Beşiktaş damals ja nicht einmal ein Telegramm vom Bundespräsidenten.

100. GRUND

Weil ein Kind nach Drogba benannt wurde

Am Abend des 15. März 1989 wurde Engin Aktaş zum Gala-Fan. Er war damals sechs Jahre alt und konnte zunächst nicht so recht einordnen, was da draußen vor dem Haus seiner Familie in Istanbul vor sich ging: Autoschlangen fuhren hupend vorbei, die Menschen sangen und tanzten, er sah überall gelb-rote-Fahnen und hörte fortwährend »Cim Bom Bom«-Rufe. Er fragte seinen älteren Bruder, was das alles zu bedeuten habe, und der antwortete ihm, dass »Cimbom« soeben in Europa Geschichte geschrieben habe. Kurz zuvor hatte Galatasaray nämlich durch ein 1:1 gegen den AS Monaco das Halbfinale des Europapokals für Landesmeister erreicht. Engin war von den Farben, der Euphorie und dem immer wieder in die Nacht gerufenen »Cimbom« so begeistert, dass er an Ort und Stelle selbst zum Anhänger des Vereins wurde.

24 Jahre später, am 09. April 2013, saß Engin bei der Champions-League-Partie zwischen Galatasaray und Real Madrid auf seinem angestammten Platz in der Türk Telekom Arena. Die damals beginnende Leidenschaft für seinen Verein hat nie aufgehört, sondern wurde mit den Jahren immer stärker. Gala ist ihm so wichtig, dass selbst die damals noch junge Beziehung zu seiner jetzigen Ehefrau zunächst auf wackligen Beinen stand, nachdem sie ihm gestanden hatte, Fan von Fenerbahçe zu sein, ehe sie ihrem Freund und jetzigen Ehemann zuliebe Gala die Daumen zu drücken begann.

Nun empfing Gala also Real für das Rückspiel im Viertelfinale, und seit einigen Wochen trugen die Heimspiele für Engin einen besonderen Reiz, denn in der Winterpause hatte der Verein den weltbekannten Stürmer Didier Drogba verpflichtet. Der Ivorer war schon seit Jahren Engins Lieblingsspieler. »Ich verfolgte seinen Werdegang seit Jahren, aufgrund seiner Klasse als Fußballer und als Mensch, der so viel für seine afrikanische Heimat geleistet hat«, erzählt Engin. »Jahrelang hatte ich beim Zocken auf der Playstation nur seinetwegen Chelsea gewählt, und jetzt würde er das Galatasaray-Trikot tragen. Für mich war das wie ein Traum.«

Die Partie begann nicht gut, Gala lag nach einem frühen Gegentreffer durch Cristiano Ronaldo nach dem 0:3 im Hinspiel erneut mit 0:1 zurück. In der Halbzeit bekam Engin aber eine Nachricht, die alle Trauer darüber auf einmal verfliegen ließ. »Meine Frau rief mich an und sagte, dass sie gerade einen positiven Schwangerschaftstest gemacht habe. Vor Freude bin ich fast durchgedreht.«

Die Freude wurde umso größer, als Gala im zweiten Durchgang aus dem 0:1 ein 3:1 machte, und als Engins Idol Drogba das dritte Tor mit einem Hackentrick erzielte, kam Engin eine Idee. Zu Hause angekommen, teilte er sie seiner Frau mit, und die war einverstanden: Sollte ihr erstes gemeinsames Kind ein Junge werden, sollte dem Namen Doruk, für den sie sich bereits vorher entschieden hatten, der Zweitname Drogba hinzugefügt werden.

Am 16. Dezember kam dann Doruk Drogba Aktaş zur Welt. Der ungewöhnliche Name des Neugeborenen sorgte für Aufsehen, wurde selbst in den Nachrichten behandelt und verbreitete sich über die sozialen Medien, auch negative Reaktionen blieben nicht aus. »Auf uns prasselte einiges ein«, sagt Engin. »Wer mich kennt, weiß aber, dass ich das nicht getan habe, um Aufmerksamkeit zu bekommen. Es war eine gemeinsame Entscheidung, die wir als Eltern getroffen haben.«

Auch im Verein bekam man schnell Wind von der Sache, und da Engin einen Gala-Mitarbeiter gut kennt, bekam er die Möglichkeit, die Mannschaft vor einer Begegnung im Hotel zu besuchen und Drogba seinen Sohn vorzustellen. Als es so weit war und Drogba den Kleinen in den Arm nahm, begann der zu weinen, die erste Begegnung zwischen dem großen und dem kleinen Drogba verlief also noch etwas holprig. Nichtsdestotrotz war Drogba stolz darauf, als Namensgeber zu dienen. »Er sagte mir, dass er sich sehr geehrt fühle, dass wir uns für seinen Namen entschieden hatten.«

Zum Abschied schenkte Drogba dem Kleinen ein Trikot und schrieb ihm noch eine Botschaft drauf: »Ich danke euch sehr und ich wünsche dir den gleichen Erfolg und noch viel mehr, möge Gott dich beschützen, Baby Drogba.«

KAPITEL 14

DIE GEGENWART (II)

MIT NEUEN GESICHTERN IN DIE ZUKUNFT

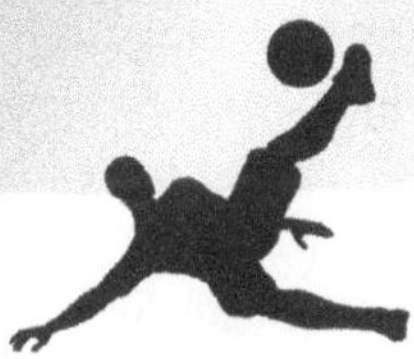

101. GRUND

Weil Kalli sagt, was Sache ist (V)

Ein Gespräch mit Karl-Heinz Feldkamp – über die aktuelle Entwicklung von Galatasaray.

Herr Feldkamp, haben Sie noch Kontakt zu früheren Bekannten aus dem Verein?

Ja klar, zur Familie vom früheren Vorstandsmitglied Tony Cauki, der damals beim Gespräch in Frankfurt mit dabei war, oder zu meinem langjährigen Co-Trainer und Übersetzer Ahmet Akçan, zu dem ich ein ganz enges Verhältnis habe, besteht weiterhin regelmäßiger Kontakt. Das sind Bindungen, die über Jahre halten. Ich möchte auch so schnell wie möglich in das neue Stadion und mir dort endlich ein Spiel ansehen. Meine Frau und ich planen bereits den nächsten Flug nach Istanbul.

Wenn wir uns die aktuelle Entwicklung bei Galatasaray anschauen, fällt auf, dass es in den letzten Jahren leider nicht ganz so viele Spieler aus der eigenen Jugend in die Stammformation geschafft haben. Innenverteidiger Semih Kaya ist da eine aktuelle Ausnahme. Gala steht mit diesem Problem in der Türkei nicht allein. Woran hapert es in der Jugendarbeit Ihrer Meinung nach? Sie waren bei Galatasaray ja nicht nur Trainer, sondern auch Sportdirektor, zuletzt 2009, und hatten somit Einblicke hinter die Kulissen.

Das ist ein heikles Thema, und ich sehe da generell einen riesigen Nachholbedarf. Wenn man sich mal zum Vergleich die Bundesliga anschaut: Da hat jede Mannschaft ein perfektes Jugendzentrum, sie ist sogar dazu verpflichtet, den Jugendspielern Leistungsfußball anzubieten, mit allem, was an sozialem Angebot dazugehört, mit Schulen, Lehrstellen usw. Vergleichbares gibt es in der Türkei leider nicht, die dort gegebenen Nachwuchszentren lassen sehr zu wünschen übrig. Ich war einmal mit einem Vorstandsmitglied von Galatasaray in Deutschland und wir haben uns die Zentren in

Wolfsburg, auf Schalke und in Freiburg angeschaut. Das sind Top-Modelle! Wenn die Spitzenklubs davon nur die Hälfte umsetzen würden, könnten sie mit Sicherheit auf selbstbewusste und gut vorbereitete Profis aus den eigenen Reihen zurückgreifen. Es wird aber leider nicht an den richtigen Stellen investiert, und die Diskrepanz zwischen Wunschdenken und Wirklichkeit ist noch zu groß.

Vom Verband in der Türkei gab es ja deshalb die Entscheidung, dass nur noch eine begrenzte Anzahl an ausländischen Spielern eingesetzt werden kann. In der Saison 2014/15 darf jeder Verein nur noch acht Ausländer im Kader haben, wovon fünf spielen dürfen und drei auf die Tribüne müssen. Dies macht es Gala nicht leichter, sich in der Champions League gegen internationale Konkurrenz durchzusetzen bzw. den Kader sinnvoll zu verstärken. Glauben Sie trotzdem, dass Gala in naher Zukunft das Halbfinale oder Finale der Champions League erreichen kann?

Meiner Meinung nach ist die Ausländerbegrenzung nicht das richtige System, um junge Spieler zu fördern. Nachwuchsspieler sollen sich doch auch mit internationalen Spitzenspielern messen, von ihnen lernen und sich gegen sie durchsetzen müssen, das fördert viel mehr die Entwicklung. Vor allem kriegst du so ja keine eingespielte Mannschaft zusammen. Die Gegner aus Europa haben neun oder zehn Ausländer in der Startelf und spielen grundsätzlich mit der gleichen Aufstellung, während die türkischen Trainer jede Woche durchwechseln müssen. Das ist für mich ein Handicap und macht es unnötig schwer, große Erfolge in Europa zu feiern.

Wie würden Sie Ihre Beziehung zu Galatasaray nach all den Jahren beschreiben?

Ich fühle mich persönlich ganz eng mit Galatasaray verbunden, da meine dortige Zeit ganz entscheidend für meine persönliche Entwicklung und die meiner Familie war. Es waren ja nicht nur die dreieinhalb Jahre, die ich vor Ort gearbeitet habe, sondern auch der dazwischen stets aufrechterhaltene Kontakt und die Verbindungen. Ich verfolge nach wie vor sehr genau, wo der Klub steht, wie er geführt wird und wie er sich in Europa präsentiert. Ich hänge noch immer sehr an Galatasaray.

102. GRUND

Weil Melo bei Gala zum Pitbull wurde

Als im Sommer 2011 Ünal Aysal als Präsident beziehungsweise Fatih Terim als Trainer neuerdings das Sagen hatten und sich daranmachten, dem Kader eine Frischzellenkur zu verpassen, war das zentrale Mittelfeld eine von vielen Positionen, auf denen man dringend Verstärkung brauchte.

Nachdem mit Selçuk İnan vom Liga-Konkurrenten Trabzonspor bereits ein Hochkaräter verpflichtet werden konnte, suchten die Verantwortlichen nach einem Abräumer, der neben Inan auflaufen und ihm und der Mannschaft den Rücken freihalten sollte. Es sollte ein »aggressiver Leader« sein, wie man in der modernen Fußballsprache sagt. Schnell wurde man auf Felipe Melo aufmerksam, der zwei Jahre zuvor für 25 Millionen Euro vom AC Florenz zu Juventus gewechselt war, dort aber nicht glücklich wurde und schließlich per Leihe für ein Jahr ausgeliehen werden konnte.

Das traf sich gut, denn auch Melo brauchte einen Neuanfang. Nachdem seine Karriere zunächst steil verlaufen war, kam sie nach dem Wechsel zu Juventus ins Stocken. Bei Juve konnte er in zwei Jahren nie Fuß fassen, und auch die Weltmeisterschaft 2010 mit Brasilien geriet zum Albtraum. Nach einem Tritt im Viertelfinale gegen Arjen Robben sah Melo die Rote Karte, die Seleção schied gegen Holland aus und Melo war in der Heimat der große Buhmann.

Gala nahm den Verschmähten mit Kusshand auf, da man endlich einen Sechser von internationalem Format hatte, und so wurden Gala und Melo zu einer Art Schicksalsgemeinschaft. Seitdem ist die

Zone vor der Abwehr ganz klar Melo-Gebiet. Als Spielertyp verkörpert er alle Eigenschaften, die es auf seiner Position braucht: Melo haut sich in jeden Ball, in jedem Spiel, als ginge es um Leben oder Tod, agiert dabei oft an der Grenze zur Regelwidrigkeit, räumt im Mittelfeld resolut auf und sorgt damit bei Gegenspielern für Furcht und Frust, bei den Fans für Freude. Er ist einer der kompromisslosesten Spieler, die Gala auf dieser Position je hatte. Gleichzeitig verfügt er aber auch über die nötige Technik, das Passspiel und die Übersicht, um auch die spielerische Linie der Mannschaft mitzubestimmen.

In der aktuellen Mannschaft ist er einer der absoluten Fan-Lieblinge, »Pitbull« haben ihn die Anhänger getauft, und er zelebriert diesen Namen, indem er nach Toren auf allen vieren kriecht und mit grimmiger Miene den Kampfhund mimt. Er feuert in schwierigen Situationen die Fans an, um sie zu noch mehr Unterstützung für die Mannschaft zu bewegen, er feiert erfolgreiche Defensivaktionen wie ein geschossenes Tor, und als in einer Partie gegen Elazığspor Gala-Keeper Fernando Muslera in der Nachspielzeit einen Elfmeter verschuldete und die Rote Karte sah, stellte sich Melo ins Tor, wehrte den Elfer ab und sicherte damit den 1:0-Auswärtssieg.

Bei Melo gibt es keine Rücksicht auf Verluste, für ihn stehen die eigene Mannschaft und der Sieg über allem. Deshalb ist klar, dass er polarisiert. Er ist einer von der Sorte Spieler, die von denjenigen geliebt wird, die ihn an ihrer Seite haben, und allen anderen als Feindbild dient. Am besten fasst dies eine Szene zusammen, die sich im Derby gegen Fenerbahçe gegen Ende der Saison 2013/14 abspielte:

Zum wiederholten Male kam es bereits in der Anfangsphase zu kleinen Rangeleien und Mätzchen zwischen Melo und Gegenspieler sowie Fener-Kapitän Emre Belözoğlu. In der 39. Minute ließ sich der bereits verwarnte Emre dann zu einer Grätsche gegen Melo hinreißen und sah dafür die Gelb-Rote Karte. Melo bejubelte die Unterzahl des Erzrivalen mit herausgestreckter Zunge und bedeutete Emre mit einer Handbewegung, den Platz zu verlassen. Dafür hagelte es Kritik, doch bei Gala-Fans war Melo endgültig ein Held, denn für sie hatte die Szene eine tiefe Symbolik. Dass ausgerechnet Ex-Gala-Spieler Emre, der für weite Teile der Fans seit seinem Wechsel zu Fener zum Feindbild wurde, von Melo derart in die Schranken gewiesen wurde, machte diesen nur noch mehr zum Gala-Helden.

Der »Pitbull« ist seit seiner Ankunft aus der Gala-Elf nicht mehr wegzudenken. Nachdem Gala sich nach einer erfolgreichen ersten Spielzeit mit Juve nicht über die Ablöse einig werden konnte, lieh man ihn für ein weiteres Jahr aus, in dem Melo mit Gala zum zweiten Mal hintereinander Meister wurde. Im Sommer 2013 wurde er schließlich fest verpflichtet und erhielt einen Dreijahresvertrag.

103. GRUND

Weil ich mich bei Johan Elmander entschuldigen muss

Lieber Johan Elmander,

es war der Sommer 2011, Ünal Aysal kam als neuer Präsident zu Gala, kündigte eine Transfer-Offensive an, die Medien begannen mit wilden Spekulationen und verdrehten uns Fans damit den Kopf.

Als Aysal in einem Live-Interview dann auf mögliche Neuzugänge angesprochen wurde, lüftete er das Geheimnis und bestätigte deinen Namen als eines der primären Transferziele.

Und ich muss ganz ehrlich sagen, dass ich als Fan damals etwas enttäuscht war, denn im Vergleich zu so klangvollen Namen wie Didier Drogba (der ja, Ironie des Schicksals, dann zwei Jahre später dein Nachfolger werden sollte) hielt ich dich damals, wie viele andere Gala-Fans auch, als Neuzugang für nicht vielversprechend oder aufsehenerregend genug.

Das mit der Skepsis ging dann sogar so weit, dass ich in einer Kolumne deinen bevorstehenden Transfer so beschrieb: »Einen Wundertransfer zu versprechen und dann Johan Elmander zu präsentieren ist ungefähr wie einem Kleinkind ein Eis zu versprechen und kurz darauf aufzutauchen mit den Worten: ›Hier, Kleiner, Sauerkraut! Lass es dir schmecken.‹«[138]

Dafür muss ich mich im Nachhinein bei dir aber entschuldigen, denn wie viele andere Gala-Fans habe ich mich getäuscht. Gleich nach deiner Ankunft hast du nämlich bewiesen, dass du genau die Sorte von Spieler bist, die Gala so nötig hatte. Obwohl du von der Statur her wie ein kantiger Strafraumstürmer wirkst, bist du auf dem Platz ohne Pause unterwegs, rennst kreuz und quer über die ganze gegnerische Hälfte, leitest das Pressing ein und feuerst deine Mannschaft damit an. Du bist nicht der technisch versierteste oder eleganteste Spieler, aber das ist völlig egal, denn du bist der beste Beweis dafür, dass Einsatzwille und Hingabe genauso wichtig sind.

Mit dir und auch durch dich war Gala in der Saison 2011/12 im Vergleich zu den Vorjahren wie verwandelt. Du bist einer, der voranmarschiert, und gemeinsam mit anderen wichtigen Neuzugängen wie Felipe Melo, Fernando Muslera oder Selçuk İnan hast du Gala eine neue Siegermentalität eingeimpft. Vor allem in den wichtigen Spielen der Saison warst du zur Stelle, in sechs davon gegen die Spitzenmannschaften Fenerbahçe, Beşiktaş und Trabzonspor warst du mit insgesamt fünf Treffern erfolgreich.

Durch deine Hingabe und Identifikation mit dem Verein wurdest du dazu zum absoluten Liebling von uns Fans. Verletzungen waren dir egal, du holtest dir in Kopfballduellen eine blutende Wunde, wurdest am Seitenrand genäht und kamst dann einfach wieder zurück ins Spiel. Deine Schuhe waren gelb-rot und mit dem Schriftzug »Cim Bom Bom« versehen.

Zur absoluten Legende wurdest du dann im entscheidenden Spiel um die Meisterschaft 2012 gegen Fener, als du bei einem Konter umgegrätscht wurdest und dein Fuß danach gebrochen war. Wo andere Spieler mit der Trage vom Platz transportiert worden wären, liefst du zur Seitenlinie und ließt dich behandeln, ohne dabei den Blick vom Spielfeld zu nehmen und das Geschehen auf dem Platz gespannt weiterzuverfolgen. Danach kamst du zurück und versuchtest es noch einmal, du hattest sogar noch eine gute Torchance und hättest fast die Führung erzielt, dann aber ging es nicht mehr. Du liefst direkt in die Kabine und sollst dort sofort in Tränen ausgebrochen sein.

Du musstest dann das Spiel also von außen verfolgen, wie alle Gala-Fans, und im Grunde warst du ja selbst einer. Als das Spiel mit 0:0 endete und Gala die Meisterschaft im Stadion des Rivalen klargemacht hatte, warst du dann wieder bei den Feierlichkeiten auf dem Rasen dabei, und der Erste, der die Freude über die erste errungene Meisterschaft nach vier Jahren in ein entgegenstrecktes Mikrofon schrie: »We fucking played great the whole season and we deserved it!« Dieser Satz wurde später von Gala-Anhängern auf T-Shirts gedruckt und bei späteren Spielen gesungen.

Auch im darauffolgenden Jahr konntest du dich noch einmal über eine Meisterschaft freuen, auch wenn du im zweiten Halbjahr mit Verletzungen zu kämpfen hattest und auch wenn die Konkurrenz immer stärker wurde. In der Zwischenzeit waren mit Burak Yılmaz und Didier Drogba zwei Stürmer hinzugekommen, am Saisonende trennten sich dann leider die Wege zwischen dir und dem Verein, und du wurdest an Norwich City ausgeliehen.

Doch zwei Jahre reichten dir aus, um deinen Dienst voll und ganz zu erfüllen, du warst einer der Hauptgründe für die Kehrtwende bei Gala zum Positiven. Die Fans gaben dir einen ehrfürchtigen Beinamen, der heute noch gilt: »Johan The Great«. Du hast ihn dir redlich verdient.

104. GRUND

Weil Bruma für die neue Transferphilosophie steht

So ein internationales Jugendturnier vor der eigenen Haustür hat ja den großen Vorteil, dass man als Verantwortlicher eines Vereins nicht in der Weltgeschichte herumjetten muss, um die neuesten Supertalente und damit Superstars von morgen begutachten zu können. So ging es auch der Führungsriege von Gala, die sich im Jahr 2013 bei der U-20-Weltmeisterschaft in der Türkei ein Bild vom internationalen Spitzennachwuchs machen durfte.

Nicht nur bei Gala-Vertretern, sondern auch bei den Scouts von allen anderen europäischen Vereinen landete ein junger portugiesischer Spieler, der noch bei Sporting Lissabon unter Vertrag stand, mit am häufigsten auf den Notizzetteln: Armindo Tué Na Bangna, genannt Bruma.

Der war eigentlich noch für die U-19 spielberechtigt, wirbelte aber mit der portugiesischen Mannschaft im U-20-Turnier derart durch die gegnerischen Reihen, dass nach dem Turnier die Interessenten Schlange standen. Portugal war zwar bereits im Achtelfinale gegen Ghana ausgeschieden, doch Bruma war nach fünf Toren in vier Spielen zum zweitbesten Spieler des Turniers gewählt worden, was den Preis natürlich schnell in die Höhe trieb.

Gala schaltete sich mit ein und setzte sich tatsächlich gegen namhafte Konkurrenz wie Real Madrid durch, sodass der damals 18-jährige Bruma für die saftige Ablösesumme von zehn Millionen Euro zur Saison 2013/14 schließlich ein Löwe wurde.

Eine solch hohe Summe für einen derart jungen Spieler stellt auch eine Zäsur in der Transferphilosophie des Vereins dar, denn in der Vergangenheit wurde meistens in Transfers aus dem Ausland investiert, die sich im besten Alter (oft auch knapp darüber) befanden und den Verein sofort weiterbringen sollten. Bruma steht mit seinem jungen Alter jedoch dafür, dass das in Zukunft anders sein soll.

Der Flügelflitzer fand sich sehr gut bei Gala ein, machte vor allem mit seiner enormen Dribbelstärke und Schnelligkeit auf sich aufmerksam und legte in seinem ersten halben Jahr einige überzeugende Auftritte hin, bevor seine Entwicklung jäh unterbrochen wurde, als er sich am 15. Januar 2014 im Pokalspiel gegen Tokatspor das Kreuzband riss.

Danach wurde der inaktive Bruma für ein halbes Jahr an Gaziantepspor verliehen, was aber nur symbolischer Natur und der Ausländerregelung der türkischen Liga geschuldet war, die nur eine bestimmte Anzahl an ausländischen Spielern im Kader erlaubt. Zur Saison 2014/15 kehrte er zurück zu Gala und wird sich hoffentlich noch viele Jahre im gelb-roten Trikot durch die gegnerischen Reihen dribbeln.

105. GRUND

Weil Alex Telles ein ewiges Problem löste

Das Linksverteidiger-Problem wurde bei Gala in den letzten Jahren fast schon zu einem Phänomen, dabei war die Position um die Jahrtausendwende noch hervorragend besetzt. Mit Ergün Penbe und Hakan Ünsal verfügte man über zwei Nationalspieler, die mit defensiver Stabilität und offensiven Stärken ihren Anteil an den großen Erfolgen des Vereins zu jener Zeit hatten.

Doch nachdem Ünsal den Verein nach der Saison 2004/05 in Richtung Çaykur Rizespor verlassen hatte und Penbe im Sommer 2007 nach 14 Jahren im Gala-Trikot zu Gaziantepspor gegangen war, entstand links hinten ein Vakuum, das in den darauffolgenden Jahren nicht mehr zufriedenstellend gefüllt werden konnte.

Ein Notnagel nach dem anderen durfte sich auf der vakanten Position versuchen, doch kein Spieler erfüllte die Erwartungen vollständig. Einzig Hakan Balta konnte sich nach seinem Wechsel zu Gala zur Saison 2007/08 mit soliden Leistungen über längere Zeit als Stammspieler halten, hatte dann aber immer wieder mit Verletzungen zu kämpfen und wurde mehr und mehr zum Innenverteidiger umfunktioniert. Sein Nachfolger wurde Albert Riera, der unter großen Hoffnungen und für viel Geld für die offensive Außenbahn geholt worden war, dann aber links hinten ran musste, wo er leider große Schwächen in der Defensive offenbarte. Es schien alles wie verhext.

Und dann kam Alex Telles. Der 1992 geborene Brasilianer wurde nach langen Verhandlungen mit seinem Verein Grêmio Porto Alegre eine Woche vor Ende der Wintertransferperiode im Januar 2014 verpflichtet. Er kam mit großen Vorschusslorbeeren an. Nach zwei starken Jahren bei Grêmio hatte er einige europäische Interessenten auf sich aufmerksam gemacht, für sechs Millionen Euro Ablöse erhielt Gala schließlich den Zuschlag. Bei den Fans sorgte schon allein die Tatsache, dass ein vielversprechender Linksverteidiger verpflichtet wurde, für große Freude. Als dann noch bekannt wurde, dass Alex de Souza, der viele Jahre in der Türkei bei Fenerbahçe gespielt hatte und 2012 nach Brasilien zurückgekehrt war, Telles als besten Linksverteidiger der brasilianischen Liga bezeichnete, stiegen die Hoffnungen umso mehr an.[139]

Und der junge Neuzugang enttäuschte nicht. Der flinke und technisch starke Telles eroberte unter Trainer Roberto Mancini sofort einen Stammplatz und gab Gala mit seinem Offensivdrang über die linke Seite genau das, was jahrelang gefehlt hatte. Besonders mit Wesley Sneijder, der unter Mancini oft als Linksaußen ran musste, verstand sich Telles von Anfang an sehr gut und sorgte mit ihm gemeinsam über den linken Flügel immer wieder für viel Druck.

In den wichtigen Partien gegen Chelsea im Hinspiel des Champions-League-Achtelfinales und im Derby gegen Beşiktaş zeigte Telles ansprechende Leistungen, bevor er beim 6:1 gegen Akhisarspor am 24. Spieltag nach Vorlage von Wesley Sneijder seinen ersten Treffer für Gala erzielte.

Telles' erste Saison im gelb-roten Dress verlief also vielversprechend, der Neuzugang überzeugte sowohl in der Liga als auch auf internationalem Parkett. Dass dann die türkische Nachrichtenagentur DHA bereits nach wenigen Einsätzen von Telles von einem Interesse von Real Madrid berichtete, machte die Anhänger umso stolzer. Endlich ein Linksverteidiger von internationalem Format, darauf hatten sie lange genug warten müssen.

106. GRUND

Weil Muslera das grüne Trikot tragen darf

In der Vergangenheit hatte Gala einige großartige Torhüter, die jeweils über eine längere Zeit der Rückhalt der Mannschaft waren. Mit der Legende Turgay Şeren, der 20 Jahre lang (1947–1967) das Tor hütete, fing es an, in den Siebzigern war Yasin Özdenak acht Jahre lang die Nummer eins und feierte drei Meisterschaften in Folge, bevor er in die USA ging und bei den New York Cosmos Mitspieler von Franz Beckenbauer und Pelé wurde, während die Achtziger von Zoran Simović bestimmt wurden.

Nach Simovićs Karriereende 1990 begannen dann aber die ersten wackligen Jahre im Gala-Kasten. Das Phänomen Hayrettin Demirbaş, Gintaras Stauce, Brad Friedel und eine Reihe weiterer Kandidaten konnten sich nicht etablieren. Mit dem Brasilianer Taffarel (1998–2001) und seinem Nachfolger Faryd Mondragón, der mit seiner leidenschaftlichen Art von 2001 bis 2007 da war und als »Mondi« zum Liebling der Fans wurde, war das Tor fast zehn Jahre in sehr guten Händen, bevor dann wieder einige Jahre der Inkonstanz kamen. Mit Schrecken denkt man als Fan an Zeiten zurück, als der 2009 von Atletico Madrid geholte Leo Franco im Derby gegen Fener einen völlig harmlosen Schuss von Selçuk Şahin aus 40 Metern ins Tor ließ und damit die 0:1-Niederlage einleitete.

2011 stand dann die Großoffensive auf dem Transfermarkt an, und die Torwartposition war eine der obersten Prioritäten. Fernando Muslera füllte diese Lücke, nach vier Jahren bei Lazio in Italien unterschrieb er für fünf Jahre und ist seitdem ein Löwe.

Endlich! Als Fan muss man nicht mehr wie in den vergangenen Jahren die Beruhigungstabletten in Reichweite haben, sobald der Ball in Richtung Gala-Strafraum rollt, denn »Nando« strahlt die Sicherheit aus, die seit Jahren gefehlt hatte.

Auf der Linie gehört der Nationalkeeper Uruguays wohl zu den besten Torhütern der Welt und vereitelt mit unglaublichen Reflexen immer wieder sichere Chancen des Gegners, auch bei hohen Bällen greift er sicher zu, ist im ständigen Austausch mit seinen Vordermännern und organisiert lautstark die Abwehr. Da schaut man gerne über die hin und wieder offenbarten fußballerischen Schwächen hinweg – dann haut er halt ab und zu mal einen Ball aus Versehen in die Füße eines gegnerischen Stürmers, wir lieben unseren »Nando« trotzdem.

Das sieht man auch an der Farbe seines Trikots, denn Muslera trägt immer das klassische grüne Torwarttrikot, das in früheren Jahrzehnten von Turgay Şeren oder Yasin Özdenak populär gemacht wurde und seitdem bei Gala traditionell für solche Torhüter reserviert ist, die das Zeug zur Legende haben.

Dass Muslera nach vielen Jahren der Erste ist, dem diese Ehre zuteil wurde, verdeutlicht seinen hohen Stellenwert bei den Löwen, und nach lang anhaltenden dahingehenden Anfragen der Fans wird das grüne Muslera-Trikot in den Gala-Fanshops verkauft, wo es einer der meistverkauften Artikel überhaupt ist.

»Bevor wir die erste Ladung in die Regale legen konnten, war sie durch Vorbestellungen schon ausverkauft«, sagte Nurettin Kantarelli, der Leiter des GS Store am Stadion, im April 2012. »Wir hatten dreimal mehr Bestellungen, als wir zunächst zur Verfügung hatten.«[140]

Muslera will noch viele Jahre in seinem bedeutungsvollen Trikot auflaufen. »Ich spiele bei einem großen Verein, und seit meiner

Ankunft haben wir große Erfolge erzielt«, sagte Muslera nach seinem 100. Spiel für Gala. »Ich bin bei Galatasaray weiter gewachsen und möchte 300 bis 400 Spiele machen. Ich will den Rest meiner Karriere hier bleiben.«[141]

107. GRUND

Weil Gala auf zwei beste Freunde setzt

Am 27. und 28. Mai 2014 veröffentlichte die Vereinsführung zwei Mitteilungen, die ganz entscheidend für die Zukunft der Mannschaft waren. Zunächst wurde bekannt gegeben, dass der 2017 auslaufende Vertrag von Selçuk İnan um zwei Jahre verlängert wurde, einen Tag später wurde auch eine Einigung mit Burak Yılmaz bis 2019 verkündet.

Dass beide Spieler trotz einer verbleibenden Vertragsdauer von drei Jahren zu verbesserten Konditionen und noch länger gebunden wurden, sollte die große sportliche Bedeutung zeigen, die der Verein ihnen beimisst. Kapitän Selçuk und Goalgetter Burak sollen Gala nämlich auch in den folgenden Jahren ganz entscheidend mitprägen.

Dass sie ihre Verträge fast gleichzeitig verlängerten, und das zu identischen Bezügen, war kein Zufall, denn Selçuk und Burak sind schon seit Beginn ihrer Laufbahn fast ohne Unterbrechung Weggefährten. Beide Spieler sind 1985 geboren, lernten sich bereits in der U-16 kennen und durchliefen gemeinsam alle Altersklassen bis zur A-Nationalmannschaft.

Und auch auf Vereinsebene kreuzten sich ihre Wege immer wieder. In der Saison 2007/08 spielten sie zusammen bei Manisaspor, über Umwege trafen sie sich 2009 bei Trabzonspor wieder und waren mit starken Leistungen daran beteiligt, dass der Schwarzmeerklub einen attraktiven und offensiven Fußball zeigte. 2011 reichte es nur aufgrund der schlechteren Tordifferenz nicht zur Meisterschaft.

Kurz darauf trennten sich die Wege dann wieder, da Selçuk seinen Vertrag in Trabzon nicht verlängerte und zu Gala wechselte, um dort Teil der neu aufgebauten Mannschaft zu werden, und unter Fatih Terim die erste Meisterschaft seiner Karriere feiern konnte. Dass sein Kumpel Burak ihm folgen würde, darüber wurde spätestens dann spekuliert, als die beiden im April 2012 in einem Istanbuler Restaurant gesichtet wurden. Drei Monate später war es so weit: Für fünf Millionen Euro Ablöse wurde Burak, der gerade in Trabzon mit 33 Saisontreffern Torschützenkönig geworden war, ebenfalls ein Löwe.

Wie sein Kumpel hatte auch Burak keine Anpassungsprobleme, wurde bei Gala mit 24 Toren erneut Torschützenkönig und traf in der Champions League acht Mal, unter anderem erzielte er entscheidende Tore gegen Manchester United im letzten Gruppenspiel und im Achtelfinale gegen den FC Schalke 04, die jeweils das Weiterkommen sicherten. Am Saisonende durfte er sich, wie Selçuk ein Jahr zuvor, über seine erste Meisterschaft überhaupt freuen.

Beide verkörpern genau jene Spielertypen, die Gala viele Jahre lang gefehlt hatten. Seit den Zeiten von Tugay Kerimoğlu und Suat Kaya gab es so gut wie keinen zentralen Mittelfeldspieler, der über längere Zeit das Spiel ordnen konnte und das Aufbauspiel durch Technik, Übersicht und kluge Pässe an sich riss. Selçuk kann all das und ist darüber hinaus stets mit guten Standards gefährlich. Er brauchte nicht lange, um Führungsspieler zu werden, und ist inzwischen einer der Spielführer.

Burak hingegen ist einer der wenigen türkischen Stürmer in den letzten Jahren, die internationale Klasse verkörpern, er ist schnell, ständig unterwegs und fackelt nicht lange. Mit zahlreichen Toren in Verein und Nationalmannschaft ist er ein würdiger Nachfolger für Hakan Şükür. Seit Jahren steht er im Blickpunkt europäischer Vereine. Als Jose Mourinho auf ihn angesprochen wurde, sagte er: »Burak kann für jede Mannschaft der Welt spielen. Er ist Weltklasse.«[142] Zu einem Wechsel zu Chelsea kam es trotz Mourinhos Interesse nicht, auch Lazio wollte Burak unbedingt und bot im Sommer 2013 15 Millionen Euro, doch Burak zog es vor, bei Gala zu bleiben.

Das Duo Selçuk-Burak bleibt Gala also auch in Zukunft erhalten, sodass sie auch in den kommenden Jahren das Spiel der Mannschaft ganz entscheidend mitbestimmen werden. Und das ist auch gut so, denn gemeinsam sind sie am stärksten.

108. GRUND

Weil Sneijder der Hagi-Nachfolger ist

Wesley Sneijders Ankunft bei Gala sorgte für den absoluten Ausnahmezustand: Als nach wochenlangen Verhandlungen im Januar 2013 die Einigung zwischen Inter Mailand, Gala und dem Spieler bekannt wurde und Sneijder, für den Gala 7,5 Millionen Euro überwies, mit einem Sonderflieger auf dem Weg nach Istanbul war, versammelten sich Tausende Gala-Fans am Flughafen, um den Holländer zu begrüßen.

Die Begeisterung war so groß, dass sie schon fast gefährlich wurde. Die Menge aus Pressevertretern und Fans, die sich am Ausgang versammelt hatte, war nämlich so enthusiastisch, dass um die Sicherheit des Spielers gefürchtet wurde und er deshalb aus einem Nebeneingang in einen Wagen gesetzt wurde. Die Fans bekamen Wind von der Sache und rannten auf den Wagen zu, und als Sneijder für einen kurzen Moment aus dem Autodach stieg, um die Fans zu grüßen, waren einige Anhänger aufs Dach gestiegen und umarmten ihn, doch zu mehr reichte es nicht, da der Wagen davonfuhr.

Das Chaos bei der Ankunft illustrierte in wenigen Minuten, welche Bedeutung der Sneijder-Transfer für Gala trug. Der Champions-League-Gewinner von 2010 stand sowohl für die Rückkehr zu alten Erfolgskonzepten als auch für den Aufbruch in hoffnungsvolle Zeiten. Als klassischer Spielmacher wie Gheorghe Hagi sollte Sneijder nämlich genau dessen Nachfolge antreten, wie Hagi sollte er den Unterschied ausmachen und vor allem für internationale Triumphe sorgen.

»Als ich die Tausenden Fans am Flughafen gesehen habe, die auf mich warteten, machte mich das sehr stolz. Ich fühle mich wunderbar und kann es kaum abwarten. Ich bin bereit, glücklich, aufgeregt, und ich will gleich loslegen«, sagte Sneijder auf seiner ersten Pressekonferenz.[143]

Doch wie sich bald herausstellen sollte, benötigte er etwas Anlaufzeit. Trainer Fatih Terim, der bis dahin auf ein 4-4-2-System ohne klassischen Spielmacher vertraute, probierte Sneijder zunächst auf dem linken Flügel aus, die ungewohnte Position schien dem kleinen Holländer aber nicht zu liegen, zudem machte sich in den ersten Einsätzen noch die lange Pause in Mailand bemerkbar, wo er nach Querelen mit Trainer und Vorstand fast die gesamte Hinrunde nicht gespielt hatte. Es gab Lichtblicke, wie seine starke Leistung beim 3:2-Sieg gegen Real Madrid im Champions-League-Viertelfinale, und am Ende feierte Sneijder mit Gala die Meisterschaft, doch die Erwartungen waren ursprünglich höher gewesen. Erste Zweifler wurden laut, die in ihm einen für türkische Klubs in der Vergangenheit typischen Transfer sehen wollten: Über dem Zenit, unmotiviert, zu teuer, zu alt.

Sneijder wollte beweisen, dass er noch lange nicht am Ende war, und begann vor der Saison 2013/14 mit seinem guten Freund Gökhan Saki, dem ebenfalls in den Niederlanden aufgewachsenen Profi-Kickboxer, Sonderschichten einzulegen. So kam er zurück in Form. »Dank ihm habe ich mein Idealgewicht wieder erreicht, wie damals mit 22 Jahren«, sagte Sneijder, »In Sachen Beinarbeit und Beweglichkeit bin ich wieder auf meinem alten Level.«[144]

Und das sah man in seiner zweiten Saison bei Gala, in der Sneijder über die gesamte Spielzeit gesehen der konstanteste und wichtigste Gala-Spieler war und zahlreiche wichtige Partien im

Alleingang entscheiden konnte. In 42 Einsätzen erzielte er wettbewerbsübergreifend 17 Treffer, unter anderem das einzige Tor im Derby gegen Fenerbahçe, wodurch ihn die Fans endgültig in ihr Herz schlossen. Schon allein durch das Tor gegen den Erzfeind und den anschließenden Torjubel, bei dem er vor der Fankurve verharrte und die Hand an sein Herz führte, wo das Galatasaray-Logo angebracht war, wurde Sneijder zu einem echten »Galatasaraylı«. Schließlich war Sneijder auch im Pokalfinale zur Stelle und holte für Gala den Pott, indem er gegen Eskişehirspor in der 70. Minute den Siegtreffer besorgte.

Sneijders Leistungen überzeugten auch den holländischen Nationaltrainer Louis van Gaal, der seinen Schützling anfänglich noch für seinen Wechsel in die türkische Liga kritisiert hatte. »Wenn er diese Form beibehält, kann er uns viel geben«, sagte der Bondscoach während der Vorbereitung zur Weltmeisterschaft 2014 in Brasilien. »Mit ihm, Robben und van Persie haben wir eine der besten Offensivabteilungen der Welt.«[145]

Und Gala endlich den Spielmacher, der so lange gesucht wurde.

109. GRUND

Because we have Drogba, they don't

Geht das schon wieder los, müssen sich die Sicherheitskräfte am Atatürk-Flughafen gedacht haben, als sie ungefähr zwei Wochen nach dem Sneijder-Chaos wieder Tausende Gala-Fans aufs Gelände strömen sahen, denn der nächste große Star wollte gebührend empfangen werden. Gala hatte nämlich keinen Geringeren verpflichtet als Didier Drogba.

Der Drogba, der ein halbes Jahr zuvor mit einem Elfmeter den größten Wettbewerb im Vereinsfußball entschieden hatte, vor den Augen der ganzen Welt. Der Drogba, der sich die letzten zehn Jahre vor seiner Ankunft bei Gala wohl mit Fug und Recht als besten Stürmer der Welt bezeichnen konnte. Der sich nach seinem Abschied von Chelsea ein paar gutbezahlte Monate in China gegönnt hatte und jetzt wieder eine Herausforderung in Europa suchte.

Der Drogba-Transfer war auch eine Art erfüllter Auftrag. Denn als Präsident Ünal Aysal 2011 kurz nach seiner Wahl ein Spiel des Gala-Basketballteams besucht hatte und dort das erste Mal vor die Fans getreten war, hatte ihn die ganze Halle zuerst mit Sprechchören gefeiert, bevor sie einen Wunsch an den neuen Klubchef richteten, der große Transfers angekündigt hatte: »Die Fans drehen durch, sie wollen Drogba! Die Fans drehen durch, sie wollen Drogba!«, hallte es immer wieder durch die Halle, und Aysal hob beide Hände in die Luft und machte lächelnd eine Geste, die sagen sollte: »Alles klar! Kümmer ich mich drum.«

Eine interessante Szene, während unten zwei Basketballteams um Rebounds und Punkte kämpften, führten Präsident und Fans mit Schlachtrufen und Gesten auf den Rängen Transferverhandlungen. Danach kam es natürlich in jeder Transferperiode zu Spekulationen, dass Gala an Drogba dran sei, am meisten Anfang 2013, nachdem der Verein bereits Sneijder geholt hatte. »Wird Drogba kommen?«, wurde Aysal von Journalisten gefragt, als er nach dem Derby gegen Beşiktaş am 19. Spieltag das Stadion verließ. Seine Antwort lautete: »Was die Fans von Galatasaray sich wünschen, das bekommen sie auch.«[146]

Ein paar Tage später landete Drogba also in Istanbul und unterschrieb für eineinhalb Jahre, die ihm insgesamt zehn Millionen Euro Grundgehalt einbringen sollten. Dass das Geld trotz seiner fast 35 Jahre gut angelegt war, bewies Drogba bei seinem ersten Einsatz innerhalb von sieben Minuten. Beim Gastspiel gegen Akhisar Belediyespor wurde Drogba nach 63 Minuten eingewechselt und war hauptverantwortlich dafür, dass Gala sieben Minuten später 2:0 vorne lag und am Ende mit 2:1 gewann. Zuerst punktete er mit einem Kopfballtreffer, danach bereitete er das zweite Tor durch Burak Yılmaz vor. Am Saisonende feierte Drogba mit Gala die Meisterschaft und war bereits nach wenigen Monaten einer der absoluten Lieblinge der Fans. All das, wofür Drogba stand und womit er zum Weltstar wurde, die wuchtigen Kopfballtreffer, der Torjubel mit dem Kniefall und den zu den Seiten ausgestreckten Armen, die noch immer vorhandene Dynamik, die feine Technik, dass all das jetzt im gelb-roten Trikot passierte, machte jeden Anhänger stolz.

In der Saison 2013/14 machte Drogba da weiter, wo er aufgehört hatte, nämlich mit wichtigen Toren. Im Supercup gegen Fenerbahçe köpfte er in der Verlängerung das einzige und siegbringende Tor, im Derby gegen Beşiktaş brachte er Gala nach einem Rückstand mit einem Doppelpack zurück, ehe die Partie nach Ausschreitungen abgebrochen wurde und Gala sie später am grünen Tisch gewann.

Gegen Ende der Rückrunde hatte Drogba dann leider mit Verletzungsproblemen zu kämpfen. Er kam zwar für den 1:0-Sieg im Derby gegen Fenerbahçe zurück, wodurch sich seine Leistenverletzung aber noch verschlimmerte und er die letzten sechs Wochen der Saison dann verpasste. Danach war die gemeinsame Zeit von Drogba und Gala zu Ende, nach eineinhalb intensiven Jahren mit vielen Erinnerungen verabschiedete sich der Ivorer, und der Spitzname, den er hinterlässt, sagt alles über die hohe Wertschätzung aus: Bei Gala-Fans heißt Didier Drogba noch immer schlicht und einfach »Big Legend«.

110. GRUND

Weil Sneijder und Drogba gegen Juve zur Stelle waren

Am 10. Dezember 2013 trafen Gala und Juventus im letzten Spiel der Gruppe B in der Champions League aufeinander, und während die Löwen zum Weiterkommen ins Achtelfinale dringend einen Sieg brauchten, reichte dem italienischen Meister bereits ein Punkt.

Die Spannung war also groß, doch die Bedingungen widrig. Heftiger Schneefall, der nach wenigen Minuten einsetzte, machte ein vernünftiges Fußballspiel unmöglich, und nach 32 Minuten brach Schiedsrichter Pedro Proenca die Partie ab. Es war der erste durch das Wetter bedingte Spielabbruch der Champions League, und am Abend gab die UEFA bekannt, dass die Begegnung am nächsten Tag um 14 Uhr Ortszeit fortgesetzt werden sollte.

Es war bereits das dritte Mal, dass eine Champions-League-Begegnung zwischen beiden Mannschaften nicht wie geplant ausgeführt werden konnte. Bereits 1998 gab es politische Spannungen zwischen der Türkei und Italien aufgrund der Weigerung Italiens, den PKK-Führer Abdullah Öcalan auszuliefern, sodass das damalige Gruppenspiel verlegt werden musste. 2003 trafen Gala und Juve in Dortmund aufeinander, da die Italiener dies nach damals stattgefundenen Terroranschlägen in Istanbul beantragt hatten.

Auch diesmal traf man sich also beim zweiten Versuch wieder, doch als Proenca die Partie am nächsten Tag wieder anpfiff, hatten sich die Verhältnisse kaum gebessert. Immer noch schneite es heftig und der Rasen war kaum bespielbar. Das Spiel geriet phasenweise zu einem Glücksspiel, da der Ball immer wieder im Schlamm stecken blieb. Als die letzten zehn Minuten anbrachen, stand es immer noch 0:0, und Gala stand vor dem Aus. Es war Champions League, die große Bühne des Fußballs, es war spannend, und es wurde eng, also sprangen die zwei Gala-Spieler in die Bresche, die man genau für solche Aktionen geholt hatte.

Die 86. Minute: Einen langen Ball aus der eigenen Hälfte köpft Didier Drogba in den Lauf von Wesley Sneijder, der in den Strafraum dringt, sich den Ball einmal vorlegt, und durch die Beine von Leonardo Bonucci ins pure Glück trifft, das der legendäre Kommentator Ercan Taner so in Worte fasst: »Sneijder, Sneijder, Tor, großer Gott, Tor! Toooor, Tor! Die Türkei ist außer sich, die Arena ist außer sich, Istanbul ist außer sich! Tor, Tor, Tor! Portugiesischer Schiedsrichter, Juventus, alles ist egal, denn da ist ja noch ein Sneijder, und jetzt ist da ein Tor. Sneijder, Sneijder, Sneijder, das ist alles!«

Es war eines der Szenarien, die man bei der Verpflichtung der zwei Weltstars vor Augen gehabt hatte. Verein und Fans träumten davon, der Spitze Europas wieder näherzukommen, und auf den Schultern dieser zwei Spieler lasteten die Hoffnungen am meisten. Deshalb wurden ihre Trikots am meisten verkauft, deshalb waren sie die Topverdiener im Kader (Drogba mit 4 Millionen Euro netto im Jahr, Sneijder mit 3,2), und deshalb standen sie auch als Erstes in der Kritik, wenn es mal nicht lief.

Somit war die Co-Produktion der Stars zum 1:0 eine Bestätigung für den Verein, die Fans und für sie selbst. Am Ergebnis änderte sich in den Schlussminuten nichts mehr, und Gala zog zum zweiten Mal in Folge ins Achtelfinale der Champions League ein.

Gala hat es also zurück unter die großen Mannschaften Europas geschafft, Gala ist endlich wieder dazu in der Lage, es wie in den Glanzzeiten um 2000 mit den wichtigsten Mannschaften der Welt aufzunehmen, ihnen die Stirn zu bieten – und sie zu schlagen.

111. GRUND

Weil ein 1:6 am Ende völlig egal war

Im September 2013 war ich für drei Wochen in der Türkei, um meine Verwandten zu besuchen, und über die ganze Dauer der Reise schwebte ein großes Thema, ein Ziel, das immer im Hinterkopf blieb: das Champions League-Spiel zwischen Galatasaray gegen Real Madrid, am 17. September.

Nun ist es eine persönlich gepflegte Tradition, dass ich bei jedem Türkei-Trip wenn möglich zu einem Gala-Spiel gehe, aber eine Europapokal-Begegnung fehlte noch in meiner Stadion-Vita. Und dann ging es noch gegen Real! Zwischen Gala und Real wurde es immer auf irgendeine Art spektakulär, dazu kam dann noch die Tatsache, dass das Spiel genau einen Tag vor meiner Abreise war. Es schien perfekt, ich musste da einfach hin.

Ein Problem gab es aber, nämlich das Auftreiben eines Tickets. Auf herkömmlichem Wege würden die Preise bei einem so spektakulären Gegner wohl alles andere als erschwinglich sein, also mussten Beziehungen herhalten. Mein Schwager Musti ist glühender Fener-Fan, kennt aber in Istanbul sehr viele Leute, und mir zuliebe wollte er sehen, was er tun kann.

Tagelang telefonierte er für mich hin und her, einen Tag vor dem Spiel fand sich dann jemand, den Musti gut kannte, der wiederum jemanden recht gut kannte, der als Chauffeur des damaligen Gala-Trainers Fatih Terim gearbeitet hatte oder immer noch arbeitete, keine Ahnung.

Jedenfalls stand die Abmachung dann schnell: Treffpunkt vor dem Spiel, direkt am Stadion, Mustis Kumpel würde bis dahin die Tickets vom Terim-Fahrer besorgen und sie uns dann bringen. Wann genau? Antwort: »Schwer zu sagen, könnte ziemlich knapp werden, ich melde mich dann.« Wie viel sollten die Tickets kosten? »Werden wir sehen.« Ich wurde etwas skeptisch, hatte aber keine Wahl. Am nächsten Tag ab 19 Uhr stand ich dann mit Musti vor dem Stadion, ich im Metin-Oktay-Trikot, er in neutralen Farben gekleidet.

21:15 Uhr. In einer halben Stunde ist Anpfiff, der Kumpel von Terims Fahrer ist noch immer nicht aufgetaucht und geht auch nicht mehr ans Handy. Musti sagt zwar, ich solle Geduld haben, sein Kumpel werde bestimmt auftauchen (»So laufen die Dinge hier nun mal«), doch ich werde langsam ungeduldig.

Dann steht plötzlich ein kleinerer Mann mittleren Alters vor uns und spricht uns an: »Tickets?«

Man kommt ins Gespräch, kurz darauf stehen die Eckdaten: Zwei Tickets, mittelhoher Rang in der Kurve, hinter dem Tor gleich rechts von den Plätzen stehen immer die lautesten Fans im Stadion, erzählt er uns. »Unglaubliche Stimmung dort!«, sagt der Mann und reckt einen Daumen in die Höhe. Ich bin überzeugt, vor allem nach dem Daumen, aber Musti ist skeptisch: So laufen die Dinge hier nicht, sagt er, in Istanbul könne man nicht einfach jedem Dahergelaufenen glauben, hier sei alles möglich. Außerdem sei er sicher, dass sein Kumpel sein Wort halten werde.

Fünf Minuten später sind wir trotzdem im Stadion. Da ich nicht aufhören konnte zu quengeln, ließ sich Musti erweichen, und nach tagelanger Anspannung bin ich also gegen Real tatsächlich live dabei und überglücklich. Als wir unsere Plätze einnehmen, bekommt Musti einen Anruf von seinem Kumpel, der jetzt angekommen ist und uns die Tickets übergeben will.

Musti erklärt ihm den Sachverhalt, der Kumpel ist sauer auf ihn, weil der Terim-Fahrer jetzt sauer auf den Kumpel sein werde, Musti ist sauer auf mich, ich bin sauer auf niemanden und einfach nur heiß aufs Spiel – Karussell der Gefühle, alles egal, das Spiel geht bald los.

Wie immer ist die Atmosphäre unglaublich, jedes Gala-Spiel ist wirklich schon allein aufgrund der Fans immer ein Erlebnis. Heute ist aufgrund der Wichtigkeit der Partie und des Renommees des Gegners aber alles noch eine Stufe intensiver als sonst, und als die Mannschaften dann einlaufen, frage ich mich, ob ich jemals etwas Lauteres miterlebt habe als das hier.

Durch Galas starke Anfangsphase gerät das Stadion dann sogar noch mehr zum Hexenkessel. Felipe Melo und Burak Yılmaz haben sehr gute Chancen, und als Melos Weitschuss gerade noch von Iker Casillas pariert wird, springt selbst Fener-Fan Musti neben mir aufgeregt von seinem Sitz auf.

Doch dann geht alles den Bach runter. Nachdem von Real in der ersten halben Stunde überhaupt nichts zu sehen war, nutzt Isco nach 33 Minuten einen Fehler in der Gala-Abwehr zum 0:1. Im zweiten Durchgang wird es nur noch schlimmer, Karim Benzema mit zwei Toren und Cristiano Ronaldo sorgen mit einem Hattrick im Alleingang für einen Kantersieg. Die Hoffnung, bei einem weiteren großen Europapokalabend dabei zu sein, ist dahin. Am Ende prangt auf der Anzeigetafel der absolute Horror: Galatasaray 1 – Real Madrid 6.

Als der Schiedsrichter abpfeift, gibt mir Musti einen aufmunternden Klaps auf die Schulter. Voller Vorfreude war ich in das Spiel gegangen, eine solch deftige Klatsche ist nach der starken Anfangsphase umso niederschmetternder. Wir bleiben eine Weile sitzen, um dem Verkehrschaos aus dem Weg zu gehen, meine Stimmung ist am Tiefpunkt. Da fällt mir eine kleine Gruppe von Fans auf, die sich auf der Tribüne hinter dem Tor versammelt hat, gleich rechts von uns, dort also, wo mir der kleine Mann mit dem Daumen die besten Fans versprochen hatte. Zuerst sind es nur ein paar Dutzend Anhänger, die dort noch stehen und weiterhin die Gala-Lieder singen, die auch in der Schlussphase noch zu hören waren, als das Spiel längst entschieden war. Während sich das Stadion leert, wächst die Gruppe immer mehr an, da sich nach und nach Fans aus allen Ecken der Arena nun dorthin begeben und mitmachen.

Nach ein paar Minuten geht es auf der Tribüne hinter dem Tor dann zu, als würde gerade ein Spiel laufen. In der untersten Reihe steht ein Fan, der die Koordination der Gesänge übernimmt, die Menge anfeuert und leitet, neben ihm steht ein Trommler, die Leute springen auf und ab, Arm in Arm, sie sind laut, und mich hält es nicht mehr auf dem Sitz.

»Die Wahrheit wird von der Geschichte geschrieben, und Geschichte schreibt Galatasaray!«

»Wir waren vier Jahre lang in Folge Meister, wir waren die Könige Europas!«

»Rerere, Rarara, Gas'ray, Gas'ray, Cim Bom Bom!«

Das sind Gesänge, die ich seit über 20 Jahren kenne und auswendig kann, aber eindrucksvoller als in diesem Moment, in diesem fast leeren Stadion, nach einer solchen Niederlage, kamen sie mir noch nie vor.

Ich bin fasziniert davon, wie sie die Zeilen in Richtung leeres Spielfeld schreien, als wollten sie aus Trotz und gerade nach so einer bitteren Niederlage ihre ungebrochene Unterstützung zum Ausdruck bringen. Genau das hatte mich schon einmal beeindruckt, als ich nämlich am Fernseher im fernen Deutschland zusah, wie Gala im Europapokal gegen Chelsea einmal ebenfalls eine hohe Niederlage einstecken musste und die Fans im Ali-Sami-Yen-Stadion nach jedem Gegentor das Team einfach noch lauter angefeuert hatten. Ich muss zu ihnen rüber, ich muss einfach mitmachen.

Mit Musti mache ich aus, dass wir uns dann draußen treffen, kurz darauf stehe ich mit in der Menge, die sich immer mehr nach innen zusammenzieht und inzwischen zu einem Kreis geworden ist, der sich über mehrere Reihen erstreckt. Wir singen, schreien, springen und feuern Gala an, obwohl die Spieler schon längst in der Kabine sind, obwohl irgendwann einige Lichter bereits ausgehen und wir von ersten Ordnern aufgefordert werden, uns langsam nach draußen zu begeben.

Es ist eine gesammelte Trotzreaktion: Na und, später haben wir eben eine Klatsche kassiert, Cimbom wird zurückkommen, Cimbom kommt immer zurück, es wird nie anders sein, und deshalb schreien wir das Cimbom auch immer lauter und immer heftiger. Rerere, Rarara! Nie war ich mehr Fan als hier und jetzt.

Nach einer halben Stunde steige ich aus, ich will Musti nicht länger warten lassen. Ich bin völlig verschwitzt und laufe in Richtung Ausgang. Bevor ich den Stadionblock verlasse, drehe ich mich ein letztes Mal um und schaue den anderen noch mal eine Weile zu, der Trommler trommelt immer noch, der Koordinator gibt immer noch den Rhythmus vor, alle schreien und singen weiter.

Ich bin ihnen dankbar, denn durch sie und ihre Hingabe fühle ich mich bestätigt darin, diesen Verein, Galatasaray, so sehr zu lieben.

Ich liebe ihn dafür, dass er von Anfang an für hohe Ziele gegründet wurde, schwere Zeiten und Durststrecken durchgemacht hat, aber immer wieder zurückgekommen ist, bis das Ziel erreicht war. Er heute trotzdem immer weiterträumt und sich weiter abmüht, um die nächste Stufe und noch größere Ziele zu erreichen. Dafür, dass er als Schulmannschaft begann und heute auf der ganzen Welt geschätzt und geliebt wird. Dafür, dass der Verein in der aufregendsten Stadt der Welt der aufregendste Verein ist, bei dem jeden Tag alles passieren kann. Dafür, dass er alte Weggefährten nicht vergisst, und dass jeder Ex-Spieler, mit dem ich mich über den Verein unterhalten durfte, mir erzählt hat, dass Galatasaray ihn nie so richtig losgelassen hat. Dafür, dass Gala mich seit meiner Kindheit zum Lachen, Jubeln, Fluchen, Staunen, Mitfühlen gebracht hat.

Dann laufe ich endgültig nach draußen.

Das Debakel ist längst vergessen, der Frust über die Niederlage ist der Freude über das gerade Erlebte gewichen. Ich kann es bereits in diesem Moment nicht abwarten, wieder herzukommen, egal gegen wen es gehen wird, egal in welchem Wettbewerb. Hauptsache, Cimbom.

Es ist kein Wunder, dass die Worte des großen Gündüz Kılıç bis heute unvergessen sind, denn besser hätte es keiner auf den Punkt bringen können: Galatasaray ist ein Verein, den man fühlen muss.

Quellenverzeichnis

1 *YOUTUBE: Jose Mourinho: »Korktuk!! – Galatasaray 3-2 Real Madrid«. www.youtube.com/watch?v=nzDV7r5mWdc (09.04.2013)*

2 *SABAH: »Mourinho: Korktuk«. www.sabah.com.tr/Spor/Futbol/2013/04/10/mourinho-korktuk (10.04.2013)*

3 *Fatih Demireli, SPOX.COM: »Rollende Köpfe in der Ruine«. www.spox.com/de/sport/fussball/international/tuerkei/1104/Artikel/galatasaray-groesste-krise-der-geschichte-adnan-polat-muss-gehen-uenal-aysal-kommt-mit-kenyon-vergleich-mit-abramowitsch.html (18.04.2011)*

4 *SPORX.COM: »Ünal Aysal, Abramovich değil!«. www.sporx.de/futbol/superlig/galatasaray/unal-aysal-abramovich-degilSXHBQ227511SXQ (23.03.2011)*

5 *FANATİK: »›Size tek şey vaat ediyorum!‹«. www.fanatik.com.tr/2011/05/15/size-tek-sey-vaat-ediyorum-224931/tum-yorumlar?sayfa=1 (15.05.2011)*

6 *LİG TV: »Aysal Maraton'u seçti«. www.ligtv.com.tr/haber/aysal-maratonu-secti (Aufgerufen am: 25.07.2014)*

7 *GOAL.COM: »Aysal: 40 yaşında olsam belki bırakmazdım«. www.goal.com/tr/news/232/spor-toto-s%C3%BCper-lig/2014/04/15/4754383/aysal-40-ya%C5%9F%C4%B1nda-olsam-belki-b%C4%B1rakmazd%C4%B1m (15.04.2013)*

8 *MİLLİYET: »Kadıköy'e imza!«. www.spor.milliyet.com.tr/kadikoy-e-imza-/spor/spordetay/13.05.2012/1539760/default.htm (12.05.2012)*

9 *Galatasaray, GALATASARAY.ORG: »Kuruluş«. www.galatasaray.org/tarih/pages/tarihkurulus.php (Aufgerufen am: 14.05.2014)*

10 *Louis Hau, FORBES: »Emerging Markets, Trusted Brands«. www.forbes.com/2007/10/23/marketing-brands-brics-biz-media_cx_lh_1023brands.html (23.10.2007)*

11 *HABERTÜRK: »Atatürk'ten sonra Galatasaray!«. www.haberturk.com/polemik/haber/754156-ataturkten-sonra-galatasaray (27.06.2012)*

12 *alle hier genannten Zahlen sind auf dem Stand vom Mai 2014*

13 *Ali Naci Küçük, HÜRRİYET: »Bir Barça, bir Real, bir de Galatasaray«. www.hurriyet.com.tr/spor/futbol/25490387.asp (03.01.2014)*

14 *Atilla Aksoy: Liderlik İçin Doğdu. 1. Auflage, Istanbul, 2012, Eigenproduktion Galatasaray.*

15 *Fifa, FIFA.COM: »Galatasaray«. www.fifa.com/classicfootball/clubs/club=31018/ (19.05.2014)*

16 *MİLLİYET: »İşte o formanın hikayesi!«. www.milliyet.com.tr/iste-o-formanin-hikayesi-/spor/sondakika/28.07.2010/1269201/default.htm (28.07.2010)*

17 *http://tr.wikipedia.org/wiki/James_LaFontaine*

18 *Galatasaray, GALATASARAY.ORG: »Kuruluş«. www.galatasaray.org/tarih/pages/tarihkurulus.php (Aufgerufen am: 14.05.2014)*

19 *Türker Tozar, UEFA.COM: »Galatasaray depart Ali Sami Yen stadium with win«. www.uefa.com/memberassociations/association=tur/news/newsid=1585450.html (11.01.2011)*

20 *YOUTUBE: »Gerçekleri Tarih Yazar – Kubilay Türkyılmaz«. www.youtube.com/watch?v=R6wrB7ONVxQ (26.01.2013)*

21 *Samuel Luckhurst, THE HUFFINGTON POST: »Manchester United In Galatasaray: The 1993 Trip To Hell«. www.huffingtonpost.co.uk/2012/11/19/manchester-united-galatasaray_n_2160557.html (20.11.2012)*

22 *HABERTÜRK: »Benim Ali Sami Yen'im«. www.tv.haberturk.com/programlar/video/benim-ali-sami-yenim/89608 (20.05.2013)*

23 *Türker Tozar, UEFA.COM: »Galatasaray depart Ali Sami Yen stadium with win«. www.uefa.com/memberassociations/association=tur/news/newsid=1585450.html (11.01.2011)*

24 *Kerem Porazan, MİLLİYET: »Taçsız Kral Metin Oktay..«. www.milliyet.com.tr/kerem-porazan-tacsiz-kral-metin-oktay---378801-blog-yazar-yazisi/ (13.09.2012)*

25 *Galatasaray, GALATASARAY.ORG: »Boduri (1921-1942)«. www.galatasaray.org/tarih/pages/tarih_unut_boduri.php (aufgerufen am 29.06.2014)*

26 *DER SPIEGEL 15/1987: »Von Herzen nett« (06.04.1987)*

27 *WORLD SOCCER: »Gheorghe Hagi«. www.worldsoccer.com/features/gheorghe-hagi (02.09.2003)*

28 *SPORTMAGAZIN 25/1951: »Nach 1:1 hofften die 90.000…« (20.06.1951)*

29 *Ege Görgün, GOAL.COM: »(Goal.com Özel) Turgay Şeren hep GS forması giymemişti!«. www.goal.com/tr/news/2556/editoryal/2012/03/30/3002312/goalcom-%C3%B6zel-turgay-%C5%9Feren-hep-gs-formas%C4%B1-giymemi%C5%9Fti (30.03.2012)*

30 *Galatasaray, GALATASARAY.ORG: »Galatasaraylı Sporcular Derneği'nden Turgay Şeren'e Ziyaret«. www.galatasaray.org/kulup/haber/19924.php (18.04.2014)*

31 *YOUTUBE: »Bir Zamanlar : Gheorghe Hagi«. www.youtube.com/watch?v=9eJ_oxpkhck (02.02.2013)*

32 *Fifa, FIFA.COM: »Hagi: König und Kommandant«. www.fifa.com/classicfootball/players/player=2354/ (Aufgerufen am: 15.06.2014)*

33 *YOUTUBE: »Hagi ile çok özel«. www.youtube.com/watch?v=K7KLcVl4mMw (27.11.2013)*

34 *FOURFOURTWO.COM: »Karpatların Maradona'sı: Gheorghe Hagi«. www.fourfourtwo.com.tr/2013/12/15/karpatlarin-maradonasi-gheorghe-hagi/ (15.12.2013)*

35 *HÜRRİYET: »Çakar: Arda'dan özür dilerim«. www.hurriyet.com.tr/spor/futbol/26445371.asp (19.05.2014)*

36 *Galatasaray, GALATASARAY.ORG: »Bir Galatasaray Efsanesi: Bülent Korkmaz«. www.galatasaray.org/tarih/pages/tarih_unut_bkorkmaz.php (Aufgerufen am: 06.05.2014)*

37 *ebenda«*

38 *ebenda*

39 *YOUTUBE: »Gerçekleri Tarih Yazar – Hakan Şükür«. www.youtube.com/watch?v=446OMjsuiiU (30.01.2013)*

40 *Mustafa Demirtaş, FOURFOURTWO.COM: »İlk 5: Artistik kafa golleri«. www.fourfourtwo.com.tr/2013/03/19/artistik-5-kafa-golu/ (19.03.2013)*

41 *Juventus, JUVENTUS.COM: »Galatasaray in the spotlight«. www.juventus.com/juve/en/news/Galatasaray_spotlight (01.10.2013)*

42 *Thomas Hummel, SÜDDEUTSCHE.DE: »Dann regiert die Emotion«. www.sueddeutsche.de/sport/tuerkischer-fussball-in-der-krise-immerhin-steht-der-schuldige-fest-1.1157923-2 (09.10.2011)*

43 *SG Wattenscheid, SGWATTENSCHEID09.DE: »Kooperation mit Galatasaray fixiert!«. www.v4.sgwattenscheid09.de/?p=8822 (29.03.2014)*

44 *Elmar Redemann, REVIERSPORT: »Was geht da mit ›Gala‹?«. www.reviersport.de/263845---sg-wattenscheid-09-was-geht-da-gala.html (26.02.2014)*

45 *DER STANDARD: »Die befremdliche Ästhetik der Naturkatastrophe«. www.derstandard.at/1297821174549/Kunstforum-Bank-Austria-Die-befremdliche-Aesthetik-der-Naturkatastrophe (22.03.2011)*

46 *Dokumentation »100 Yıllık Sevda«, Produzent: Mehmet Polat, 2006.*

47 *ebenda*

48 *Galatasaray, GALATASARAY.ORG: »Cevad Prekazi Galatasaray Medyasına Konuştu«. www.galatasaray.org/futbol/avrupaligi/haber/7536.php (04.08.2010)*

49 *Dokumentation »100 Yıllık Sevda«, Produzent: Mehmet Polat, 2006.*

50 *Rob Smyth, THE GUARDIAN: »Not So Forgotten Story: Manchester United v Galatasaray, 1993«. www.theguardian.com/sport/blog/2012/sep/19/forgotten-story-manchester-united-galatasaray (19.09.2012)*

51 *Dokumentation »Unutulmaz Maçlar«, Produzent: Mehmet Polat, 2005.*

52 *ebenda*

53 *Joe Ridge, DAILY MAIL: »Welcome back to hell: United prepare to face Galatasaray 19 years on from infamous clash«. www.dailymail.co.uk/sport/football/article-2235114/Manchester-United-play-*

Galatasaray-19-years-welcome-hell-clash.html (19.11.2012)

54 *Gemma Thompson, MANUTD.COM: »Giggs' Turkish memories«. www.manutd.com/en/News-And-Features/Football-News/2012/Sep/ryan-giggs-recalls-his-first-game-against-galatasaray.aspx (17.09.2012)*

55 *Rob Smyth, THE GUARDIAN: »Not So Forgotten Story: Manchester United v Galatasaray, 1993«. www.theguardian.com/sport/blog/2012/sep/19/forgotten-story-manchester-united-galatasaray (19.09.2012)*

56 *ebenda*

57 *Gemma Thompson, MANUTD.COM: »Giggs' Turkish memories«. www.manutd.com/en/News-And-Features/Football-News/2012/Sep/ryan-giggs-recalls-his-first-game-against-galatasaray.aspx (17.09.2012)*

58 *Rob Smyth, THE GUARDIAN: »Not So Forgotten Story: Manchester United v Galatasaray, 1993«. www.theguardian.com/sport/blog/2012/sep/19/forgotten-story-manchester-united-galatasaray (19.09.2012)*

59 *Turgay Şeren, HÜRRİYET: »Turgay Şeren: Futbol Şov«. www.hurarsiv.hurriyet.com.tr/goster/ShowNew.aspx?id=-142231 (24.02.2000)*

60 *Dokumentation »Unutulmaz Maçlar«, Produzent: Mehmet Polat, 2005.*

61 *Uefa, UEFA.COM: »1999/2000: Galatasaray the pride of Turkey«. www.uefa.com/uefaeuropaleague/season=1999/overview/index.html (01.06.2000)*

62 *Ahmet Çakar, SABAH: »Arda ve laubalilik«. www.sabah.com.tr/Yazarlar/cakar/2006/08/10/Arda_ve_laubalilik (10.08.2006)*

63 *Eda Nur Koşar, MANİSA'DA GÜNDEM: »Arda'nın bilinmeyen Manisa hikayesi«. www.manisadagundem.com/index.php?option=com_content&view=article&id=10934:ardann-bilinmeyen-yonleri&catid=59:spor&Itemid=399 (04.04.2013)*

64 *Hacı Hasdemir, ZAMAN: »Arda Turan 10 numaralı kaptan oldu«. www.zaman.com.tr/spor_arda-turan-10-numarali-kaptan-oldu_868244.html (11.07.2009)*

65 *MİLLİYET: »Pablo Simeone: ›Arda takımın kalbi‹«. www.milliyet.com.tr/pablo-simeone-arda-takimin-kalbi----1677075-skorerhaber/ (06.03.2013)*

66 *DAILY MAIL: »Kewell defends controversial Galatasaray deal: It's time to move on, he tells Leeds fans«. www.dailymail.co.uk/sport/football/article-1032234/Kewell-defends-Galatasaray-deal-Its-time-tells-Leeds-fans.html (05.07.2008)*

67 *YOUTUBE: »Harry Kewell GS Mobile Reklami«. www.youtube.com/watch?v=Fye_1x3vVSU (11.04.2009)*

68 *Cüneyt Karakaya, MİLLİYET: »Ribéry, Galatasaray'da«. http://www.milliyet.com.tr/spor/axspo03.html (31.01.2005)*

69 *NTVMSNBC.COM: »Anelka'nın bonusunu herkes gördü«. www.arsiv.ntvmsnbc.com/news/312538.asp (06.03.2005)*

70 *MİLLİYET: »Aslan kükremesi: 4-1«. www.milliyet.com.tr/2000/10/15/spor/ags.html (15.10.2000)*

71 *Jorge Gómez-Manzanilla, LA TRIBUNA MADRIDISTA: »Jardel: ›Animaré a Mou y Cristiano pero soy del Galatasaray‹« www.latribunamadridista.com/jardel-animare-a-mou-y-cristiano-pero-soy-del-galatasaray/ (03.04.2013)*

72 *WEBASLAN.COM: »Mario Jardel: G.Saray taraftarıyım«. www.webaslan.com/futbol/mario-jardel-g-saray-taraftariyimSXHBQ57918SXQ (03.04.2013)*

73 *YOUTUBE: »Bir Zamanlar : Gheorghe Hagi«. www.youtube.com/watch?v=9eJ_oxpkhck (02.02.2013)*

74 *Dokumentation »100 Yıllık Sevda«, Produzent: Mehmet Polat, 2006.*

75 *YOUTUBE: »Canlı Yayında ŞOK : Taraftardan Adnan Polat'a Sözlü Saldırı 28 Kasım 2010 Telegol«. www.youtube.com/watch?v=KOjW5zsebQA (28.11.2010)*

76 *Dokumentation »100 Yıllık Sevda«, Produzent: Mehmet Polat, 2006.*

77 *SPORX.COM: »Eboue: ›Roma, Juventus'tan teklifler…‹«. www.sporx.de/futbol/superlig/galatasaray/eboue-roma-juventus-ve-fiorentinadan-teklifler-aldim-SXHBQ368241SXQ (10.02.2014)*

78 *Kevin Palmer, ESPNFC.COM: »Mourinho: Fans can play a huge part«. www.espnfc.com/uefa-champions-league/story/1729494/jose-mourinho-chelsea-fans-can-play-a-huge-part (26.02.2014)*

79 *Sinan Umut, CIMBOMHABER.COM: »ultrAslan Başkan'ı Veysel GİLEY Cimbomhaber.com'a Özel Gündeme Dair Açıklamalar!« www.cimbomhaber.com/basinda-bugun/ultraslan-baskani-veysel-giley-cimbomhabercoma-ozel-gundeme-dair-aciklamalar-h2584.html (23.08.2013)*

80 *Andreas Bock, 11FREUNDE.DE: »Die Ultras von Galatasaray«. www.11freunde.de/interview/die-ultras-von-galatasaray (12.03.2013)*

81 *ebenda*

82 *Galatasaray, GALATASARAY.ORG: »Özcimbomlu Sezgin: Sarı Kırmızının Peşinde Bir Hayat«. www.galatasaray.org/gsdergi/roportajlar/haber/17295.php (28.06.2013)*

83 *SPORX.COM: »Sezgin Özcimbomlu«. www.sporx.de/futbol/superlig/sezgin-ozcimbomluSXHBQ124434SXQ (06.09.2008)*

84 *YOUTUBE: »Cassidy Gard Talks Galatasaray on REELZ«. www.youtube.com/watch?v=hCrXLUHQG4M (04.03.2013)*

85 *YOUTUBE: »Bayern Munich'li David Alaba'dan Galatasaray Tezahüratı :)«. www.youtube.com/watch?v=OpA1TVKj1XE (10.02.2013)*

86 *https://twitter.com/David_Alaba/status/328559937435348992*

87 *https://twitter.com/David_Alaba/status/328574537715298304*

88 *https://twitter.com/David_Alaba/status/438761320347729920*

89 *YOUTUBE: »›İnadına Galatasaray!‹ diyen Bertuğ GS Store'da..«. www.youtube.com/watch?v=vDRk4yvv9Rc (04.06.2014)*

90 *ebenda*

91 *Dokumentation »100 Yıllık Sevda«, Produzent: Mehmet Polat, 2006.*

92 *Dokumentation »100 Yıllık Sevda«, Produzent: Mehmet Polat, 2006.*

93 *ebenda*

94 *Dokumentation »100 Yıllık Sevda«, Produzent: Mehmet Polat, 2006.*

95 *Dokumentation »100 Yıllık Sevda«, Produzent: Mehmet Polat, 2006.*

96 *FUTBOLARENA.COM: »Bülent Kokrmaz: ›Lucescu ile devam edilseydi...‹«. www.m.futbolarena.com/haber/129130/bulent-kokrmaz-lucescu-ile-devam-edilseydi.html (24.05.2014)*

97 *Murat Bereket, SABAH: »›Pazar 20.45'te GS şampiyon‹«. www.arsiv.sabah.com.tr/2006/05/10/spo117.html (10.05.2006)*

98 *AKŞAM: »Chedjou'dan ilginç gol sevinci... (Kayserispor Galatasaray)«. www.aksam.com.tr/spor/galatasaray/chedjoudan-ilginc-gol-sevinci-kayserispor-galatasaray/haber-256060 (27.10.2013)*

99 *MYNET.COM: »Fotoğraf kavgası büyüyor«. www.spor.mynet.com/fenerbahce/61107-fotograf-kavgasi-buyuyor.html?wr=1 (12.12.2013)*

100 *SABAH: »Galatasaray'dan Fenerbahçe'ye gönderme«. www.sabah.com.tr/Spor/Futbol/2013/12/11/galatasaraydan-fenerbahceye-gonderme-1386775172 (11.12.2013)*

101 *www.twitter.com/webo1509/status/410846752020115457/photo/1*

102 *www.twitter.com/_felipemelo_/status/409408606782881792*

103 *Galatasaray, GALATASARY.ORG: »Gazi kupasını Galatasaray kazandı«. www.galatasaray.org/kupalar/pages/ataturkbustu.php (Aufgerufen am: 29.06.2014)*

104 *HÜRRİYET: »Fener forması giymem demem«. www.hurarsiv.hurriyet.com.tr/goster/haber.aspx?id=4346558&tarih=2006-05-02 (02.05.2006)*

105 *HÜRRİYET: »Seni sabaha kadar döverim«. www.hurriyet.com.tr/spor/futbol/10609796.asp (20.12.2008)*

106 *RADİKAL: »Zokora: Emre bana 'pis zenci' dedi«. www.radikal.com.tr/spor/zokora_emre_bana_pis_zenci_dedi-1085044 (15.04.2012)*

107 *Tom Sunderland, BLEACHER REPORT: »10 Most Hated Footballers in the World«. www.bleacherreport.com/articles/1815900-10-*

most-hated-footballers-in-the-world/page/7 (18.10.2013)

108 *Yalçın Türk, »Tugay'dan amlamlı mesaj«, 23.03.1996, MİLLİYET*

109 *https://eksisozluk.com/tugay-kerimoglu--73547?p=5*

110 *MIRROR: »Souness is Turk Of The Town«. www.mirror.co.uk/news/world-news/souness-is-turk-of-the-town-1629469 (10.12.2006)*

111 *»Simović: En büyük benim, Derwall değil«, 26.03.1985, MİLLİYET*

112 *FOURFOURTWO.COM: »Benim 11'im: Tanju Çolak«. www.fourfourtwo.com.tr/2014/04/21/benim-11im-tanju-colak/ (21.04.2014)*

113 *Galatasaray, GALATASARAY.ORG: »Cevad Prekazi (1957-)«. www.galatasaray.org/tarih/pages/tarih_unut_prekazi.php (Aufgerufen am: 21.06.2014)*

114 *Galatasaray, GALATASARAY.ORG: »Cevad Prekazi Galatasaray Medyasına Konuştu«. www.galatasaray.org/futbol/avrupaligi/haber/7536.php (04.08.2010)*

115 *ebenda*

116 *ebenda*

117 *YOUTUBE: »Alex Ferguson Galatasaray maçını hala unutamıyor«. www.youtube.com/watch?v=PmvsfKDlKto (05.09.2012)*

118 *Halil Özer, »Bearzot'tan Tugay'a teklif«, 20.01.1989, MİLLİYET*

119 *GS TV, »Gerçekleri Tarih Yazar – Kubilay Türkyılmaz« (youtube.com/watch?v=R6wrB7ONVxQ)*

120 *Koray Durkal, HÜRRİYET: »6 yıl daha reis benim«. www.hurriyet.com.tr/spor/futbol/26296224.asp (26.04.2014)*

121 *»Iorfa çok para«, 26.12.1991, MİLLİYET*

122 *»Iorfa: 14 kardeşi var«, 14.12.1991, MİLLİYET*

123 *»Küfüre polis engeli«, 22.12.1991, MİLLİYET*

124 *ASLANGİBİSAVAŞ.COM: »Şimdi nerde acaba? #1 Dominic Iorfa«. www.aslangibisavas.com/2012/06/simdi-nerde-acaba.html (06.06.2012)*

125 *FOOTBALL-ITALIA.NET: »Sneijder's wife: ›I love Istanbul!‹«. www.football-italia.net/29232/sneijders-wife-i-love-istanbul (08.01.2013)*

126 *HABERTÜRK: »Kirli oyunlar var«. www.spor.haberturk.com/futbol/haber/811473-kirli-oyunlar-var (14.01.2013)*

127 *CNN TÜRK: »Yolanthe'yi ikna etmek!«. www.cnnturk.com/2013/spor.diger/01/09/yolantheyi.ikna.etmek/691958.0/index.html (09.01.2013)*

128 *MİLLİYET: »Süper Lig transfer haberleri«. www.milliyet.com.tr/super-lig-transfer-haberleri---1653627-skorerhaber/ (10.01.2013)*

129 *EUROSPORT.COM: »Süper Lig – Yolanthe Cabau'dan Türkçe mesaj«. www.tr.eurosport.com/futbol/super-lig/2012-2013/super-lig-yolanthe-cabau-dan-turkce-mesaj_sto3583018/story.shtml (20.01.2013)*

130 *SABAH: »Magazin gündeminden başlıklar«. www.sabah.com.tr/fotohaber/yasam/magazin-gundeminden-basiliklar?tc=27&page=10 (Aufgerufen am: 26.07.2014)*

131 *Mustafa Kaya, DRTTV.COM.TR: »Denizlispor'a ›St. Pauli ruhu‹ gerek«. www.drttv.com.tr/index.php?haber_detay=8169 (17.06.2014)*

132 *Für die Herstellung, hier gibt es nur die Quelle: Online-Archiv der »Milliyet*

133 *Ali Naci Küçük, HÜRRİYET: »Sağ çizginin yalnız solcusu artık yok«. www.hurriyet.com.tr/spor/futbol/21300071.asp (25.08.2012)*

134 *FANATİK: »Burası Türkiye, sözcüklerle açıklanamaz«. www.fanatik.com.tr/2013/06/11/burasi-turkiye-sozcuklerle-aciklanamaz-315892 (11.06.2013)*

135 *REDDIT.COM: »I am Brad Friedel, professional football (soccer) player for Tottenham Hotspur. AMA.«. www.reddit.com/r/IAmA/comments/1gnrgq/i_am_brad_friedel_professional_football_soccer/ (19.06.2013)*

136 *Matt Lawton, DAILY MAIL: »A Glove Story: After 274 consecutive games, Brad Friedel still has all the angles covered«. www.dailymail.co.uk/sport/football/article-2054834/*

Tottenhams-Brad-Friedel-exclusive-A-Glove-Story.html (29.10.2011)

137 *Weizsacker, Derwall'i kutladı«, 05.06.1986, MİLLİYET*

138 *Cihan Acar, SPOX.COM: »Alles Süper zum 33. Spieltag – Elfmeterbahce und andere Zoten«. www.spox.com/de/sport/fussball/international/tuerkei/1105/Artikel/alles-sueper-33-spieltag-verschwoerungstheorien-um-fenerbahce-aerger-bei-genclerbirligi-verhandlungen-zwischen-goeztepe-und-fc-barcelona-sandro-rosell.html (17.05.2011)*

139 *AKTİFHABER.COM: »Alex Telles kimdir? Galatasaray'ın yeni transferi Alex Telles golleri«. www.aktifhaber.com/alex-telles-kimdir-galatasarayin-yeni-transferi-alex-telles-golleri-905609h.htm (20.12.2013)*

140 *Serkan Ünlü, SABAH: »88 ülkeye Muslera!«. www.sabah.com.tr/Spor/Galatasaray/2012/04/20/88-ulkeye-muslera (20.04.2012)«*

141 *AKŞAM: »Muslera'dan Onur'a büyük övgü«. www.aksam.com.tr/spor/galatasaray/musleradan-onura-buyuk-ovgu/haber-270927 (22.12.2013)*

142 *Jamie Sanderson, METRO: »Jose Mourinho hints at Chelsea move for Galatasaray star Burak Yilmaz«. www.metro.co.uk/2013/07/09/jose-mourinho-hints-at-chelsea-move-for-galatasaray-star-burak-yilmaz-3874987/ (09.07.2013)*

143 *YOUTUBE: »Wesley Sneijder İmza Töreni Tek Part«. www.youtube.com/watch?v=4f2xXbvAOwc (22.01.2013)*

144 *THE NATIONAL: »Wesley Sneijder kick boxes his way back into Louis van Gaal's Netherlands squad«. www.thenational.ae/sport/football/wesley-sneijder-kick-boxes-his-way-back-into-louis-van-gaals-netherlands-squad (01.06.2014)*

145 *ebenda.*

146 *SPORX.COM: »Ünal Aysal: »Taraftarın istediği oluyor«. www.sporxtv.com/futbol/superlig/galatasaray/unal-aysal-taraftarin-istedigi-oluyorSXTVQ42336SXQ (28.01.2013)*

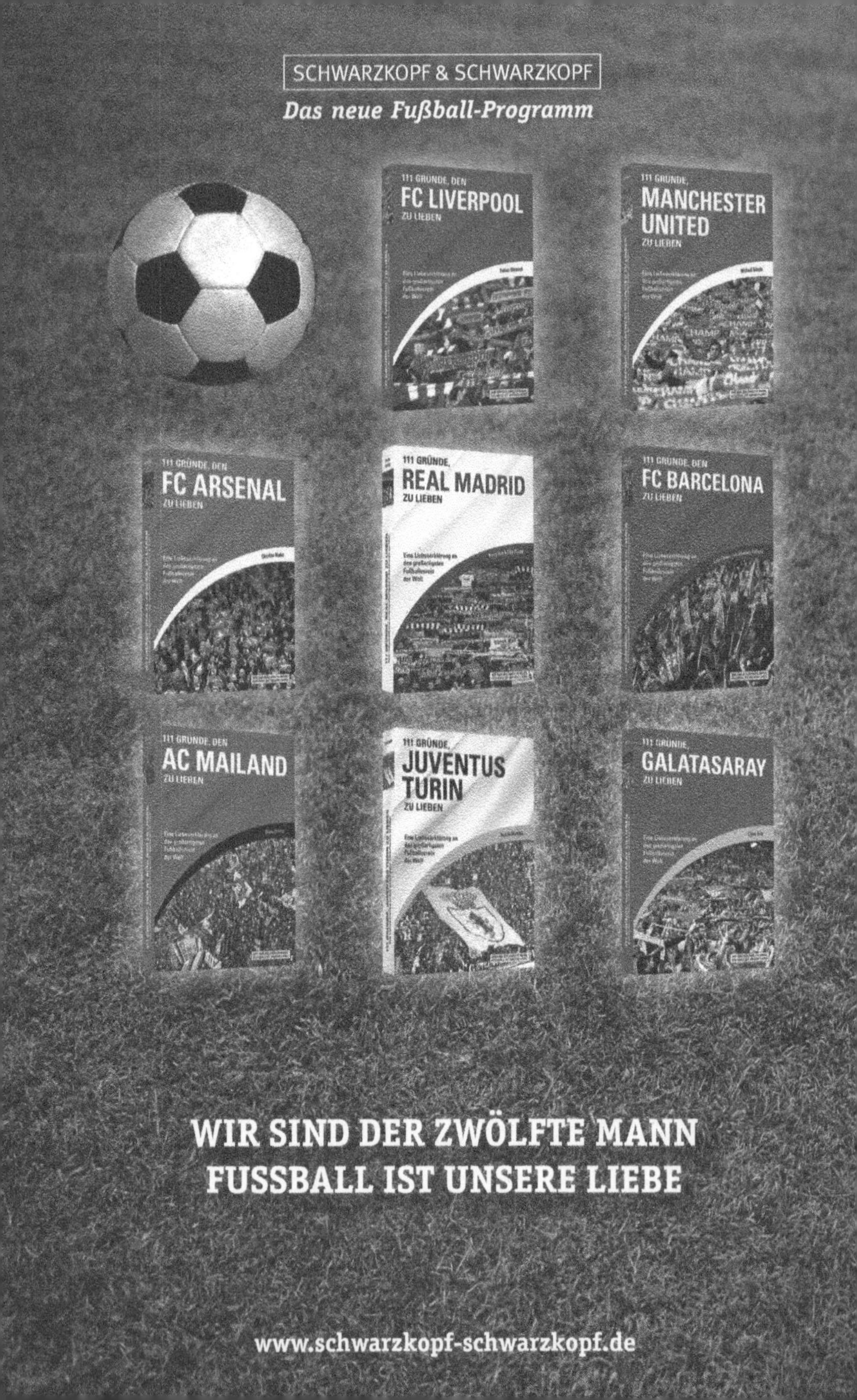

SCHWARZKOPF & SCHWARZKOPF
Das neue Fußball-Programm
111 GRÜNDE, DEN FC LIVERPOOL ZU LIEBEN
111 GRÜNDE, MANCHESTER UNITED ZU LIEBEN
111 GRÜNDE, DEN FC ARSENAL ZU LIEBEN
111 GRÜNDE, REAL MADRID ZU LIEBEN
111 GRÜNDE, DEN FC BARCELONA ZU LIEBEN
111 GRÜNDE, DEN AC MAILAND ZU LIEBEN
111 GRÜNDE, JUVENTUS TURIN ZU LIEBEN
111 GRÜNDE, GALATASARAY ZU LIEBEN
WIR SIND DER ZWÖLFTE MANN
FUSSBALL IST UNSERE LIEBE
www.schwarzkopf-schwarzkopf.de

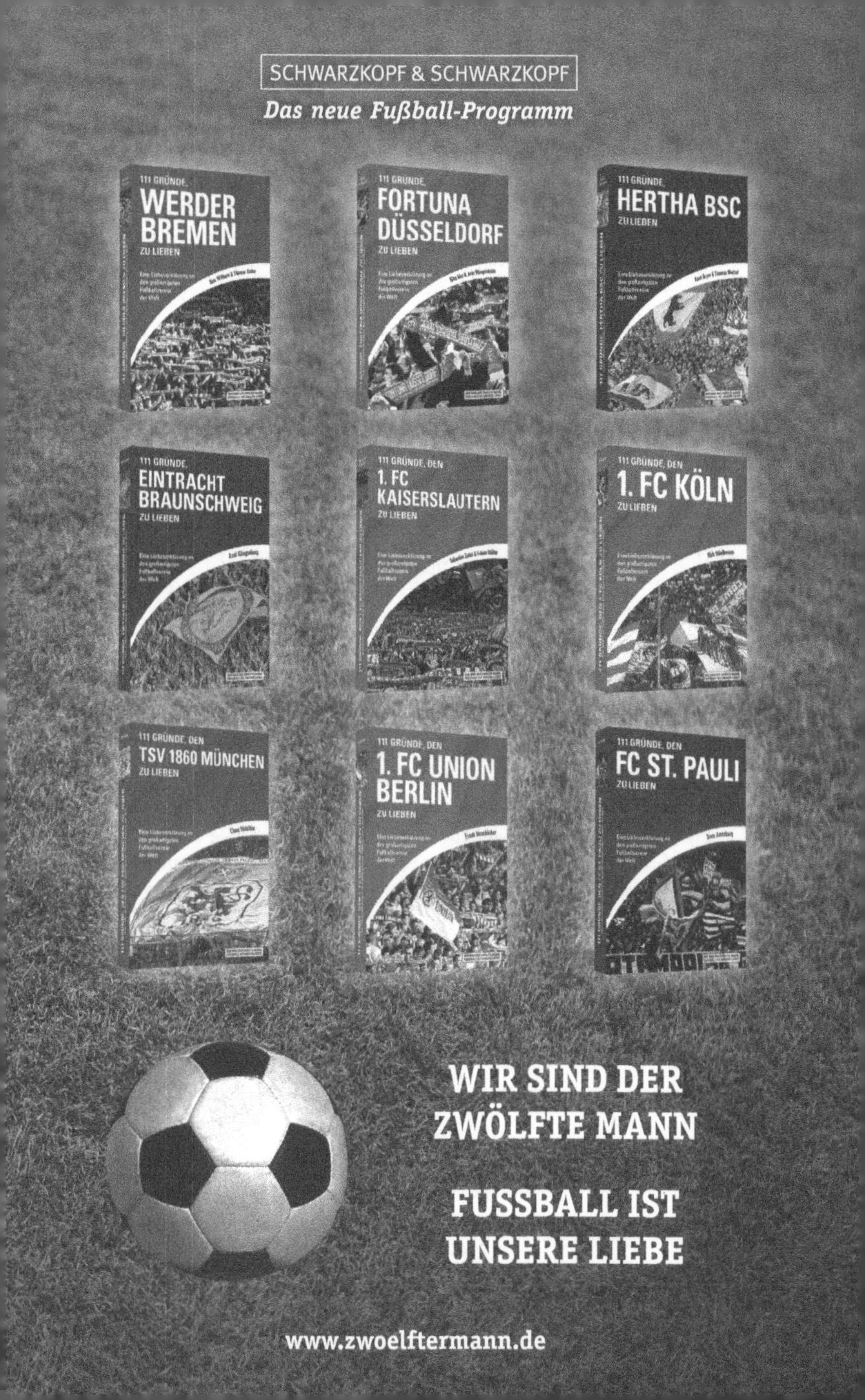
SCHWARZKOPF & SCHWARZKOPF
Das neue Fußball-Programm
111 GRÜNDE, WERDER BREMEN ZU LIEBEN
111 GRÜNDE, FORTUNA DÜSSELDORF ZU LIEBEN
111 GRÜNDE, HERTHA BSC ZU LIEBEN
111 GRÜNDE, EINTRACHT BRAUNSCHWEIG ZU LIEBEN
111 GRÜNDE, DEN 1. FC KAISERSLAUTERN ZU LIEBEN
111 GRÜNDE, DEN 1. FC KÖLN ZU LIEBEN
111 GRÜNDE, DEN TSV 1860 MÜNCHEN ZU LIEBEN
111 GRÜNDE, DEN 1. FC UNION BERLIN ZU LIEBEN
111 GRÜNDE, DEN FC ST. PAULI ZU LIEBEN
WIR SIND DER ZWÖLFTE MANN
FUSSBALL IST UNSERE LIEBE
www.zwoelftermann.de

DER AUTOR

CIHAN ACAR, 1986 bei Heilbronn geboren, ist Student, freier Journalist (»u.a. für Spox.com, Sportal.de, Goal.com.«) und selbst ein leidenschaftlicher Kicker. Als Kind sah er im Fernsehen begeistert zu, wie Galatasaray aus einem 0:2 im Old Trafford gegen Manchester United ein zwischenzeitliches 3:2 machte (Endstand: 3:3). Danach spielte er tagelang jede Szene der Begegnung in seinem Kinderzimmer nach und ist dem Verein seitdem verfallen.

Cihan Acar
111 GRÜNDE, GALATASARAY ZU LIEBEN
Eine Liebeserklärung an den
großartigsten Fußballverein der Welt

ISBN 978-3-86265-427-7
ZWÖLFTER MANN – Das Programm für Fußballfans von Schwarzkopf & Schwarzkopf | Lektorat: Svenja Conrad

KATALOG
Wir senden Ihnen gern kostenlos unseren Katalog.
Schwarzkopf & Schwarzkopf Verlag GmbH
Kastanienallee 32, 10435 Berlin
Telefon: 030 – 44 33 63 00
Fax: 030 – 44 33 63 044

INTERNET | E-MAIL
www.schwarzkopf-schwarzkopf.de
info@schwarzkopf-schwarzkopf.de